HISTOIRE
DE L'ABBAYE
DE LA CHAIZE-DIEU

Par dom François Gardon, *de Riom, religieux bénédictin de la Chaize-Dieu,*

Publiée avec des notes et une table générale

Par Antoine Jacotin,

Président de la Société scientifique et agricole de la Haute-Loire, Archiviste départemental, Lauréat de l'Institut.

Et une étude sigillographique

Par Charles Jacotin de Rosières.

LE PUY
SOCIÉTÉ SCIENTIFIQUE ET AGRICOLE DE LA HAUTE-LOIRE
M.DCCCC.XII

Couverture inférieure manquante

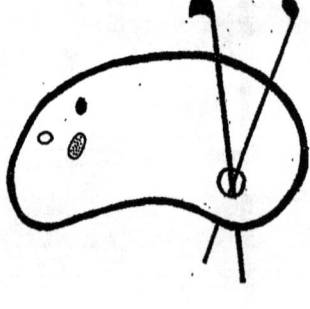

ORIGINAL EN COULEUR
NF Z 43-120-8

HISTOIRE

DE

L'ABBAYE DE LA CHAIZE-DIEU

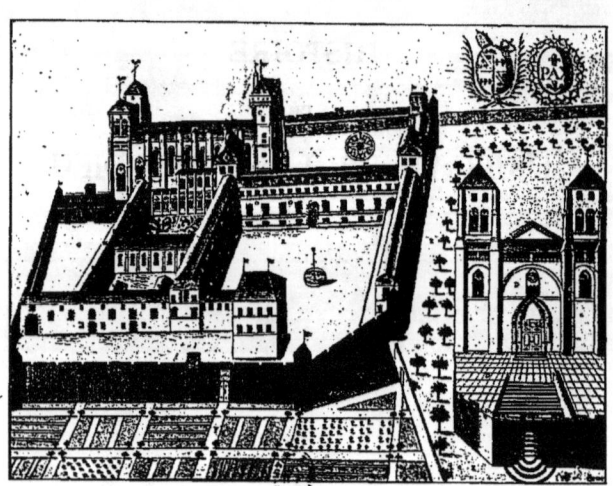
La Chaize-Dieu en 1637 (d'après une gravure du *Monasticon gallicanum*).

HISTOIRE

DE L'ABBAYE

DE LA CHAIZE-DIEU

Par dom François Gardon, de Riom, religieux
bénédictin de la Chaize-Dieu,

Publiée avec des notes et une table générale

Par Antoine Jacotin,
Président de la Société scientifique et agricole de la Haute-Loire,
Archiviste départemental, Lauréat de l'Institut.

Et une étude sigillographique

Par Charles Jacotin de Rosières.

LE PUY
SOCIÉTÉ SCIENTIFIQUE ET AGRICOLE DE LA HAUTE-LOIRE.
M.DCCCC.XII.

AU LECTEUR,

L'église de La Chaise-Dieu occupe avec raison une place d'honneur parmi les joyaux archéologiques du département de la Haute-Loire. Son ancienneté, sa célébrité, les légendaires souvenirs qui s'attachent à sa fondation, la munificence de ceux qui contribuèrent à son développement et à ses richesses en font un tout précieux qui a survécu, à travers les âges, dans le calme mystérieux de sa grandeur et de sa majestueuse beauté. Au milieu de ruines amoncelées par le temps ou le vandalisme, elle domine de sa masse imposante les maisons modernes qui semblent se cacher dans son ombre, honteuses de leur nudité, de leurs disproportions choquantes et de leur mauvais goût. Mais si ses origines et son passé nous ont été révélés par M. Maurice Faucon (1), *nous ne connaissons encore que très imparfaitement les évolutions historiques du monastère qui mit un soin jaloux à la parer et à la transformer, pour ainsi dire, en un véritable reliquaire, garni d'objets d'un prix inestimable. Il n'existe, en effet, aucune histoire complète de l'abbaye de La Chaise-Dieu, et celui que ce sujet intéresse, en est réduit à la sèche et aride nomenclature de ses abbés, insérée dans la* Gallia christiana *(2), à des notices sommaires et, surtout, aux quelques pages que lui a consacrées M. Dominique Branche, dans son* Histoire des ordres monastiques en Auvergne. *Mais cette dernière œuvre ne saurait être considérée comme un guide assuré, car, en dehors de ses assertions erronnées, on s'aperçoit, en l'examinant avec attention, qu'elle est surtout une succession de tableaux de genre, séduisants par leur style imagé et captivant, mais d'une pauvreté documentaire qui démontre une insuffisance de recherches et la complète ignorance des dépôts où se trouvent de nos jours réunis les épaves écrites de La Chaise-Dieu. Sans au-*

(1) *Notice sur la construction de l'église de La Chaise-Dieu*, 1884, gr. in-8°.
(2) Tome II, col. 327 et suiv.

cun souci de l'authenticité des renseignements empruntés par lui à d'anciennes compilations, cet auteur s'est surtout attaché à la légende, parce que, là du moins, il pouvait donner libre carrière à son imagination brillante et à son talent réel de conteur.

L'antique abbaye n'a donc été l'objet d'aucune étude approfondie, et les curieux du passé ignorent encore la succession des événements mémorables au milieu desquels s'accomplirent ses destinées. Dans son désir de servir toujours et quand même l'intérêt général de notre département, la Société scientifique et agricole de la Haute-Loire a voulu, sinon combler cette lacune, du moins en atténuer les effets, en publiant une édition critique de l'une des histoires inédites de La Chaise-Dieu, successivement rédigées, dans la première moitié du XVII siècle, par François Gardon, Simon Genoux* (1) *et*

---

(1) Né à Sainte-Menehould, diocèse de Châlons, il fit profession dans l'abbaye du Bec-Helluin, le 31 octobre 1630, à l'âge de 21 ans. Il finit ses jours à La Chaise-Dieu, le 26 mars 1667. On conserve dans cette abbaye un manuscrit intitulé : Casa Dei benedictina, seu lucubratio chronologica indyti monasterii Casæ Dei, opere et studio D. Simonis Genoux, monachi benedictini e congregatione S. Mauri (communication de M. Paul Le

Victor Tiolier (1), *moines casédéens. Sur les judicieux conseils de M. Paul Le Blanc, son choix s'est arrêté à l'histoire de François Gardon, la plus ancienne en date et partant la mieux documentée sur les périodes reculées de l'existence de ce monastère. Hâtons-nous d'ajouter que, grâce à la bienveillance de M. Laude, l'aimable et érudit bibliothécaire de Clermont-Ferrand, nous avons pu facilement obtenir la communication de l'excellente copie de ce manuscrit, déposée dans la bibliothèque de cette ville* (2),

Blanc, d'après dom Tassin, *Histoire littéraire de la congrégation de Saint-Maur*, p. 67).

(1) Né à Montferrand, diocèse de Clermont, fit profession au monastère de N.-D. de La Charité, le 2 octobre 1643, à l'âge de 19 ans. La date et le lieu de sa mort sont inconnus. Il a composé, en 1651, un abrégé de la chronique de l'ordre de S. Benoît (*Ibid.*, p. 91).

(2) Cette copie est l'œuvre de notre compatriote, Jean-François Crouzet, né à Saint-Arcons-d'Allier, le 6 janvier 1802. Après avoir fait ses études au petit séminaire de Saint-Flour, Crouzet eut un instant la pensée d'embrasser l'état ecclésiastique ; mais, après un séjour de deux ans au séminaire du Puy, il renonça à ce projet. Vers 1827, il vint à Paris où il fut, pendant un an, maître d'études au collège Saint-Louis. Il entra ensuite, comme précepteur, dans la famille Montesquiou-Fezensac. Enfin, il ouvrit une institution libre, rue Neuve-Sainte-Geneviève, puis rue de l'Abbé-de-l'Épée, et céda cet établissement, en 1850, emportant l'estime

et éviter ainsi des démarches, peut-être infructueuses, auprès de l'administration de la Bibliothèque nationale, détentrice de l'original. En éditeur consciencieux, nous avons fidèlement respecté le texte primitif, nous bornant seulement à en retrancher la transcription d'actes anciens et déjà connus, à le rectifier ou à le compléter par des notes puisées à des sources authentiques et à en faciliter la consultation par une table générale alphabétique. Enfin, comme complément utile à cette publication, nous avons cru devoir la faire suivre d'une étude sigillographique, due à une collaboration qu'il ne nous est pas permis d'apprécier, mais

du recteur de l'académie de Paris qui lui décerna le titre de chef honoraire d'institution. Ce fut vers 1857 qu'il commença ses recherches historiques aux archives nationales et dans les diverses bibliothèques de Paris, labeur qu'il continua avec assiduité jusqu'à sa mort arrivée le 24 juin 1866. Toutes ses copies ont été acquises par la bibliothèque de Clermont-Ferrand, sur l'heureuse intervention de M. H. Doniol. Quelques unes des copies de Crouzet n'ont pas été analysées dans le catalogue des manuscrits de Clermont, dressé si utilement, mais un peu hâtivement, par M. C. Coudert, conservateur-adjoint à la Bibliothèque nationale. Mais un nouvel inventaire de ces pièces sera bientôt dressé par M. Laüde, le savant bibliothécaire de Clermont (communication de M. Paul Le Blanc).

dont le cher souvenir excite en nous une bien légitime émotion.

Nous aurions voulu donner d'amples détails biographiques sur notre auteur, surtout à cause du fructueux contingent qu'ils auraient pu fournir à la connaissance des mœurs monastiques sous l'ancien Régime. Mais, malgré de consciencieuses recherches, nous n'avons pu entièrement satisfaire notre curiosité.

On savait déjà, par la Gallia christiana (1), *que François Gardon était originaire de la ville de Riom* (2) *et qu'il avait écrit une vie, demeurée inédite, de saint Robert, le fondateur de La Chaise-Dieu. Lui-*

(1) Tome II, col. 329.
(2) Les formalités excessives et même onéreuses imposées par la municipalité actuelle de Riom à tous ceux qui désirent consulter, dans un but purement scientifique, les anciens registres de catholicité de cette ville, nous ont mis dans l'impossibilité de retrouver l'acte de naissance de François Gardon. Par contre, avec sa bonne grâce coutumière et sa connaissance si approfondie de l'histoire Riomoise, M. E. Everat a bien voulu nous signaler une Françoise Gardon, femme d'Antoine de Leyret, receveur général des Finances, décédée, ainsi que son mari, avant juillet 1608, et un François Gardon, procureur du Roi au grenier à sel, qui vivait en septembre 1715. Selon toute vraisemblance, ces deux personnages devaient appartenir à la famille de notre historiographe.

même nous informe dans son œuvre (1) qu'il eut « la place de religieux, en l'année 1598 »; qu'il fut « conduit, aagé de dix à onze ans, à ladicte abbaye de Chase-Dieu, en la mesme année, » qu'il y arriva « le jour des Innocens » (2), à l'heure de 5 à 6 heures du soir, et en l'année d'après 1599 » qu'il reçut « l'habit le 14 mars. »

Le riche chartrier de La Chaise-Dieu nous permet de suppléer au laconisme de ces indications car, grâce à lui, nous savons que, le 23 mars 1630, dom Gardon fut pourvu, en cour de Rome, du prieuré de La Croix de Barrez, diocèse de Rodez, dont il prit possession, le 12 août suivant, avec le cérémonial accoutumé (3). Un bénédictin, du nom d'Antoine Teste, lui contesta, en 1633, devant le parlement de Toulouse et le Conseil privé, la légitime propriété de ce bénéfice, sous prétexte que lui-même en avait été pourvu par le cardinal Armand-Jean de Richelieu, abbé de La Chaise-Dieu et, à ce titre, seul collateur. Il faut croire que l'is-

---

(1) Page 224.
(2) Le 28 décembre.
(3) Archives départementales de la Haute-Loire, série H, fonds de La Chaise-Dieu, liasse diocèse de Rodez.

sue de ce débat judiciaire fut favorable à son contradicteur puisque, en 1636, nous voyons que François Gardon, alors prieur de Saint-Jean de La Chaulme, diocèse de Clermont, résigna ce prieuré en faveur de Jean Gardon, bénédictin, probablement son parent (1). *Promu sacristain de Saint-Baudile de Nîmes, il se démit de ces fonctions, le 5 janvier 1643, au profit dudit Jean Gardon qui, de son côté, lui rétrocéda le prieuré de La Chaulme. Néanmoins, par suite de son décès survenu le 23 décembre de la même année, cet échange ne fut pas mis à exécution* (2).

Tout porte à penser que dom Gardon résida ordinairement à La Chaise-Dieu, et qu'il s'employa activement à dépouiller les archives de ce monastère. En effet, bien que fautive sur plusieurs points et écrite d'une façon obscure ou incorrecte, son histoire n'en révèle pas moins, sous sa forme réduite, de longues et patientes investigations auxquelles il convient de rendre hommage. On ne saurait aussi trop louer la franchise courageuse avec laquelle ce modeste écrivain ré-

---

(1) Id., liasse diocèse de Clermont.
(2) Id., liasse diocèse de Nîmes.

prouve les démembrements successifs des terres de La Chaise-Dieu, les abus de pouvoir de ses abbés commendataires, leurs mœurs profanes, en un mot la décadence matérielle et morale de cette abbaye, convertie en une propriété de rapport dont le pouvoir royal trafiqua trop souvent, à partir du commencement du XVIe siècle, au profit de personnages cupides, n'ayant d'autres titres que les hasards de la naissance, de la fortune ou de la faveur. Dès lors et jusqu'en 1790, cet asile du recueillement et de la rêverie mystique n'abrita plus que d'âpres convoitises, de basses intrigues, des compétitions fratricides et de vils intérêts. Aussi, au moment de disparaître dans la tourmente révolutionnaire, avait-il perdu son antique splendeur : ses biens immobiliers s'amoindrissaient peu à peu, ses bâtiments se transformaient en masures, son personnel ne se recrutait plus qu'avec peine. Seule sa grandiose basilique se dressait, comme de nos jours, dans son immuable puissance, entourée d'une vénération qui ne s'est jamais démentie, même dans les périodes les plus tragiques de notre histoire nationale. Devant le seuil de ce pieux monument, les fureurs populaires se sont *subitement calmées, comme mues par la crainte superstitieuse de rompre le sommeil séculaire des âmes meurtries qui, jadis, venaient y chercher des apaisements ignorés de notre matérialisme et des armes autrement puissantes que le scepticisme, pour lutter contre les désespérances de la vie.*

A. J.

HISTOIRE DE LA CHAIZE-DIEU

L'ABBAYE de la Chase-Dieu n'a esté anciennement qu'un vaste et rude désert qui fust habité par sainct Robert d'Auvergne, accompaigné de deux disciples, sçavoir Estienne et Dalmace, pour y faire pénitence, en l'an 1043. Au milieu de ce désert, il y avoit une chapelle desdiée à ss. Vital et Agricol, laquelle avoit esté bastie par sainct Nanace (1), huitiesme évesque de Clairmont, lequel, après avoir employé pendant douze ans le revenu de son évesché pour perfectionner et embélir la grande esglise de Nostre-Dame de Clairmont, envoya quérir les ossements de ces ss. martirs en Boulongne, lieu de leur mar-

(1) Robert, en sa *Gaule chrétienne* (p. 504), le nomme Namatius et le cotte le 9ᵉ (*Note de l'auteur*). Les assertions de Claude Robert, l'auteur de la première *Gallia christiania*, parue en 1626, au sujet de saint Namace, sont corroborées par les diverses chronologies des évêques de Clermont, publiées jusqu'à ce jour.

tyre, et après avoir entendu parler de la vertu de ces saincts, il en voulut honnorer sadicte esglise, laquelle, puis en après, il consacra à l'honneur de la Vierge et des ss. Vital et Agricol, tout ainsi que celle de nostre désert de la Chase-Dieu, qu'il fist construire pour avoir recognu tel estre le vouloir de Dieu, à cause du miracle qui y fust faict : car, dès lors que ces sainctes reliques furent entrées dans ce vaste désert et parvenues au lieu où est à ceste heure eslevée l'esglise de la paroisse de la Chase-Dieu, elles se rendirent si pesantes qu'il n'y eut pas moyen de les enlever de la place où elles avoient esté posées, par l'importunité d'une grande pluie qui commença à tomber lorsqu'elles furent entrées dans ledit désert. Ceste petite chapelle fut bastie sous le règne du roy Childéric et environ quatre cens ans (1) avant que sainct Robert se mist en possession d'icelle et de ces affreuses forests, tout autour de laquelle il n'y avoit que chardons et espines, et là, tout auprès, ces ss. hermites commencèrent à bastir de leurs mains propres des maisonnettes ou, pour mieux dire, des cabanes de branches et rameaux. Mais, toutefois après que sainct Robert, accompaigné d'un de ses disciples, eut vizité l'esglise de Nostre-Dame du Puy, où fesoient leur demeure deux gentils-hommes, frères, comme estant du chapitre

---

(1) C'est « environ 600 ans » qu'il faudrait dire, car saint Namace fut évêque de Clermont de 446 à 462 et saint Robert ne vint à la Chaise-Dieu qu'en 1043.

de Nostre-Dame, l'un y tenant rang d'abbé (1) et s'appelloit Albert, l'autre de chanoine et avoit nom Rostain. Albert fust si vertueux que d'abbé il résolut se faire novice et disciple de sainct Robert, lequel, après avoir dévotement salué la mère de Dieu au Puy, salué conséquemment ces deux serviteurs d'icelle, les suppliant très humblement de luy accorder leur terre déserte et inhabitée qu'il peut, par leur ayde, mettre en exécution sa pieuse intention, où il auroit moyen, disant adieu aux choses du monde, de s'occuper des choses du Ciel. Les deux chanoines, qui desjà avoient entendu parler de la bonne vie de ce sainct personnage, furent fort joyeux qu'il eust choisi un lieu de leur despandance pour l'avancement de la gloire de Dieu, ils le confirmèrent en sa saincte résolution. Ceste donnation fust confirmée par tous les voisins, nommément par un chevalier nommé Austremond, qui tenoit en fief la terre où estoit construite la chapelle de laquelle nous avons cy devant parlé desdits chanoines. Ce Austremond donna son fils à sainct Robert. De tous costés, plusieurs accourrent pour se mettre sous la conduitte et régence d'un si sainct maistre.

Ce vertueux sainct s'adonnoit, avec ses premiers disciples, tèlement à la contemplation des choses divines que les démons, enragés de ces heureux commencements et voyans les

(1) Abbé de l'abbaye séculière de Saint-Pierre-Latour du Puy (*Gallia christiana*, t. II, col. 753).

miracles que ce sainct opéroit desja en ces lieux, menoyent un tel tintamarre, par leurs cris et hurlement effroïables, qu'ils fesoient trembler toute la forest, appellant le sainct : « Robert, Robert de la Chase-Dieu ! » d'où vient que du despuis ce nom a demeuré au monastère (1).

Sainct Robert demeura dans ces déserts dix ans en prestre séculier, mais voyant que le nombre des disciples croissait de jour en jour et que les logis et celules desjà faictes n'estoient capables de contenir tous ceulx qui se présentoient à luy, il délibéra, avec le conseil de Rencon, son oncle, évesque de Clairmont (2), de faire pour lors quelque autre bastiment pour un monastère. On luy donnoit des celules possessions, dommaines ; toutes oblations pieuses des fidelles luy estoient faictes en affluance et suffisament pour jetter des bons et amples fondements d'un ample monastère sur les foibles et peu façonnés de son hermitage (3).

---

(1) S'il faut en croire Jacques Branche (*La vie des saincts et sainctes d'Auvergne et du Velay*, Le Puy, 1652, p. 251), le nom primitif de La Chaise-Dieu était « *Casota* », correspondant au mot français de « La Chazotte ». — (2) Rancon de Rodez, évêque de Clermont de 1028 au 17 septembre 1052, date de sa mort, et dont la sœur, Raingarde, eut de son mariage avec Géraud, comte d'Aurillac, saint Robert, le fondateur de La Chaise-Dieu (J. Branche, *ouvr. cité*, p. 251, et *Gallia christiana*, t. II, col. 259). — (3) Environ l'an 1046 (D. Bouquet, *Rerum Gallicarum et Francicarum scriptores*, t. XI, p. 588, note, d'après *Acta. ss. ord. s. B. sæc. 6, part. II*, p. 186).

Fesant creuser les fondements de l'esglise, il s'y trouva un essaim d'abeilles, futur augure du grand nombre des religieux qui sortiroyent de ce monastère et qui, comme abeilles, s'en iroient dans le parterre de l'Esglise de Dieu, pour y sucer les odeurs des vertus plus divines et puis rendre le miel de la douce parolle de Dieu au pauvre peuple.

Rencon, son oncle, luy donna par conseil d'aller trouver Henry I, à Paris, et que luy s'en iroit vers Léon IX, qui pour lors tenoit la chaire de sainct Pierre, pour obtenir tous deux et du Pape et du Roy les privilèges qui leur furent conceddés pour la franchise et liberté du monastère, ainsi qu'il appert par les cartes qui se voyent encore pour le jourd'huy dans les archives de ladicte abbaye, dont j'en mets icy les coppies, afin de faire veoir comme le monastère de la Chase-Dieu est de fondation papale et royalle (1).

(1) A la fin de sa notice sur saint Robert, dom Gardon donne en effet « les coppies » des deux « cartes » dont il parle. La première, imprimée dans Chaix de Lavarène (*Monumenta pontificia Arverniæ*, Clermont, 1880, p. 34 et suiv.), est une bulle de Léon IX, donnée à Ginon, le 2 mai 1052, qui met le monastère de La Chaise-Dieu sous la protection du Saint-Siège (Cf. Jaffé, *Regesta pontificum romanorum*, 2ᵉ édit., t. I, p. 541, n° 4270). La seconde, publiée par D. Bouquet (*op. cit.*, t. XI, p. 588), Payrard (*Tablettes histor. du Velay*, t. VIII, p. 3 et suiv.), et Chassaing (*Spicilegium brivatense*, p. 5 et suiv.), est un diplôme du roi Henri Iᵉʳ, daté de Vitry, 20 septembre 1052, autorisant l'érection de l'église de La Chaise-Dieu en abbaye. Ce diplôme

L'évesque estant de retour de Rome fist sainct Robert abbé, tant par le commandement dudit pape Léon que du consentement de tous ses moines qui estoient retirés dans ce désert; en laquelle charge il se comporta si sainctement, l'espace de 15 ans qu'il la garda, que ses disciples se multiplièrent jusqu'au nombre de trois cens; et là se gardoit parfaitement la règle de sainct Benoist, despuis qu'ils furent faicts moines, laquelle leur fust envoyé du ciel et miraculeusement. Je tais les grands miracles que ce sainct opéra, tant pendant le progrès de sa vie qu'en sa mort et après sa mort, pour avoir faict imprimer sa vie et miracles et l'avoir faicte mettre dans le tome de la vie des saincts faict par Ribadeneira (1), despuis l'an 1627. Là l'on pourra veoir sa naissance, présageant l'amour qu'il pourteroit à la solitude, d'autant que sa mère acoucha heureuse-

nous apprend qu'à cette date, l'abbaye possédait déjà l'église de Saint-André de La Vaudieu, qui lui avait été donnée par Raoul de Lugeac (*Gallia christ.*, t. II, *instr.*, col. 107), et les églises de Saint-Germain-l'Herm, de Fournols, de Notre-Dame de Beaupommier, du château de Bulhon, de Luzilhat, de Saint-Denis-Combarnazat, du château de Montgacon, de Saint-Victor, de Saint-Dier et de Soucieux-en-Jarez. En 1061, Artaud d'Argental fit encore don à saint Robert des églises de Saint-Sauveur-en-Rue, du château d'Argental, de Bourg-Argental, de Bardinie, de Vanosc, de Riotord et de Saint-Genest (Payrard, *Tablettes hist. du Velay*, t. VIII, p. 6 et suiv., et de Charpin Feugerolles et Guigue, *Cartulaire... de Saint-Sauveur-en-Rue*, p. 1 et suiv.) — (1) P. Ribadeneyra, *Flos sanctorum o libro de las vidas de los santos*, Madrid, 1599-1601, 2 vol. in-fol.

ment de luy au milieu des boys, l'heureux progrès de sa saincte vie, comme aussi sa glorieuse fin.

Il mourut l'an de grâce 1068 (1), après avoir laissé le soing de ses disciples à Durand. Un certain auteur anonime, parlant de sa saincteté et bon gouvernement, rapporte ces paroles, comme aussi dom Anthoine de Yepes, abbé de Valladolid (2) : « Illud constat esse et præcipuum quod unicæ simplicitatis et charitatis suæ formam in discipulos et eidem loco cujus fundator extitit, dotis instar ægregiæ reliquisse cernitur hereditariam sanctitatem. » Voilà ce qui faict veoir la saincteté de ce grand père et comme il avoit laissé dans son monastère la saincteté à laquelle il avoit conjoint la charité et scincérité de vie à ses religieux, lesquels furent longtemps miroir de vertu et de perfection à toute la France. Cela est confirmé par ce qu'en dit Guigo, cinquiesme prieur de la Grande-Chartreuse, lorsqu'il raconte la vie de sainct Hugo [évesque] de Grenoble : « et d'autant, dit-il, qu'il avoit esté religieux du monastère de la Chase-Dieu, où il y avoit grand nombre de serviteurs de Dieu et de saincts personnages, par l'exemple desquels Hugo se rendit grandement parfaict (3). »

(1) Le 16 avril 1067, d'après la *Gallia christ.* (t. II, col. 329) et le 17 avril 1068, suivant J. Branche (*ouvr. cité*, p. 262). — (2) *Coronica general de la orden de San Benito*, Salamanca, 1609, 7 vol. in-fol. — (3) Suivent les textes de la bulle de Léon IX et du diplôme du roi Henri I*er*, cités plus haut, p. 5, note.

DURAND, 2ᵉ abbé.

C'EST celuy qui, par sa grande obéissance et profonde humilité, mérita de succéder au gouvernement de l'abbaye de sainct Robert. Soubs luy fust parachevée l'esglise que sainct Robert avoit acommencée de son temps. Il voulut, avec ses religieux, changer l'office du jour de Pasques et de la Pentecoste qui ne contenoient que trois leçons, afin que, conformément à la règle de sainct Benoist (jouxte laquelle ils vivoient), ils dissent, ces jours là, douze leçons à matines, conformément à tous les autres monastères de sainct Benoist, contre la pratique néantmoins que sainct Robert y avoit estably qui, en ces deux jours là, voulut imiter les chanoines qui n'ont que trois leçons. Arriva donc, par permission divine, qu'ayant délibéré entre eulx de chanter matines avec douze leçons, à Pasques suyvant, que personne des frères ny aucun du couvent ne se peut esveiller qu'un peu devant le jour, ce qui ne leur estoit plus arrivé. De quoy ce bon abbé avec tous ses moines inférèrent que Dieu et leur père sainct Robert n'avoient point agréable ce changement et, dès lors, ils commencèrent matines à la coustumée, ce qui s'est tousjours observé jusques en l'année 1627, que les religieux prinrent le nouveau office de sainct

Benoist, néantmoins contre le statut et règle de sainct Benoist. Et, en cela, l'abbaye de la Chase-Dieu estoit singulière à toutes les autres de mesme ordre.

Ce fust soubs cet abbé que Raymond, comte de Tholoze, vint à la Chase-Dieu, pour implorer l'assistance et faveur de sainct Robert contre ses ennemys les Albigeois. Et, par ce qu'on doute de la vérité de ceci, pour ce qu'il ne s'en trouve aucun escript dans ledit monastère, je raporteray icy ce que j'en ay trouvé dans le bréviaire suyvant l'usage de l'évesché du Puy, et ce dans les leçons de la feste de sainct Robert : qu'il est dit que Raymond de Sainct-Gilles, se trouvant privé de l'héritage de son père, se rendit à l'abbaye de la Chase-Dieu avec un des siens et, estant devant le sépulchre de sainct Robert, se prosterna en terre et rendit ses prières et ses vœux audit sainct, auquel il avoit non seulement beaucoup de dévotion mais aussy quelque particulière confiance d'obtenir de Dieu, par son intercession, ce qu'il désiroit ; et après avoir faict ses prières et exposé son désir, il entendit le jour suyvant la messe, et ayant mis son espée sur l'autel, il la reprit et fist hommage à sainct Robert de la comté de Tholoze, comme la tenant de luy, si Dieu luy faisoit la grace de l'obtenir, comme il fist bientost après. Car estant de retour de ce pays, tous les grands luy firent aussitost hommage, recognoissants tenir de luy tant la ville de Tholoze que toutes les autres provinces qui avoient appartenu à son père. Le comte se résolut pour lors d'honnorer, toute sa vie, d'une saincte affection, sainct Robert. Et de faict il le monstra, lorsqu'il fust question de se croiser pour aller à la conqueste de la Terre Saincte, en ce qu'il voulust son baston pastoral, afin que, marchant soubs les favorables auspices de ce sainct abbé, il peut batailler plus heureusement et recevoir des plus grandes faveurs d'en haut. L'histoire de la guerre saincte rapporte que ce généreux prince fust aussi honoré d'une bague, qui luy fust envoyée miraculeusement de la part de la Vierge Mère, à ce que, quand il seroit grevé de quelque incommodité, il la réclama. Ne semble-t-il pas voir ce bonheur luy avoir esté procuré par nostre sainct Robert, qui avoit esté le favory de ceste Saincte Vierge, estant en ces terres ? Après donc que ce valeureux comte eut emporté Nicée (1), ville grande et forte, et qu'il en eut débusqué le Turc, se voyant si avantageusement favory des cieux, il poursuivit sa poincte vers la Surie (sic), où après avoir basti le Mont-Peulgrin (2), il prit la ville de Tripoli, dans laquelle il institua évesque un moine du monastère de la Chase-Dieu, nommé Albert, prieur de Privazat, au diocèse de Rodès, qu'il avoit voulu amener quant à soy, tant il affectionnoit et honnoroit les religieux

(1) La copie de Crouzet porte à tort *Nice*. — (2) Le château du Mont-Pélerin, sis à deux milles de Tripoli et dénommé Hisn-Sendjil par les Arabes, aurait été construit en 1102 (*Histoire générale de Languedoc*, édit. Privat, t. III, p. 559, note).

de ce monastère. Après donc que Raymond eust rendu son ame (1), après une si heureuse et glorieuse conqueste, l'évesque Albert prit le baston pastoral de son patron sainct Robert, que ledit comte avoit en grande vénération sur les autres reliques qu'il pourtoit ordinairement sur soy, et plusieurs autres richesses et précieux ornements qui luy furent donnés par ledit comte, en recognoissance des biens et faveurs qu'il avoit receus de sainct Robert, qu'il emporta à la Chase-Dieu.

Pour plus grande confirmation que le comte Raymond ayt esté visiter le tombeau de sainct Robert, j'apporteray encore maistre Guillaume Catel, conseiller du Roy en la court de parlement de Tholoze, qui, sur l'*Histoire des comtes de Tholoze* qu'il a faicte (2), dit en tout : « de mesme, par tradition, l'on tient que ce comte laissa dans ledit monastère son espée, ses surbottes et ses espérons qui se monstrent encores pour le jourd'huy, avec une des surbottes tyssée de soye et d'or. » Pour l'espée, je ne l'ay jamais veue, mais ay bien entendu dire aux anciens religieux du monastère l'avoir veue.

Pendant que Durand, abbé, gouvernoit, Gérard, moine et chapelain du glorieux sainct Robert (3), fist la vie dudit sainct, laquelle il

---

(1) Le 28 février 1105, en Terre-Sainte. — (2) En 1623. — (3) Gérard Dominique, surnommé de Lavène, qui estoit proche du chasteau de Beulhon (*Note de l'auteur*).

apporta à Alexandre II, qui pour lors tenoit le siège de sainct Pierre à Rome, pour le faire mettre au nombre et catalogue des ss. confesseurs (1).

De ce temps, le comte des Auvergnas, nommé Robert, fust viziter le monastère de la Chase-Dieu, où il y avoit pour lors pour prieur claustral un religieux de mesme nom, Robert, qui non seulement de nom mais encores de mœurs estoit de telle sympathie, que le comte promit au prieur qu'il prenoist soubs sa sauvegarde, dores en avant, le monastère de la Chase-Dieu et qu'il le deffendroit contre tous ses ennemys; le prieur Robert, en contreschange, de faire la guerre contre ses ennemys invisibles, par le moyen de ses oraisons et prières.

Ce prince Robert un jour fezant la visite, après complies, parmy les lieux réguliers, il fist rencontre d'un démon habillé en moine, d'une hauteur énorme, la face noire et le nez fourcheu, se promenant parmy le cloistre. Le prince lui demandant qu'es ce qu'il cherchoit, le démon respond qu'il venoist de l'abbaye de Clugny, de Marmoutiers et de Sainct-Victor de Marseille et que, n'ayant rien trouvé, il avoit

---

(1) Par un bref, de l'année 1070, Alexandre II ordonna d'inscrire le nom de saint Robert dans le sanctoral et de célébrer sa fête le 24 avril, jour anniversaire de son inhumation (Chaix de Lavarène, *op. cit.*, p. 46 et Jaffé, *op. cit.*, t. I, p. 586, n° 4682). Pendant son pontificat (1061-1073), ce même pape confirma les possessions et privilèges de La Chaise-Dieu (Jaffé, *op. cit.*, t. I, p. 589, n° 4720).

passé par icy pour veoir y trouver quelque chose qui fust de sa domination. Robert ayant faict le signe de la croix sur le démon, luy dit qu'il ne trouveroit rien qui fust de son pouvoir et partant qu'il s'en alla. Alors ce phantosme hideux roula par les degrés des novices avec tel bruit que tout le couvent en trembla, ce qui donna de l'épouvante à tous les frères.

Après que Durand eut gardé l'espace de dix ans le régime de l'abbaye, il fust appellé au gouvernement de l'évesché d'Auvergne (1), ainsi que sainct Robert luy avoit prophétizé. Ce fust soubs le règne de Philippe I, qui fust enfanté ensuyte de la prophétie que sainct Robert fist à Henry I, ainsi que j'ai faict veoir dans sa vie.

Pendant son gouvernement en l'évesché, le roy Philippe estant en Auvergne, il luy fust faict plainctes des desrèglements des moynes de l'abbaye de Mauzac lèz Riom, qui commencoient à se relascher, ce qui fust cause qu'il les mit tous soubs la conduite de Clugny, sainct Hugues y estant abbé pour lors. Nostre Durand y donna son consentement avec le comte d'Auvergne (2).

Soubs Durand, commença le pape Urbain II le concile fameux de la croisade, en la ville de

---

(1) En 1077, mais il ne résigna ses fonctions d'abbé de la Chaise-Dieu qu'en 1078 (*Gallia christ.*, t. II, col. 263 et 329). — (2) Suit la transcription de la charte par laquelle Durand, évêque d'Auvergne, cède l'abbaye de Mozac au monastère de Cluny, par l'entremise de Robert II, comte d'Auvergne. Cette charte, à laquelle on assigne la date de 1095, se trouve reproduite dans

Clairmont. Il gouverna sainctement cet évesché l'espace de dix-sept ans, à la plus grande gloire de Dieu et édification du public. Il décéda le 20 novembre de l'an 1095 et fust ensevely en l'esglise de Sainct-Nicolas(1). A ce concile, il y avoit treize archevesques, avec tous leurs évesques et soufragans ; selon l'opinion de quelques uns, il y avoit 205 prélats, d'autres disent, et c'est la plus assurée opinion, qu'il y en avoit jusques à 300, ou évesques ou abbés. Là particulièrement estoient sainct Hugues, abbé de Clugny, et Pons, abbé de la Chase-Dieu, qui est réputé pour sainct, ainsi que je diray plus amplement en son lieu. Et tous ces prélats, avec le pape Urbain II, assistèrent à son enterrement.

Claude Robert, prestre de Langres, dit que Durand fut le deuxième abbé de la Chase-Dieu, lequel concéda l'abbaye de Mausac à Hugo, abbé de Clugny, et qu'il fust ensevelly en l'esglise de Saint-Nicolas « toto consilio assistente. »

---

de nombreux ouvrages et notamment, dans la *Bibliotheca cluniacensis* (col. 534), Chaix de Lavarène (*op. cit.*, p. 432) et A. Bruel (*op. cit.*, t. V, p. 45, n° 3697). Elle fut successivement confirmée par le pape Urbain II, dans un bulle donnée à Plaisance, le 16 mars 1095 (Jaffé, *op. cit.*, t. I, p. 678, n° 5551), et par le roi Philippe Ier, en 1095 (A. Bruel, *op. cit.*, t. V, p. 46, n° 3698).
— (1) Chapelle au nord de la cathédrale de Clermont, bâtie en 1093 et démolie en 1739 (A. Tardieu, *Grand dictionnaire historique du département du Puy-de-Dôme*, 1877, p. 135).

Jean Chanu, de Bourges, avocat au parlement de Paris, dit que Durand fust l'évesque 53e de Clairmont (1) et qu'il mourut l'an 1095. Aux obsèques duquel assistèrent 300 évesques, avec Urbain II, du temps du concile tenu à Clairmont.

L'esglise que sainct Robert fist commencer et qui fust en après parachevée par nostre abbé Durand, ainsi que nous avons desjà faict veoir, fust consacrée par Rencon (2), évesque de Clairmont, oncle de sainct Robert. Et cela est confirmé par Claude Robert, prestre de Langres, en la Gaule chrestienne. Voicy ses mots : « Rencon consacra l'esglise de la Chase-Dieu, sainct Robert ayant esté faict abbé (3). »

SAINCT ADELELME, 3e abbé.

D'AUTANT que tost après l'élection de sainct Adelelme (4) au gouvernement de l'abbaye, ce bon sainct remit le soing pastoral à Seguin, il ne se trouve point

---

(1) La *Gallia christ.* (t. II, col. 263) lui assigne le n° 57, dans la chronologie des évêques d'Auvergne. — (2) En 1052 (*Gallia christ.*, t. II, col. 260). — (3) Suit un extrait de deux documents latins, non datés, relatant les donations des églises de Saint-Symphorien (diocèse de Mende) et de *Vecialdis* (loc. inconnue), faites à l'abbé Durand, la première, par *Sufredus* et la deuxième par *Guigo Silvius.* — (4) Connu aussi sous les noms de

dans le cathalogue des abbés de l'abbaye de la Chase-Dieu (1), bien qu'il en soit faict mention dans sa légende et confirmé par dom Yepes, abbé de Valladolid, voulant dire que par sa briefvetté il ne debvoit point estre mis en ce nombre, chose qui redonde au destriment du monastère de la Chase-Dieu, qui doibt tirer du lustre et de l'honneur d'avoir eu pour fils et puis pour père un si sainct personnage, de qui les vertus et les mérites se sont estandus jusques dans l'Angletterre et puis dans l'Espaigne, où il mourust après avoir tesmoigné sa saincteté par tant de miracles qu'il fist (2), tant pendant sa vie qu'après sa mort, qui fust grandement regretté non seullement du peuple ains encore des roys et potentats, ainsi qu'il se voit dans sa vie que j'ai faict mettre dans le tome de Ribadeneira, despuis l'an 1627 (3). Je confesse certainement qu'elle est assez courte, mais c'est à cause de n'avoir eu les mémoires amples que j'en ay colligés du despuis de la centurie VII des Chronyques de l'ordre de Sainct Benoist faictes par dom Yepes, abbé de Valladolid, où se voit

---

saint Aleaume ou saint Elesme et, par les bénédictins espagnols, sous celui de san Lesmes. — (1) Saint Adelelme est mentionné, comme abbé de La Chaise-Dieu, avec son office propre au 30 janvier, dans le *Breviarium egregii ac devoti monasterii Casædei, Lugduni, apud Balthaçarem Arnolletum*, 1553. — (2) Cf. au sujet des miracles de saint Adelelme, J. Branche (*ouvr. cité*, p. 183 et suiv.). — (3) Maldonatus brevem edidit epitomen vitæ sancti Adelelmi in opere suo de Historiis sanctis (*Note de l'auteur*).

les biens que sa vertu luy avoit acquis du roy Alphonse sixiesme particulièrement et, encore, d'Alphonse VII et VIII (1). Je me contenteray de mettre icy l'heureuse rencontre qu'il fist de sainct Robert, en la ville d'Issoire, lorsqu'il eut faict résolution de dire adieu au monde et d'aller à Rome pélerin : ces deux saincts doncques se voyant recognurent ce qu'ils estoient l'un et l'autre et ce qui estoit de leurs plus secrettes intentions, par un esprit divin. Sainct Robert vouloit retenir sainct Adelelme, comme le recognoissant estre d'une grande vertu ; mais sainct Adelelme se voyant obligé à son veu de Rome, s'excuse humblement, prométant à sainct Robert de le venir veoir en son retour et de se ranger soubs sa discipline. Après deux années, il revint en France pour satisfaire à la promesse qu'il avoit faicte à sainct Robert, lequel eut de la peyne de le recognoistre, tant il estoit desfaict et exténué de son corps. Je laisse à part les saincts embrassements que mutuellement ils se rendirent. Estant donc receu de sainct Robert, avec le consentement de tous les religieux qui avoient assez de cognoissance de sa saincteté, et parvenu au monastère de la Chase-Dieu, il receut l'habit des mains de sainct Robert. En brief, il fist tel profit dans le monastère qu'il fust faict premier maistre des novices et puis abbé. Durand ayant esté appellé au régime de l'évesché de Clairmont, sa renommée s'estandant en plu-

---

(1) Rois de Castille et de Léon, de 1065 à 1157.

sieurs endroits de la terre, la royne Constance, femme d'Alphonse VI, ayant entendu parler des vertus et mérites de sainct Adelelme, l'envoya quérir, soubs le bon plaisir de son mary, où estant arrivé, il opéra de grands miracles que je mettray amplement dans sa vie, lorsque je la feray réimprimer, si que le roy, admirant sa saincteté, le pria de demeurer dans son royaume et de choisir le lieu qui luy conviendroit le plus pour seconder ses sainctes intentions. Pour lors sainct Adelelme demanda la chapelle que le roy avoit faict bastir, à l'honneur de sainct Jean Baptiste, aux fauxbourgs de la ville de Burgos. Ceste chapelle estoit un prieuré qui fust fondé par le roy Alphonse VI, l'an 1092. Et, pour le contentement du sainct, le mesme roy fist bastir tout auprès un hospital, à l'honneur de sainct Jean l'Evangéliste, dans lequel ledit sainct s'exerçoit à la vie active, en servant charitablement les pauvres qui passoient pour aller à Sainct-Jacques (1), et lorsqu'il vouloit s'adonner à la contemplative, il se retiroit dans son monastère desdié à sainct Jean Baptiste.

Les raisons pour quoy le roy voulut faire despandant ledit prieuré de Sainct-Jean de Burgos de la Chase-Dieu, je n'en diray pas plus que l'auteur qui m'a fourny cecy, lequel croit que ce fust pour le plus grand contentement de sainct Adelelme, ou que ce fust du goust de la royne, ou du mouvement du roy Alphonse VI.

(1) Saint-Jacques de Compostelle.

D'autant que les roys d'Espaigne estoient pour lors grandement désireux que les monastères de leur royaume fussent gouvernés par ceux de France, qui estoient les plus fameux, auquel temps estoient l'abbaye de Clugny, la Chase-Dieu et Sainct-Victor de Marseille. Il est croyable que la royne Constance voulut que ledit prieuré de Burgos fust donné à la Chase-Dieu, par ce qu'elle estoit françoise (1), afin d'avoir communication des François, comme en venant plusieurs moines pour demeurer dans l'Espaigne, ou que sainct Adelelme affecta qu'il releva de l'abbaye en laquelle il avoit faict son noviciat et puis sa profession, dans laquelle il y avoit grande observance régulière et grand nombre de saincts personnages.

Sainct Adelelme jetta tel fondement de vertu dans son monastère de Burgos, qu'il fist bien paroistre qu'il avoit esté un parfaict disciple de sainct Robert. Estienne, qui luy succéda, estoit un homme de grande vertu, ainsi que furent tous les premiers prélats et supérieurs de ce monastère qui venoient tous de l'abbaye de la Chase-Dieu de France, de laquelle sortoyent pour lors de grands serviteurs de Dieu. L'observance régulière estoit pareillement gardée, aux despandances, comme dans ladicte abbaye et jouyssoient des mesmes privilèges. C'est pourquoy Sainct-Jean de Bur-

---

(1) Elle était fille de Robert Ier, duc héréditaire de Bourgogne, et d'Hélie de Semur.

gos n'estoit point subject ny à évesque, ny archevesque, et ne relevoit ny ne recognoissoit d'autres prélats que ceux de l'ordre et le Souverain Pontife. Or donc la saincteté du monastère croissant tousjours de plus en plus fist que plusieurs ames fesoyent de grandes aumosnes et présants, afin et expressement que tels présants et donations fissent dire ce lieu *ut sit ibi vita beata monachorum* et que les religieux persévérassent là, en ceste bienheureuse vie qui se pratiquoit en ce couvent.

S'il estoit nécessaire de raconter, par le menu, les présants et richesses particulières de ce monastère que les roys Alphonse VI, VII et VIII y firent, je le pourrois faire, mais je me contenteray de mettre icy les annexes et despandances de Sainct-Jehan de Burgos, qui sont Sainct-Adrian proche Saincte-Croix de Xuarros, Sainct-Julien de Samano en la ville de Castro de Urdiales, Sainct-Thomas de Saragero, Sainct-Genex proche de la ville de Burgos, Sainct-Felices proche Maucillan, Sainct-Martin de Saport proche du chasteau de Urdiales, Sainct-Vincent de Pampliega, Sainct-Jean l'Evangéliste qui est la chapelle et hospital que le roy Alphonse VI donna à sainct Adelelme et qui despandoit de Sainct-Jean Baptiste. Sainct Adelelme fust ensevely dans l'esglise de cet hospital, ce qui remarque que ledit hospital estoit un des prieurés despandant dudit couvent de Burgos, et puis il y demeuroit des moynes qui estoient subjects au monastère de Sainct-Jean Baptiste.

Ce grand sainct resentant donc ses forces luy manquer, il fist assembler ses frères, lesquels, après s'estre muni du sacré viatique qu'il receut de la main de l'évesque de Pampelune, qui se trouva dans Burgos, il exorta à s'entr'aimer cordialement et à garder estroitement les veux qu'ils avoient faicts à Dieu. Enfin, tenant entre ses bras une croix qu'il baisoit souvent et en proférant les paroles du psalme : « Deus in nomine tuo salvum me fac et in virtute tua judica me » (1), il rendit son âme à Dieu, le 30 janvier. L'on ne sçait par précisément l'année qu'il mourut, sinon que ce fust pendant qu'Urbain II tenoit la chaire de sainct Pierre; le bruyt est néanmoins qu'il mourut l'an 1097, parce qu'audit an l'on trouve, dans les archives de Sainct-Jean de Burgos, un autre prieur nommé Estienne (2).

....

En la mesme année (3), autre don faict par le mesme roy et empereur Alphonse VI, par lequel il donne la chapelle de Sainct-Jean l'Evangeliste de Burgos et la ville de Cotar à Sainct-Robert de la Chase-Dieu et à sainct

---

(1) *Psalm.*, LIII, 3. — (2) Suit la transcription d'un « privilège » d'Alphonse VI, roi de Castille, « par lequel, dit dom Gardon, il fait donation à la Chase-Dieu de l'insigne monastère de Burgos, qu'il avoit faict bastir, tiré de l'escriture XLVII° de l'apendix du tome VI et VII des Chronyques de sainct Benoist, de dom Yepes. » Cet acte est daté du 3 des nones de novembre de l'ère d'Espagne 1128, équivalant au 3 novembre 1090 de l'ère chrétienne. — (3) En 1090.

Adelelme, avec le consentement de l'impérière, sa femme, en ces termes : « Ego Constantia, Dei gratia imperatrix, omnia quæ dominus meus jussit facere, libenter confirmo, etc. Vide dom Yepes.

Autre privilège et don du mesme empereur, Alphonse VI, faict à Sainct-Robert de la Chase-Dieu du prieuré et monastère de Sainct-Julien de Samano, annexé et uny à Sainct-Jean de Burgos, qui est donné à Sainct-Robert, avec le mesme consentement de l'impérière, etc. *Die v^o idus octobris M. C. XII* (1). Vide dom Yepes.

Voilà bien l'union de Sainct-Jean de Burgos à l'abbaye de la Chase-Dieu, qui dura tant que les moines de ce monastère gardèrent la discipline régulière. Mais, en l'an 1436, l'abbaye de la Chase-Dieu perdit ce sainct et célèbre prieuré, par les raisons que je ferai veoir lorsque je produirai la bulle de désunion.

Le jour de feste des Trépassés, il se trouve, dans l'ancien coustumier de ceste abbaye, que l'on doibt faire commémoraison pour l'ame d'une royne d'Angleterre, pour avoir faict bas-

---

(1) Le 3 octobre 1074 de l'ère chrétienne. En outre des libéralités des rois de Castille signalées par dom Gardon, on connaît encore la donation faite par Alphonse VIII, se qualifiant empereur d'Espagne, à l'abbaye de La Chaise-Dieu et au prieuré de Saint-Jean de Burgos, le 23 mars 1149, de diverses terres sises au territoire de Burgos. Le texte de cette donation a été publié par Payrard (*Tablettes hist. du Velay*, t. VIII, p. 216) et dans le *Musée des Archives départementales*, 1878 (p. 75 n° 40 et *Recueil de fac simile*, n° 40, pl. XXV).

tir le dourtoir de ladicte abbaye; il est croiable que c'est pour celle qui fust guérie de la lèpre par les mérites et prières de nostre sainct Adelelme qui, sans doubte, voulut faire ce bienfaict au monastère duquel ledit sainct estoit sorty (1).

SEGUIN, 4ᵉ abbé.

SEGUIN fust par sainct Adelelme présanté à toute la Congrégation, pour estre mis en sa place. Iceluy ayant esté receu, fust très bon abbé et bien famé, vray appui du monastère, pasteur vigilant qui prenoit garde à son troupeau. Pendant son gouvernement, il acreut les rantes et revenus de son abbaye (2). Il

(1) La chronique croit que la reine d'Angleterre dont il s'agit était Edith *la Belle*, veuve du roi Edouard III *le Confesseur* (Dominique Branche, *Histoire des ordres monastiques en Auvergne*, s. d., p. 155). — (2) En effet, sous son abbatiat, le patrimoine de l'abbaye de la Chaise-Dieu s'accrut successivement des dons de l'église de Mazerat-Aurouze et du château d'Aubusson, en avril 1078 (Chassaing, *Spicilegium brivat.*, p. 8), de celle de Gabriac, diocèse de Rhodez, en 1078 (Payrard, *Tabl. hist. du Velay*, t. VIII, p. 13), des abbayes de Saint-Michel de Gaillac, diocèse d'Albi, et de Saint-Théodard de Montauban, alors diocèse de Cahors, en 1079 (*Gallia christ.*, t. I, col. 52 et *Hist. génér. de Languedoc*, édit. Privat, t. IV, p. 425), et des églises de Saint-Baudile de Nîmes, diocèse de

estoit du diocèse de Lyon, d'un chasteau nommé Escoteil ou Escoray. Sa vertu et doctrine le fesoient aimer de tous ses religieux et, comme celà, il estoit révéré de tous comme leur père commun. L'on recherchoit à l'envye de se soubmettre à son humaine domination et saincteté religieuse. En l'an 1082 (1), sainct Hugues, évesque de Grenoble, après avoir tenu deux ans ledict évesché et recherchant un plus humble et assuré estat, vint au monastère de la Chase-Dieu pour se faire disciple de ce vertueux abbé qui luy donna l'habit, en la neuviesme année de son gouvernement. Je ne diray rien plus de sainct Hugues pour le présant, me réservant en son lieu.

Urbain II, homme excellent et qui avoit esté à Paris (2) disciple de sainct Bruno, voulant l'avoir auprès de soy, pour se servir de son conseil, luy fist commandement de le venir trouver à Rome, ce qui luy fust fort rude; toutefois, il obéyt, mais avant que partir, il recommanda ses compaignons, qu'il laissoit dans les déserts que sainct Hugues luy avoit désjà donnés, à notre abbé Seguin. Mais ces bons disciples, ne se pouvant veoir sans leur maistre, le suyvirent à Rome, si que, avant que partir, sainct Bruno délaissa et remist entre les mains de Seguin tout ce qu'il avoit

Nimes, le 28 décembre 1084 (Payrard, *Tabl. hist. du Velay*, t. VIII. p, 14, qui donne la date erronée du *28 janvier*) et de Sainte Gemme, diocèse de Saintes, en 1084 (Payrard, *ibid.*, t. VIII, p. 15). — (1) La copie porte à tort 1087. — (2) Lisez *Reims*.

desjà acquis, et luy en fist don si la France ne leur estoit rien plus. Le pape, voyant sainct Bruno accompaigné de ses six compaignons, en fust desplaisant et leur dit de se retirer en leur désert et solitude, et pour les obliger d'agréer plus facilement leur retour en France, ne voulant pas qu'ils fussent sans père, il les recommanda par lettre à l'abbé de la Chase-Dieu, qui estoit pour lors nostre Seguin, des vertus duquel le pape en avoit desjà esté adverty, et luy ordonna que le lieu de la Chartreuse, dont ils estoient sortis, leur fust rendu, comme aussi tout ce qu'il tenoit d'eux, et qu'il leur servyt de père en toutes leurs nécessités (1). Je crois qu'alors, ou peu de temps après, ce fist alliance et union de prières entre ces deux sainctes maisons, néantmoins je n'en ay point veu aucune carte ny mémoire.

Cet abbé estoit de telle vigilance et porté de telle affection à l'avancement et accroissement de son abbaye qu'il obtint de Grégoire VII une

(1) Surius rapporte en la vie de sainct Bruno, le 6 octobre : « Postquam fratres Pontificis litteras Seguino, abbati Casæ Dei, exhibuerunt, fratribus ejus cœnobii assentientibus, præsente sancto Hugone, Gratianopolitani episcopo, et Hugone, Lugduni archiepiscopo, libere desertum Carthusianum remisit, et tum illis tum successoribus eorum perpetuo tradit possidendum » (*Note de l'auteur*). Par deux bulles, non datées, mais que l'on peut vraisemblablement attribuer à l'année 1090, le pape Urbain II enjoignit à l'abbé Seguin de restituer le monastère de la Grande-Chartreuse à saint Bruno, et prescrivit à Hugues, archevêque de Lyon, de veiller à l'exécution de cet ordre (Jaffé, *op. cit.*, t. I, p. 666, nᵒˢ 5425 et 5426).

bulle (1), par laquelle il luy fust concédé et au monastère de la Chase-Dieu tous les privilèges dont l'abbaye de Clugny avoit esté honnorée de tous les autres papes auparavant; par ceste mesme bulle, le pape confirme au monastère de la Chase-Dieu et la met soubs la puissance de l'abbé d'icelle, l'abbaye de Galliac consacrée à l'honneur de sainct Michel, et l'abbaye encore de Sainct-Théodard, située dans le terroir de Cahors, avec toutes leurs despandances.

En ce temps là, les ecclésiastiques d'Auvergne, à certaines festes, s'immisçoient dans le dortoir et dans le chœur avec les frères, troublant le repos de la discipline religieuse. Ce bon et vertueux prélat eut bulle d'interdiction du mesme pape, dressante à ces ecclésiastiques, comme aussi une autre bulle, par laquelle est porté inhibition et deffense à tous ecclésiastiques, évesques et autres d'envahir les esglises, terres et possessions du monastère ny de s'immiscer à l'élection de l'abbé venant à vacquer, voulant qu'autre ne fust promeu que celuy qui seroit faict par la compaignie des frères, avec la crainte de Dieu et la règle de sainct Benoist, que si les frères ne peuvent trouver un personnaige d'entre eulx, assez suffisant pour le régime du monastère, ils recourront, en ce cas, à l'évesque d'Auvergne.

(1) Datée de Latran, 27 mars 1080, et dans laquelle, contrairement aux assertions de dom Gardon qui croit à l'existence de trois bulles de Grégoire VII, se trouvent consignés les faits analysés par lui dans ce para-

Il fust doué, outre le don d'affabilité et de douceur, du don de prophétie. Estant rencontré un jour par le plus apparent du lieu de Carennac, il fust supplié de venir solemniser le jour de la Pentecoste, qui estoit le lendemain, au lieu de Carennac. Seguin, remarquant la grande dévotion de cet homme, s'achemine audit lieu, afin d'y célébrer ladicte feste. Or que la solempnité du jour obligeoit toute la noblesse et les plus apparents des lieux voysins de s'acheminer audit lieu, néantmoins ils y furent particulièrement portés lorsqu'ils seurent que l'abbé Seguin y estoit pour y faire l'office. Arrive que, parmy l'affluence du peuple, il y rencontre un gendarme de mauvaise vie qui commettoit mille maux journèlement au peuple de ce païs; il estoit tenu pour un grand tyran et persécuteur du repos public. Le préfaict (1) du lieu le voyant va donner advis de sa mauvaise vie à Seguin, et le prie de l'exhorter à quitter ses tyranniques extorsions qu'il commettoit

---

graphe et le suivant (Chaix de Lavarène, *op. cit.*, p. 50 et Jaffé, *op. cit.*, t. I, p. 635, n° 5159). D'ailleurs on ne connaît qu'un autre acte de ce pape, relatif à La Chaise-Dieu : c'est une lettre qu'il adresse à Hugues, archevêque de Lyon, pour l'inviter à terminer un différend survenu entre Seguin d'Escotay et un abbé non désigné, et à abolir les privilèges concédés par Alexandre II, son prédécesseur, à certains moines. Cette lettre, de l'année 1083 (Jaffé, *op. cit.*, t. I, p. 644, n° 5246) a été publiée par Chaix de Lavarène (*op. cit.*, p. 58), mais avec la date fautive de 1081. — (1) En racontant cette légende, J. Branche (*ouvr. cité*, p. 467) dit « le prévost. »

sur le pauvre peuple et sur tout ce pays là, afin que par ses remonstrances ce misérable homme désistat de mener une si déplorable vie. Ce que le vertueux abbé entreprit de faire, mais en vain, car, après l'avoir remonstré et exhorté amia-blement et charitablement de se rendre doux, affable et bienfaisant à toute sorte de personnes ce malheureux ne voulut rien rabattre de ses mauvaises résolutions, ny par le respect de la feste, ny moins par l'honneur de ce vénérable prélat qui l'exhortoit au bien : ains, au contraire, menaçant, s'enfuit tout furibond. Le préfaict de la ville, alors tout estonné, fust veu par l'abbé qui luy dit de ne s'affliger, car en brief il luy verroit mestre fin à sa malice, l'asseurant qu'à luy ny à son lieu il ne nuiroit plus. Ceste prophétie fust bientôt déclarée juste par le souverain Juge ; arrive donc que ce tyran, qui s'estoit retiré tout enflé de superbe et de passion devant Seguin, s'en va le long d'un fleuve pour prendre des oyseaux, qui en en poursuyvant un, tombe dans un fleuve et s'y noye à mesme temps, chose qui donna de la terreur aux autres persécuteurs de ce lieu et grand joye aux habitans de tout le pays.

Ce doux et benoist abbé, une autre fois, estant en l'abbaye de Sainct-Alyre léz Clairmont, en Auvergne, en sortant de l'oratoire, il luy aborde un de ses religieux de son abbaye de la Chase-Dieu, qui s'appelloit Pierre de Pontgibaut, auquel il prophétiza qu'en brief il seroit faict abbé de Sainct-Alyre, en ces parolles : « Mon frère, vous devez estre employé pour ayder à ceste maison et, en peu de temps, vous y serez créé abbé », ce qu'arriva ainsi qu'il avoit prophétizé (1).

Bien que les moines de ce monastère servissent Dieu avec un grand esprit de religion, néantmoins les moines de ce temps ne laissoient pas d'estre affligés par des larrons domestiques qui ne leur laissoient rien dans le monastère. Insensiblement il arrive que ne pouvant plus supporter la perte de leurs biens, l'abbé Seguin, enflammé du Sainct Esprit, commande un jour de Jeudy Sainct qu'on luy apportast son baston pastoral. Et, lorsque tous les frères furent assemblés dans le chapitre, se lève de sa place, tout droit, et commence d'ajurer celui-là qui fesoit ces larcins (qui luy estoit pourtant incogneu), en ces parolles cy : « Et par ce que le fils de l'iniquité ne cesse de troubler les enfans de Dieu, de l'autorité de Dieu le père, et du Fils et du Sainct Esprit, je luy fais commendement dores en avant de ne demeurer jamais plus en ce lieu cy. » Ces parolles dictes, soudain un des frères, qui estoit le réfecturier, et à la vue des autres frères, sortit et ne parust jamais plus. Et, pour confirmation que ce frère estoit ce larron domestique, tous les larcins qu'il avoit faicts dans le monastère furent descouverts par ses adhérans et complices, qui estoient estrangers et demeu-

(1) Cf. *Gallia christ.*, t. II, col. 324 qui confirme le récit de dom Gardon.

roient hors le monastère ; « nihil occultum quod non reveletur » (1).

Enfin, cet aymé abbé et de Dieu et des hommes, après avoir gouverné son abbaye l'espace de 15 ans avec tant de vigilance et saincteté, passa de ce monde en la céleste Jhérusalem, le quinziesme juillet l'an 1094. Son corps repose en Avignon (2). Il arriva quelques miracles en son trespas, qui avoient esté mis par escrit, avec la vie d'Estienne, premier disciple de sainct Robert, ainsi que j'ay trouvé dans un vieux manuscrit du monastère, de laquelle vie et miracles l'on n'a pas la cognoissance pour avoir esté perdus, à cause des troubles qu'il y a eu dans ladicte abbaye de la Chase-Dieu. Il fust réputé de tout le peuple un sainct personnaige.

(1) On doit ainsi rétablir cette citation : « Nihil autem opertum est quod non reveletur » (*Luc*, xii, 2). — (2) Le lieu de sépulture de cet abbé a donné lieu à de nombreuses controverses car, alors que certains historiens tiennent pour la ville d'Avignon, d'autres, au contraire, croient qu'il s'agit d'Avignonnet, prieuré de l'archiprêtré de Mauriac, diocèse de Clermont. Dans sa notice sur *Seguin d'Escotay, chanoine de Lyon et troisième abbé de La Chaise-Dieu*, 1898 (p. 17-18), M. J. Beyssac envisage l'hypothèse du décès et de l'inhumation de cet abbé, dans l'abbaye de Saint-Bénigne de Dijon.

PONS, 5ᵉ abbé.

Pons estoit sorty de la maison de Turno ou Tournone. L'on ne peut pas asseurer si c'est de l'illustrissime maison de Tournon ou de Turno (1). Il estoit homme vertueux et de grand jugement. Il gouverna l'abbaye, avec grande réputation, l'espace de sept ans. De son temps, il arriva chose admirable que je ne doibs point obmettre, d'autant qu'elle monstre la grande saincteté de vie qui se pratiquoit pour lors dans le monastère de la Chase-Dieu.

Il arrive que le prieur de la Tour de Sabran, proche Avignon, se voyant desjà bien avancé en age et désireux de renoncer au soing du régime temporel de son prieuré, pour plus aysément vacquer à son salut et à son dernier jour, envoye à la Chase-Dieu un messager pour prier l'abbé Pons de luy envoyer quelque religieux, zellé et de bonne vie, auquel il peut remettre la charge spirituelle et temporelle de son prieuré, ne désirant à l'avenir que de servir Dieu et de bien mourir. Cet abbé, bien ayze

---

(1) On ne peut s'expliquer les distinctions de dom Gardon, attendu que « *de Turno* » est la forme latine de Tournon et que l'abbé Pons appartient effectivement à cette célèbre famille du Vivarais (Le Laboureur, *Les Mazures... de l'Isle-Barbe*, 1681, t. II, p. 599; *Gallia Christ.* t. II, col. 331).

de recognoistre une si saincte affection en ce bon prieur, deppute à ceste obédiance un jeune religieux, diacre seulement, mais très bien acompli et en dons de nature et en faveur et graces célestes. Estant arrivé audit prieuré de Sabran, le prieur luy voulant remettre toute la charge dudit prieuré, ce jeune religieux, qui avoit tousjours monstré une grande humilité, reffuze la charge de suppérieur en ce lieu, disant qu'il n'y auroit point d'apparence que luy, qui estoit jeune, eusse commendement sur luy, qui estoit vieux et de plus grande perfection. Et pendant ce conteste, ils résolurent entre eux deux de demeurer au dire d'un vertueux religieux de Clugny, qui demouroit tout proche de la ville d'Avignon, et de se conformer à ce qui seroit trouvé bon par luy : lequel ordonna que le vieux prieur se reposeroit du soing et régime de son prieuré et que le jeune occuperoit la charge du gouvernement d'iceluy. Ce jeune et vertueux religieux se voyant ainsi condempné, pensa au moyen de s'en despétrer. Il prie donc le bon et vénérable prieur de luy permettre de s'en retourner au monastère de la Chase-Dieu, afin d'y aller faire la cœne avec les autres frères. Ayant obtenu la licence, s'en retourne audit monastère et là, après avoir célébré la cœne avec les autres frères, il fust attaqué le lendemain (jour du grand vendredi) d'une grosse fiebvre, si que l'on fust contrainct de l'emporter dans l'infirmerie, où la fiebvre s'augmentant tousjours, et luy recognoissant bien son heure,

demanda le sainct viatique, lequel après avoir
receu avec une grande ferveur de dévotion, il
rendit l'esprit entre les mains de Dieu. Le lendemain il fust ensevelly et le jour de Pasques
suyvant (voicy où consiste la merveille), le sacristain sortant de l'esglise pour recognoistre
si l'aube du jour s'approchoit, afin que l'on
dit à point nommé et à propos l'hymne « Aurora lucis rutilat », comme est la coutume.
Voilà que ce jeune religieux, qui avoit esté
ensevelly le jour auparavant, luy apparoit
revestu et affublé des habits de diacre, qui dit
à ce sacristain d'une voix hardie : « Resurrexit
Dominus. » Au bruit de ces parolles, ledit sacristain fust tout espouvanté et troublé, mais
revenu à soy, il interroge ce trépassé, luy demandant comment il se portoit et qu'est ce
qu'il estoit venu faire icy. Le deffunct respondit que la Royne du ciel, avec tous les chœurs
des anges, accompaignée des Apostres, venoit
ce jourd'huy en ce lieu célébrer le divin office :
« C'est pourquoy j'ay esté envoyé pour y
acomplir mon diaconat. » Le sacristain ayant
entendu telle merveille acourt au père prélat,
auquel furent répétées les mesmes paroles par
le religieux qui avoit esté ensevelly le jour auparavant, qui ressembloit néantmoins estre
vivant et, cela dit, il s'esvanouit. A ceste nouvelle, tous les frères furent ravis en admiration et, portés de curiosité, que la pluspart
mirent en délibération de veoir si le corps du
deffunct estoit dans son sépulchre, tant il
avoit paru manifestement à leurs yeux. L'abbé

Pons ayant sceu la curiosité de ses religieux, comme homme de grande discrétion et sagesse, leur deffendit de ne point attenter ceste entreprinse, afin de n'encourir l'indignation de Dieu.

Nostre abbé Pons assista au concille de Clairmont, tenu soubs Urbain II (1), où fust résolue la guerre de la Croisade. Là, pendant ledit concille, il fist permutation de certaines esglises avec sainct Hugo, abbé de Clugny, qui en donna aussi d'autres à l'abbé Pons, toutesfois beaucoup moindres, avec pacte et promesse de perpétuelle paix entre ces deux abbayes. Là, fust encore résolu que le premier d'eux qui pourroit unir des esglises et acquérir possessions et rentes à leurs abbayes, en jouiroyt pèsiblement et sans aucun trouble ; permis à ceux qui voudront eslire leurs sépultures dans leurs dépendances d'y donner du bien. Comme aussi il est permis aux religieux de l'un et l'autre monastère de se viziter, sans toutesfois qu'il soit permis de se transférer d'un monastère à l'autre, sans l'expresse licence de son abbé. Le tout fust ainsi accordé soubs le bon plaisir du pape Urbain II et par les vénérables achevesques de Lyon et de Bourges et par tout plein d'autres prélats qui estoient audit concille. Ceste composition doibt estre dans les archives de l'abbé de la Chase-Dieu. Je n'ay qu'apprins ceste alliance

---

(1) Du 18 au 28 novembre 1095 (Jaffé, *op. cit.*, t. I, p. 680).

pour l'avoir trouvée dans un ancien répertuere. Ceste composition fust expédiée et authentiquée en la ville de Clairmont par ledit pape, afin que ny l'un ny l'autre vinssent à l'enfraindre, l'an 1095, IIII des kal. de décembre (1). Il est à présumer qu'à ce mesme temps il se fist, entre ces deux abbayes, union et alliance de prières.

L'année d'après, le pape Urbain II vint viziter l'abbaye de la Chase-Dieu (2). Laquelle il prit et tous les biens despandants d'icelle soubs sa protection et sauvegarde, l'exemptant de la juridiction épiscopale et archiepis-

(1) Cette charte mettait fin à un conflit que le pape Urbain II avait dû régler entre les abbés de Cluny et de La Chaise-Dieu, au moment du concile de Clermont (Jaffé, *op. cit.*, t. I, p. 682, n° 5586). Elle est en réalité du 1er décembre et non du 28 novembre 1095, ainsi que le dit dom Gardon, et a été imprimée, avec quelques variantes, dans Baluze (*Miscellan.*, t. VI, p. 423), Payrard (*Tabl. hist. du Velay*, t. VIII, p. 18) et A. Bruel (*Chartes de l'abb. de Cluny*, t. V, p. 43). — (2) Au cours de son pontificat, Urbain II n'est venu à La Chaise-Dieu qu'une seule fois, non en 1096, ainsi que le dit notre auteur, mais le 18 août 1095. C'est de ce lieu, jour et an, que sont, en effet, datées deux bulles de ce pape, dont l'une consacre l'église primitive de la Chaise-Dieu, dédiée à saints Agricol et Vital (Jaffé, *op. cit.*, t. I, p. 680, n° 5571), et l'autre met le monastère des religieuses de Blesle sous la protection du Saint-Siège (imprimée dans *Chaix de Lavarène, op. cit.*, p. 69). L'erreur de dom Gardon provient de son ignorance des usages de la chancellerie romaine qui a daté plusieurs bulles fulminées en Auvergne par Urbain II, de l'année 1096, d'après le calcul pisan, en avance de neuf mois et sept jours sur notre calcul.

copale, confirme tous les biens desjà acquis à ladicte abbaye, et parce que la bulle est courte, je l'ay mise ici tout du long, afin que l'on voye l'affection de ce bon pape à l'endroit de l'abbaye de la Chasè-Dieu (1).

Après que Pons eut gouverné son abbaye sept ans durant, il fust appellé pour régir l'évesché du Puy, qui pour lors estoit grandement troublé, car comme ses devanciers Aymard de Monteil et Pons Maurice furent allés en la guerre de la Croisade, quelques personnes brouillèrent tellement les cartes dans l'évesché qu'il eut beaucoup de peine à les desmêler ; néantmoins, il se comporta si sagement, parmy les violantes algarades qu'il fist mettre le serain de la paix parmy les brouillars de ces dissentions (2).

Il assista au sacre de l'esglise de Viviers faict par le pape Calixte II, l'an 1119 (3). C'estoit ce Pons vertueux qui estoit évesque du Puy, lorsque sainct Hugues, évesque de Grenoble et jadis moine du monastère de la Chase-Dieu vint au Puy pour la célébration du concille y

(1) Suit la transcription de cette bulle, datée de Saint-Gilles, 6 septembre 1095 (Jaffé, *op. cit.*, t. I, p. 686, n° 5575) et qui a été publiée, avec la date fautive du 7 septembre, par Chaix de Lavarène (*op. cit.*, p. 72). — (2) Ce paragraphe est la reproduction presque littérale d'un passage des *Discours historiques de la... dévotion à N.-Dame du Puy*, d'Odo de Gissey (édit. de 1620, p. 380). — (3) La consécration de l'église cathédrale de Saint-Vincent de Viviers est du 27 février 1120 (*Gallia christ.*, t. XVI, col. 555).

assigné, l'an 1130 (1), selon qu'on peut colliger de la date de son siège : Jean Chanu le confirme comme icelluy...,

Ce dévost et vertueux évesque ne se comporta pas moins au gouvernement de l'évesché du Puy qu'en celuy-là de son abbaye de la Chase-Dieu, si que, en l'un et en l'autre, il mena une si parfaicte vie qu'il fust réputé pour sainct (2), aussi bien que Seguin, son prédécesseur en l'abbaye. Il passa de ceste vie en une plus heureuse, le 25 janvier 1131. Il fust enterré à Rochepaule, prieuré despandant de ladicte abbaye, néantmoins qui, despuis l'an 1616, fust donné aux pères Minimes de Rossilion par Mr de Tournon et du consentement de l'abbé et du couvent de la Chase-Dieu. Ledit prieuré de Rochepaule fust dotté par ses parents et construit. Le patron tutélaire de l'esglise dudit prieuré est sainct Pons, et je crois, quant à moy, que c'est ce sainct abbé. Le tombeau duquel se voyoit en ladicte esglise, devant que la rage de l'hérézie l'eust démolie. Ce fust le baron des Adreicts qui le destruisit ; il en reste encore de présant quelques vestiges dans l'espesseur de la muraille proche du grand autel, ainsi que j'ay veu (3).

(1) Cf. Labbe, *Concil.*, t. X, p. 972. — (2) J. Branche (*ouvr. cité*, p. 174) lui consacre une notice en le qualifiant de saint. — (3) Suit la transcription de la charte d'accord entre les abbayes de Cluny et de La Chaise-Dieu.

AYMERIC, 6ᵉ abbé.

Et abbé estoit natif de la ville de Clairmont, de parents nobles et vertueux et des plus anciennes familles de ladicte ville. Il succéda, à l'abbaye, à Pons, laquelle il garda en bon et vigilant pasteur, sept ans, d'où il en tira grand honneur et mérite. Soubs son règne, il y avoit un vertueux et dévost religieux, grandement humble et qui aymoit parfaitement la continence, qui se trouva un jour au prieuré de Sainct-Privat, où il arriva un grand spectacle à un prestre célébrant la saincte messe, lequel, après avoir consacré, perdit l'hostie consacrée et ne sceut jamais en quoy elle estoit devenue. Voilà donc que ce sainct religieux, qui avoit nom Bertrand Baptiste, se mit à genoux devant l'autel, priant Dieu à mains jointes, la larme aux yeux et la componction au cœur, à ce qu'il luy pleust remettre l'hostie consacrée sur l'autel, en sa place. Dieu ayant ouy la prière de ce parfaict religieux et ne voulant que la saincte hostie ne demeura perdue, elle fust veue miraculeusement sur la pointe de ses doids, ce qui causa une grande joie à tous les assistans qui en rendirent grâce à Dieu.

Le mesme Bertrand Baptiste, célébrant une fois la saincte messe, après avoir consacré et avant que recevoir le sacré sang de J.-C., prit garde que dans le calice il y avoit une araniée. Le voillà en grand doubte sur ce qu'il debvoit fère, apréhendant d'un costé le poison et de l'autre il voyoit aussi la faute qu'il commettroit, en ne recevant pas le sang du fils de Dieu. Enfin, après avoir demeuré dans ceste irrésolution et se ressouvenant des paroles de l'Evangile : « Et si mortiferum bibit, non ei nocere potuit (1) », il beut le poison avec la vie. Quelque temps après, se fesant ouvrir la veine pour secourir son infirmité, l'on vit sortir du bras, avec le sang, ladicte araniée, merveille encore inouye, ce grand Dieu voulant fère veoir qu'il n'y a rien dans ce monde qui puisse nuire à ses fidelles serviteurs qui l'honnorent et de cœur et d'âme!

Nostre abbé Aymeric assista le pape Pascal II, au sacre de l'esglise de Menat, ainsi qu'il se voit par la bulle que ledit pape laissa dans ladicte abbaye de Menat (2). Il obtint de ce pape Pascal, l'an 1107, de grands privilèges, par lesquels le pape condescendoit favorablement à ses justes requestes et, suyvant les traces des autres papes, ses prédécesseurs d'heureuse mémoire, Léon IX, Grégoire VII et Urbain II, pontifes romains, il prit soubs sa protection et du bienheureux apostre sainct Pierre, le

(1) Il convient de rétablir ainsi cette citation : « Serpentes tollent : et si mortiferum quid biberint, non eis nocebit » (*Marc*, XVI, 18). — (2) On ne connaît pas cette bulle, et l'itinéraire de Pascal II ne signale, à aucune époque, son passage au monastère de Menat.

monastère de la Chase-Dieu. Je laisse le commencement de la bulle et viens au point, quand il parle à l'abbé Aymeric : « où vous, nostre bien aymé fils Aymeric, estes abbé, par la grace de Dieu », etc. Il le munit du privilège de deux bulles (1), dont la première fust expédiée à Clugny, l'an 1106 et le 8ᵉ du pontificat du pape Pascal, qui ordonna que toute les possessions et biens quelconques que ledit monastère possède présantement, justement et canoniquement, et pourra posséder à l'advenir par l'octroy des papes, libéralités des roys ou des princes, ou par l'oblation des fidelles et autre façon que ce soit, avec l'ayde de Dieu, demeurent ausdits abbé et monastère fermes et inviolables. Et entre lesquels est exprimé dans lesdictes bulles, par leur nom, comme les esglises, villages, possessions et autres biens : l'abbaye de Gaillac, consacrée à l'honneur de sainct Michel; l'abbaye de Sainct-Théodard, située dans le terroir de Cahors, que je pense estre l'abbaye de Montauban, qui fust désunie de l'abbaye de La Chase-Dieu, pour en composer l'évesché de la ville de Montauban, par Jean XXII, comme il appert en l'extravagante (2) du pape Jean XXII, qui s'acommence « Ad cujuslibet status », ainsi que je feray veoir

---

(1) Ces deux bulles sont datées de Cluny, 4 février 1107 et Latran, 5 décembre 1107 (Jaffé, *op. cit.*, t. I, p. 728, n° 6114, et p. 733, n° 6176). On en trouvera le texte dans Chaix de Lavarène (*op. cit.*, p. 118 et 129).
— (2) Nom des constitutions ou épîtres décrétales de Jean XXII.

en son lieu plus amplemant, en raportant en tout au long la bulle de désunion ; l'abbaye de Sainct-André de Vienne, qui fust concédée et donnée à l'abbaye de la Chase-Dieu par Guido, archevesque de Vienne (1) ; l'abbaye de Sainct-Marin de Pavie ; l'abbaye bastie par les parents de ceste excellente comtesse Mathilde ou par elle mesme (2) ; l'abbaye de Brantosme ; l'esglise de Sainct-Quirin aux faubourgs de la ville de Leucon (3), donnée à perpétuité au monastère de la Chase-Dieu par l'évesque de Leucon ; et plusieurs autres esglises (4), toutes lesquelles le pape Pascal veut qu'elles soyent servies de suppérieurs, donnés et envoyés par Aymeric, abbé, et par ses successeurs et soubs la discipline et correction des abbés dudit monastère de la Chase-Dieu.

Après que nostre Aymeric eut gouverné l'abbaye en bon père et prélat, l'espace de dix ans, il mérita d'aller gouverner l'évesché de Clairmont (5) ; il estoit homme de grand esprit. Ce fust luy qui dressa le formulaire du serment solempnel que les évesques font à leur advène-

---

(1) En 1094 (*Gallia christ.*, t. XVI, col. 75). — (2) Il s'agit de l'abbaye de Saint-Pierre de Frassinoro, province de Modène, édifiée, en 1071, par Mathilde, comtesse de Toscane. — (3) Lire « Saint-Quirice » et « ville de Lucques » (Italie). — (4) Les autres possessions de l'abbaye de La Chaise-Dieu, énumérées dans les bulles analysées par dom Gardon, sont : l'église de Saint-Trivier, le monastère de Bessan, près Béziers, le prieuré de Saint-Baudile de Nîmes et celui de Travers, en Suisse, dans le canton de Neuchâtel. — (5) A la fin de l'année 1111 (*Gallia christ.*, t. II, col. 267).

ment, le presta le premier et le transmit à ses successeurs. Il eut l'honneur d'assister au sacre du roy Philippe, en la ville de Reins, qui fust le jour de Pasques l'an 1129 (1). Et Claude Robert adjoute que ce fust le 14 d'apvril, soubs luy, que se tint le quatriesme concile de Clairmont par Innocent II, l'an 1134 (2). Il décéda le 18 d'apvril 1135 (3); son corps repose à Clairmont. L'on a laissé, pour l'honneur que l'on debvoit à sa mémoyre, ceste épitaphe qui se trouve gravée sur son tombeau :

Ipso die Aymericus, præsul magni nominis,
Prudens, pius et pudicus, cultor summæ Virginis
Expiravit, salvet eum Christus salus hominis.

Ceste épitaphe est presque de mesme rapportée par Claude Robert, prestre de Langres. Voicy les mots, après qu'il a dit qu'il avoit esté 5e abbé de La Chase-Dieu, en quoy il s'est trompé car il a esté le 6e : « vir honestæ vitæ et deffensor Ecclesiæ, ... pius, prudens, pudicus et summæ Virginis cultor. » Il a esté le 57e évesque de Clairmont (4).

Ce fust l'abbé Aymeric qui envoya à Burgos un religieux nommé Rodulphe, après l'heureux décès de sainct Adelelme. Çà esté ce Rodulphe qui fist la vie dudit sainct. Il se trouve un Rodulphe qui fust un des premiers disciples

---

(1) Il ne peut être ici question que du sacre de Louis VII qui eut lieu à Reims, le 25 octobre 1131. — (2) Il faut lire le 11e concile et l'an 1130. — (3) Date de l'année inexacte, car Aymeric est décédé le 18 avril 1150. — (4) Le 60e, d'après la *Gallia christ.* (t. II, col. 267).

de sainct Robert, qui avoit veu la Vierge Marie, après le trespas du sainct, se reposer sur son corps glorieux, ains que nous avons dit en sa vie. Ce Rodulphe s'appelloit Passeroux, il estoit d'un certain bourg en Auvergne, nommé Silvain, près de Murat, aux hautes montaignes d'Auvergne. Il acquit ceste esglise de Sainct-Silvain, au monastère, comme aussi le prieuré de Port-Dieu, au diocèse de Limoges, le prieuré de Cambes, au diocèse d'Agen, avec deux esglises, la Chapelle de Saint-Fulcher, au diocèse de Limoges, où, accablé d'années et de mérites, il finit ses jours et fust là ensevelly.

Procès entre nostre abbé Aymeric et Gaufrede, abbé de Sainct-Maxime, sur les esglises de Gazanel, une desquelles est à l'honneur de la Vierge, l'autre de Saincte-Genefviève et la troisiesme de Sainct-Macuto (Machou) (1). Gérard, évesque d'Angoulesme, Pierre, évesque de Poitiers, depputés du Sainct-Siège, pronuncèrent sentence en faveur de l'abbé Aymeric, et furent présants Léodegard, archevesque de Bourges, Calcard et Guillaume, archidiacres de l'esglise de Bourges, Ménard, pressenteur de l'esglise d'Angoulesme, et autres, l'an 1111 (2).

(1) Ces trois églises de Jazeneuil avaient été données à l'abbaye de la Chaise-Dieu, par Pierre II, évêque de Poitiers, vers l'année 1109 (Payrard, *Tabl. hist. du Velay*, t. VIII, p. 195). — (2) Cette sentence arbitrale a été publiée par Payrard (*ibid.*, t. VIII, p. 196).

ESTIENNE DE MERCUEL, 7ᵉ abbé.

LA saincteté de vie de cet abbé le fist nommer, par un commun suffrage des frères, à la place d'Aymeric, lorsqu'il alla gouverner l'évesché d'Auvergne. En ceste élection assistèrent grand nombre de doctes et vertueux religieux, qui furent appellés en diverses prélatures dans l'Esglise de Dieu ; comme Pierre, qui fust évesque de Viviers, puis archevesque de Lyon (1), au rapport de Pierre le Vénérable, ainsi que je feray veoir en son lieu ; Jarento qui fust abbé de Sainct-Bénigne de Digeon (2), comme je feray veoir aussi en son lieu, quelques uns disent qu'il fust en après évesque de Langres, mais je n'en ay encore rien trouvé ; Estienne qui fust abbé d'Issoire (3) ; Pierre de Pontgibaud, abbé de Sainct-Alyre de Clairmont (4), ainsi qu'avoit prophétizé le bienheureux Seguin, comme j'ay dit dans sa vie. Tous ceux là

(1) Évêque de Viviers de 1128 à 1131 et archevêque de Lyon de 1131 à 1139. — (2) Successivement moine et prieur de La Chaise-Dieu et abbé de Saint-Bénigne de Dijon, où il mourut en 1112 ou 1113 (*Gallia Christ.*, t. IV, col. 779-781). — (3) A aucune date on ne trouve d'abbé d'Issoire du nom d'Étienne. — (4) Pierre de Pontgibaud n'était plus abbé de Saint-Alyre en 1107.

furent moines du monastère de la Chase-Dieu, lesquels assistèrent à l'élection d'Estienne de Mercuel, avec d'autres abbés tirés de la famille de sainct Robert ; ce qui faict veoir en combien plus grande estime estoit Estienne de Mercuel, puisqu'il fust digne de tous les suffrages des religieux oppinans, par dessus tous ceux-cy, qui certainement estoient de si grande vertu et mérite qu'ils furent tirés, à mesme temps, du monastère de la Chase-Dieu pour aller régir d'autres abbayes et éveschés.

De ce temps, la vertu et piété religieuse estoient fort pratiquées en l'abbaye de la Chase-Dieu. J'ay trouvé dans un manuscript deux miracles estre arrivés dans le monastère, sans fère mention soubs quel abbé, et pour ne plus dylaier à les mettre, veu mesme qu'ils sont ensuyte de ceux qui se sont faicts du temps de l'abbé Aymeric, j'ay jugé les debvoir mettre comme ayant esté faicts soubs Estienne de Mercuel, comme venant après Aymeric.

La merveille est qu'un jour de Pasques, les frères se préparant pour aller chanter les louanges de Dieu, il arrive qu'un jeune novice, saisy d'une joye intérieure, commence à chercher le lieu où l'on avoit acoustumé de mettre les religieux trépassés. Estant interrogé à quoy ceste recherche, il respond, comme un autre sainct Paul : « Cupio dissolvi et esse cum Christo. » Cellà dit, on luy monstre le lieu, sur lequel tout incontinent il s'estandit tout du long comme un mort, et lorsque les frères furent entrés pour célébrer le divin service, il les pria fort amoureusement, après toutefois avoir faict tout ce qui estoit nécessaire pour un si long voyage, de célébrer ses obsèques comme s'il estoit mort; ce qu'ayant faict les frères, le visage de ce jeune novice, qui vouloit sainctement mourir, s'enflammoit et devint resplendissant comme une claire lumière, commençant desja de jouyr de la clairté et lumière des bienheureux, qui lui debvoit durer éternellement. Voilà donc qu'à mesure que les cérémonies des trépassés furent faictes, il mourut sans aucune peyne ny douleur, fort heureusement et pour jouir de l'éternel repos. O heureuse mort et quatre fois heureuse! O spectacle digne d'éternelle mémoire! O mort prétieuse d'un jeune apprentif en la discipline religieuse! Ayant donc ainsi heureusement fini ses jours, il fust ensevelly fort honnorablement. Ce corps fust respecté comme sainct. Aussy l'avoit-on veu grandement vertueux à l'observance régulière, pendant son noviciat, ce qui luy fist mériter une fin si saincte et si heureuse, laquelle couronne l'œuvre du progrès de mes jours.

Il y avoit un bon et vertueux religieux, nommé Jean, prieur de Dalet, qui estant saizi d'une grande maladie et réduit aux derniers aboys, fust servy pendant sa maladie par trois bons frères religieux, sçavoir André, son nepveu, Pierre Raynard et Bertrand, qui est celuy qui a escrit ce miracle, ainsi qu'il conste par un vieux manuscript. Le malade, ayant perdu dès longtemps la mémoire et le nom de ceux qui le servoient, se prit tout d'un coup à crier: « Bernard, Bernard ! » et là, après avoir reposé l'espace de demy heure, ayant reprins ses esprits et ses forces, il commence à parler, et estant interrogé pourquoy, un peu auparavant, il avoit crié Bernard, par deux fois, il dit alors qu'il luy estoit apparu un sainct pontife, qui luy avoit semblé estre le glorieux sainct Nicolas, lequel il avoit tousjours honnoré et servy, qui le conduisit en un lieu où il y avoit une très belle esglise, ornée et embellie de plusieurs pierres prétieuses, dont l'assiette estoit très agréable, parsemée d'une grande variété de roses et de fleurs, qui luy dit : « Mon fils, j'ay obtenu ta demeure en ce lieu, si tu veux à présent y demeurer, ou bien, c'est à ton choix, de demeurer encore dans le monde, fais option de ce que tu voudras. — Seigneur, répond le pauvre malade, j'ay mon amy Bernard avec lequel je conféreray, et feray ce qu'il me conseillera. » La vision disparue, ce prieur Jean, le malade, fist venir Bernard, auquel il fist récit de sa vision. Ce qu'ayant entendu Bernard, il demeura esbahy d'estonnement. Enfin, après avoir demeuré en prières et oraisons, Bernard revint veoir le malade, et luy dit que bien que son absence et la privation de sa saincte compaignie luy soit grandement desplaisante et une grande perte, que néantmoins il ne veut pas, pour son bien et contentement particulier, le priver davantage de la jouyssance de la gloire qui est due aux serviteurs de Dieu : « mais sortez, lui dit-il, de ce corps mortel et entrez dans ce palais et tabernacle du grand Dieu que vous avez sainctement servy. » Jean, le malade, fort réjouy de ce salutaire conseil de Bernard, son amy, commença à proférer ces sainctes paroles : « Benedictus sit Deus, quia hoc optabam, aliud timebam. » Et tost après ces paroles dictes, sa saincte ame quitta son chétif corps pour aller jouyr de l'immortalité là haut, veoir son souverain Créateur.

Du temps de ce abbé Estienne, il fust donné bulle en sa faveur et du monastère de la Chase-Dieu, que je mets icy tout du long, pour faire veoir combien ceste abbaye a esté privilégiée des Souverains Pontifes (1).

Cet abbé est réputé sainct; sa vie a esté illustrée par des miracles que je ne peux mettre icy pour n'avoir jamais lu sa légende, qui néantmoins a esté faicte autrefois amplement, comme il appert dans un manuscript que j'ay en main, faict par Bringier, grand prieur de ladicte abbaye, lequel confesse encore avoir veu une espitre que Marbodius, archidiacre d'Angers, puis évesque de Rennes (2), escrivit à ce sainct et vénérable abbé, touchant les miracles que sainct Robert opéra après sa mort.

Il se trouve encore que ce bon et vigilant

---

(1) Cette bulle, datée Transtevère, 1ᵉʳ février 1146, a été publiée par Chaix de Lavarène (*op. cit.*, p. 207). Dom Gardon en donne la traduction française. — (2) De 1096 à 1123.

pasteur obtint une autre bulle d'Innocent II, fort ample et signalée, confirmant au monastère de la Chase-Dieu tous leurs biens, revenus et possessions et de mesme façon que ses prédécesseurs les ont confirmés, la prenant soubs la protection de sainct Pierre et de ses successeurs, avec grandes malédictions à ceux qui destiendront les biens d'icelle et bénédictions à ceux qui protégeront ladicte abbaye de la Chase-Dieu, donnée à Crémone, le II des ides de julhet, indiction X, l'an de Nostre Seigneur 1133 (1), l'an 3ᵉ du pontificat de N. S. P. le pape Innocent II.

(1) C'est 1132 qu'il faut lire (Cf. Jaffé, *op. cit.*, t. I, p. 857, n° 7583). Dom Gardon se borne seulement à citer deux bulles de papes relatives à l'abbaye de La Chaise-Dieu, sous l'abbatiat d'Étienne de Mercœur, alors que les *Regesta* de Jaffé mentionnent encore les suivantes : Pascal II évoque à sa personne, pour la prochaine fête de Saint-Martin (11 nov.), les moines du prieuré conventuel de Notre-Dame et Saint-Michel de Goudargues et ceux de La Chaise-Dieu, au sujet de leurs prétentions réciproques sur l'église de Goudargues, Latran, 25 mai 1114 (Jaffé, *op. cit.*, p. 752, n° 6388); le même ordonne que le prieuré de Goudargues, appartenant à La Chaise-Dieu, soit uni à l'abbaye d'Aniane, Latran, 27 novembre 1114 (*id.*, t. I, p. 754, n° 6409); Calixte II signifie aux moines d'Aniane de comparaître devant lui, pour terminer leur différend sur le prieuré de Goudargues, Le Puy, 15 avril 1119 (*id.*, t. I, p. 782, n° 6687); le même, à la demande d'Étienne de Mercœur, abbé, confirme La Chaise-Dieu dans ses possessions, 28 avril 1119 (*id.*, t. I, p. 782, n° 6690); le même ratifie le récent don (1117) à l'abbaye de La Chaise-Dieu de l'église de Sainte-Livrade par Hildebert, évêque d'Agen, Toulouse, 15 juillet 1119 (*id.*, t. I, p. 784, n° 6713); le même adjuge au

Innocent II se voyant fort affligé de toutes parts, vint en France, comme l'azille des Papes, y célèbrer un concile à Clairmont, l'an 1134 (1), pour le bien du royaume et de tout l'occident, auquel assista nostre vénérable et sainct abbé Estienne.

En la dernière année de son gouvernement et le 29 aoust, il obtint lettres de confirmation de Guillaume, évesque de Mande, de toutes les esglises que le monastère de la Chase-Dieu avoit dans l'évesché de Mande (2), scellées du

monastère d'Aniane le prieuré de Goudargues, au détriment de La Chaise-Dieu, Toulouse, 15 juillet 1119 (*id.*, t. I, p. 784, n° 6714); Honorius II condamne La Chaise-Dieu à une amende, pour réparations de dommages au prieur de Goudargues, Latran, 6 avril 1127 (*id.*, t. I, p. 831, n° 7290); le même enjoint à l'abbé Étienne de Mercœur de réprimer les injures faites par les moines d'Aniane à ceux de Goudargues, Latran, 26 avril 1127 (*id.*, t. I, p. 831, n° 7291); Innocent II prescrit aux moines de Saint-Sixte de Plaisance de choisir leur abbé parmi les religieux de La Chaise-Dieu, au cas où ils ne trouveraient pas, parmi eux, quelqu'un digne de remplir ces fonctions, Crémone, 14 juillet 1132 (*id.*, t. I, p. 857, n° 7581); le même confirme le don fait à La Chaise-Dieu par Guillaume, évêque de Saintes, de l'église de Saint-Fortunat, Pise, 9 juin 1135 (*id.*, t. I, p. 866, n° 7706); Luce II met l'abbaye de La Chaise-Dieu sous la protection du Saint-Siège, Latran, 22 mai 1144 (*id.*, t. II, p. 14, n° 8623); le même confirme la donation à La Chaise-Dieu de l'abbaye de Montferrand, Latran, 27 mai 1144 (*id.*, t. II, p. 14, n° 8633). — (1) Il faut lire 1130. — (2) Ces « lettres », d'après un vidimus de Jacques du Puy, garde du sceau royal de Montferrand, du 29 avril 1507, sont du 29 août 1145 et concernent les églises de Prunières, Altier, Saint-Pierre-le-Vieux, Saint-Denis, Saint-Léger-

sceau dudit évesque et de Pierre, archevesque de Bourges.

Après avoir gouverné son abbaye 35 ans et 5 mois, il trépassa heureusement le 29 mars de l'an 1146. Il est ensevelly tout proche de l'autel des Vierges et du costé gauche.

Anseric, archevesque de Besançon, faisant sa vizite en l'abbaye de Favernay, la trouva grandement descheue de son premier zélle. C'est pourquoy, avec le consentement de plusieurs des principaux habitans, il la mit soubs la jurisdiction de celle de la Chase-Dieu, pendant qu'Estienne y en tenoit le gouvernement (1).

JOURDAN, 8ᵉ abbé.

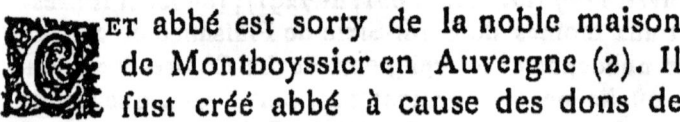ET abbé est sorty de la noble maison de Montboyssier en Auvergne (2). Il fust créé abbé à cause des dons de

du-Malzieu, Terme, Brion, Fournols, Monistrol-d'Allier, Douchanet, Saint-Préjet-d'Allier, Saint-Symphorien, Saint-Christophe-d'Allier, La Villedieu, La Panouze, Estables, Florac, Arconie et La Fage-Saint-Julien (Archives départ. de la Haute-Loire, série H, fonds de La Chaise-Dieu, liasse diocèse de Mende).
— (1) Suit le texte de cet acte de donation, du 18 octobre 1132, imprimé par Chaix de Lavarène (*op. cit.*, p. 460), d'après un vidimus de l'année 1250, et par Payrard (*Tabl. hist. du Velay*, t. VIII, p. 205), sur l'original conservé aux archives de la Haute-Loire (série H, fonds de La Chaise-Dieu, liasse diocèse de Besançon). — (2) Il était fils de Pierre-Maurice, seigneur de

nature qui estoient en luy, qui outre la science qu'il avoit, le rendoient d'une grande réputation. A ce mesme temps qu'il eut la charge de l'abbaye de la Chase-Dieu, Pierre le Vénérable, son frère, avoit celle-là de l'abbaye de Clugny ; là, il a esté le 9⁰ abbé, et nostre Jourdan le 8ᵉ en l'abbaye de la Chase-Dieu ; Pierre le Vénérable mourut l'an 1156, et son frère Jourdan l'année d'après (1).

Il se trouve dans *Bibliotheca cluniacensis* une espitre de Pierre le Vénérable à Eugène III, en faveur de nostre abbé Jourdan ; par laquelle le pape estoit supplié de recevoir son frère, qui alloit trouver Sa Saincteté pour la saluer et luy confirmer ses vœux. Et par ce que l'espitre est pleine de zélle, de charité et d'amitié fraternelle, je la mettray icy, afin aussy que l'on voye l'estime que ledit Pierre le Vénérable fesoit de son frère Jourdan (2).

Pierre le Vénérable affectionnoit fort l'abbaye de la Chase-Dieu, à cause que son frère en estoit abbé, comme il appert en une espitre qui est la 4ᵉ du libvre V (3) qu'il escrivit au mesme pape Eugène sur un différant que l'abbé

Montboissier et de Ringarde (Cf. La Chesnaye-Desbois, *Dictionnaire de la noblesse*, 2ᵉ édit., t. X, p. 282). — (1) Pierre le Vénérable mourut à Cluny le 25 décembre 1158 ou 1157 « en ne commençant pas l'année à Noël » (H. du Temps, *Le Clergé de France*, t. IV, p. 642). — (2) Suit la lettre de Pierre le Vénérable, publiée par Chaix de Lavarène, sous la date de 1148, (*op. cit.*, p. 478). — (3) De la *Bibliotheca cluniacensis ;* Chaix de Lavarène l'a aussi reproduite (*op. cit.*, p. 475).

Jourdan, avec tout le corps des religieux, avoit contre l'évesque de Nismes, pour raison du monastère prioral de Sainct-Bauzille lèz Nismes. Le pape avoit establi juges de ceste affaire l'archevesque d'Arles et l'évesque de Viviers. Il remonstre donc à Sa Saincteté comme ces deux prélats son examinateurs suspects en ceste affaire et dit, pour preuve, que l'archevesque d'Arles est né du diocèze de Nismes (1), desdié par son père au service de l'esglise de Nismes dès ses jeunes ans, il y a esté nourri despuis son enfance jusques à son adolescence ; davantage il y a esté chanoine, tèlement qu'il a tousjours bataillé et soustenu l'esglise de Nismes. Quant à l'évesque de Viviers, bien qu'il ayt esté moine de nostre abbaye de Clugny et qu'il semble de devoir chanceller en la cause de Dieu et la nostre, en la justice de la Chase-Dieu, toutefois il semble à tous ceux qui sçavent la chose, qu'il sera plus porté pour l'affection du sang et de la parenté que de nous conserver nostre droict spirituel. Il a demeuré longtemps à Nismes et a esté grandement familier et amy à l'évesque de Nismes, et veoir parent. Toutes ces considérations font que ces juges sont suspects, ainsi qu'ils l'ont faict paroistre dernièrement, non pour l'avoir confessé par parolles, ains par effect l'on tesmoigné. Voilà les parolles de ce vénérable abbé de la fameuse abbaye de Clugny, qui tesmoignent assez l'amitié qu'il pourtoit

(1) Raimond II de Montredon, archevêque d'Arles, de 1142 à 1155 environ, était natif de Nîmes (H. du Temps, *ouvr. cité*, t. I, p. 283).

à l'abbaye de la Chase-Dieu, à l'occasion de son frère Jourdan. Enfin, il supplie le pape d'invoquer par devant soy ceste cause, et toute la congrégation de la Chase-Dieu priera Dieu pour luy, laquelle il ne doibt pas mespriser (1).

Pendant le siège de Eugène III, qui fust de huit ans (2), nostre abbé Jourdan tint les sept ans derniers le gouvernement de l'abbaye, auquel temps il se trouve que l'esglise de Valence tira de l'abbaye de la Chase-Dieu le prieur qui estoit pour lors, pour régir et gouverner ledit évesché, ainsi qu'il appert par l'espitre IIᶜXLVIII de sainct Bernard qu'il escrit audit pape Eugène, l'asseurant que ceste élection a esté d'un homme de bien. Je mets icy l'espitre susdicte, tant pour le contentement du lecteur que parce qu'elle est briefve (3).

....

Voilà ce qu'en dit sainct Bernard, mais il ne se trouve rien de cellà à la Chase-Dieu; ouy bien qu'un abbé nommé Lantelme quitta ceste abbaye pour prendre l'évesché de Valence, comme je le feray veoir en son lieu, mais ce ne peut pas estre cet abbé Lantelme, parce qu'il

---

(1) L'intervention de Pierre le Vénérable auprès d'Eugène III eut pour résultat d'amener ce pape à ratifier, par une bulle donnée à Latran, le 13 mars 1150 (Jaffé, *op. cit.*, t. II, p. 65, n° 9373), l'accord par lequel Adalbert, évêque de Nîmes, reconnaissait les droits de l'abbaye de La Chaise-Dieu sur Saint-Baudile de Nîmes. — (2) Et 22 jours. — (3) Suit la lettre de saint Bernard, publiée dans ses *Opera omnia*, édit. de 1667, t. I, p. 610.

n'estoit pas du temps de sainct Bernard ny du pape Eugène III, d'autant qu'il ne fust créé abbé que soubs Alexandre III, l'an 1181, qui estoit la mesme année de la création de Lucius III à la papauté; si que il faut croire que, oultre Lantelme, il y a eu ce prieur qui fust faict évesque de Valence, du temps de Eugène III et de sainct Bernard, puisque la chose est attestée par un tel autheur digne de foy (1). C'estoit aussi environ quarante ans avant que Lantelme occupa ledit évesché.

L'abbé Jourdan obtint une bulle du pape Eugène III sur la mesme totale exemption de l'abbaye de la Chase-Dieu, confirmant tous ses privilèges, défendant, sur peine d'excommunication et d'anathème, de troubler ou saisir les personnes, biens, meubles et immeubles et autres choses de l'abbaye de la Chase-Dieu et de diminuer, en façon quelconque, ou divertir à autre usage les biens et revenus de ladicte abbaye, la prenant soubs sa protection et celle de sainct Pierre. Ceste bulle fust expédiée l'an 6ᵉ du pontificat de Eugène III (2).

Ce mesme abbé obtint autre bulle du pape Adrian IV, sur les mesmes exemptions et privilèges. Je la mets icy en françois et le plus briesvement qu'il m'est possible, afin que l'on

---

(1) D'après la *Gallia christ.* (t. XVI, col. 307), Bernard, évêque élu de Valence en 1146, doit être identifié avec le prieur de La Chaise-Dieu dont parle dom Gardon, d'après saint Bernard. — (2) Et le 12 mars 1149 (Chaix de Lavarène, *op. cit.*, p. 219).

voye combien les papes ont chéry l'abbaye de la Chase-Dieu (1).

Jourdan avec tout le monastère de la Chase-Dieu eurent différant avec Raymond, abbé, et tous les religieux de l'esglise de Cruas sur les esglises de Marliac. Composition fust faicte sur ledit différant par Raymond, évesque de Viviers, et par Durand, abbé de Mazan (2). Nostre Jourdan, là dessus ce résultat obtint bulle de confirmation du papé Adrian IV.

Après que ce abbé eut régi le monastère de la Chase-Dieu l'espace de 12 ans, 7 mois et 25 jours, il mourut en bon pasteur et rendit son esprit entre les mains de ses disciples, l'an 1157 (3). Il fust ensevelly tout auprès d'Estienne de Mercuel, son prédécesseur au gouvernement de l'abbaye. Il y a un obit fondé pour son ame, le jour de son trespas, qui fust le 24 novembre, pour lequel l'ouvrier dudit monastère doit payer, tous les ans, soixante sols à prendre sur le prieuré d'Eschandelis.

Eugène III confirma l'esglise de Saincte-Liberate qu'avoit desja esté donnée à sainct

(1) Chaix de Lavarène (*op. cit.*, p. 236), publie le texte de cette bulle d'Adrien IV, datée de Latran, 13 décembre 1157 (Jaffé, *op. cit.*, t. II, p. 127, n° 10315), d'après le manuscrit de dom Gardon. — (2) Le nom de l'abbaye est en blanc, mais a été rétabli d'après la *Gallia christ.* (t. II, col. 335), qui indique aussi que la bulle d'Adrien IV, dont il est ici question, est datée de Latran, 13 décembre 1157. — (3) La *Gallia christ.* (t. II, col. 335) assigne à son décès la date du 25 décembre 1157.

Robert par Hildebert, évesque d'Agen, à l'abbé Jourdan (1).

PONCE II, 9ᵉ abbé.

Il y a en l'haut Vivarès une seigneurie fort noble, nommée de Beaudisner, qui a fourni au monastère de la Chase-Dieu ce vertueux et prudent abbé qui, dès sa jeunesse, voulant quitter le monde, fist choix dudit monastère de la Chase-Dieu, pour y estre instruit en la discipline religieuse, où estant, il fist tel progrès en la vertu qu'il mérita d'estre faict abbé, après le décès de Jourdan. En laquelle charge, il se comporta en bon et vigilant pasteur, recherchant tout ce qu'il pouvoit pour l'avencement du bien de son monastère et, à cet effect, il obtint bulle d'Alexandre III (2), en confirmation d'un différant que luy, avec tous ses religieux, avoit contre l'abbé et les religieux de Mausac, pour la jouissance d'un certain lieu nommé « de Casellis », lieu qui m'est incognu (3).

(1) Suit le texte de cette bulle d'Eugène III, donnée à Latran, le 12 mars 1150 (Jaffé, *op. cit.*, t. II, p. 65, nº 9372), et qui a été publiée par Chaix de Lavarène (*op. cit.*, p. 217) et par Payrard (*Tabl. hist. du Velay*, t. VIII, p. 211). — (2) Datée, Montpellier, 8 août 1165 (Jaffé, *op. cit.*, t. II, p. 195, nº 11233). — (3) Il s'agit du hameau de Chazeaux, paroisse de Saint-Alyre,

Le mesme pape Alexandre III, en faveur de ce vigilant prélat, fist expédier une bulle pour les dommaines et possessions de ladicte abbaye, laquelle il veut qu'elle soit immédiatement despandante du Sainct-Siège de Rome, conformément à ce que les souverains pontifes, ses prédécesseurs, ont faict : Léon IX, Alexandre II, Grégoire VII, Urbain II, Pascal II, Eugène III et Adrian IV. Voulant que aucun archevesque, ny évesque ne fulmine aucune excommunication sur les religieux despandans d'icelle abbaye, la prenant tout à faict soubs la protection du Sainct-Siège et des successeurs de sainct Pierre. Ceste bulle fust expédiée l'an 1162 (1) et du pontificat dudit pape l'an 3°.

Les thrésors que ce vertueux abbé estoit particulièrement curieux d'accumuler pour le bien des ames de ses moines, estoient de fère alliance spirituelle et de s'unir par prières avec les autres corps ecclésiastiques, ainsi qu'il se voit par un instrument passé entre luy et le couvent de la Chase-Dieu et Pierre III de ce nom, évesque du Puy, avec son chapitre, en datte de l'an 1167, que je mets icy pour l'avoir rencontré depuis peu (2).

---

sur lequel l'infirmier de la Chaise-Dieu percevait la dîme, en 1231 et 1340 (Arch. départ. de la Haute-Loire, série H, fonds de La Chaise-Dieu, liasse Saint-Alyre). — (1) A Montpellier, le 9 juin 1162. Elle a été publiée par Chaix de Lavarène (*op. cit.*, p. 250. — Cf. Jaffé, *op. cit.*, t. II, p. 159, n° 10730). — (2) Suit le texte de cette charte de fédération entre La Chaise-Dieu et l'église du Puy, passée au Puy le 17 juin 1167. Odo de Gissey

Alexandre III convoqua un concile à Tours, l'an 1163, où assistèrent 17 cardinaux, 124 évesques, 414 abbés, entre lesquels estoit nostre Pons, comme estant homme de grand conseil et de saincte vie.

Sur la fin de son règne, comme la sentant approcher, il luy prit dévotion d'aller viziter la Terre-Saincte et le sépulchre de Nostre Sauveur, pour là y confirmer à Dieu ses vœux. Ce qu'ayant faict, Dieu luy fist la grace de l'appeller en sa gloire. Il mourut en Jhérusalem, en réputation d'un sainct personnage, après avoir régi ledit monastère dix ans, en l'année 1168 (1). Il fust ensevelly en la vallée de Josaphat, tout proche le sépulchre de la Mère du Sauveur du monde.

Ce vertueux abbé fist une fondation pour son ame, le jour de son trespas, pour lequel l'infirmerie doibt des demys livraux aux religieux, le 9 septembre.

GUILLAUME DE TORRENT, 10ᵉ abbé.

IL ne m'est encore rien tombé de cet abbé entre mes mains. C'est l'occasion que je n'en diray rien pour encore, sinon qu'il régit le monastère 7 ans et 13 jours.

(*ouvr. cité*, 3ᵉ édit., p. 367) met en doute l'existence de ce document, mais la *Gallia christ.* (t. II, col. 335) en cite les passages les plus importants. — (1) Le 30 avril 1169, d'après la *Gallia christ.* (t. II, col. 336).

Il mourut le 13 octobre de l'an 1175 (1). Il est ensevelly dans la voulte des morts qui est entre le grand autel et la chapelle qui est desdiée à Nostre-Dame. Despuis ce temps-là, l'esglise a esté amplifiée et ceste voulte ne se voit plus en ce lieu là.

Du despuis, il m'est venu entre mains une donation d'une terre qui s'appelle Thau, faicte à sainct Robert et au monastère de la Chase-Dieu, pendant le règne de nostre abbé Guillaume, par Guillaume, comte de Clairmont (2).

Soubs cet abbé Guillaume fust donnée l'esglise de Saincte-Marie de Rocagel par U. évesque de Rodez (3).

BERTRAND ISARIN, premier de ce nom, 11ᵉ abbé.

Pendant le gouvernement de cet abbé, le pape Alexandre III fist expédier une bulle en faveur du monastère de Lavaudieu, en prenant les religieuses et toutes

---

(1) Le 14 octobre 1176, suivant la *Gallia christ.* (t. II, col. 336). — (2) Suit la transcription de l'acte de la donation de la terre de Tauve faite, en 1173, par Guillaume VII, comte de Clermont, et son fils le Dauphin d'Auvergne, à La Chaise-Dieu, sous condition que le monastère des religieuses de La Vaudieu serait soumis à ladite abbaye. — (3) Suit la copie de l'acte de donation de l'église Sainte-Marie de Rocagel à l'abbaye de la Chaise-Dieu, par l'évêque Hugues de

leurs possessions soubs la protection de sainct Pierre et de ses successeurs, voulant que s'il advenoit que quelque terre fust généralement interdicte qu'il leur fust loysible de célébrer le divin office, toutefois à huis clos, chassant les excommuniés et interdits et sans sonner les cloches et à basse voix. Est défendu encore, par la mesme bulle, qu'il ne soit permis à aucun des humains de troubler ledit monastère de Lavaudieu, ou luy oster ses possessions, ou les luy ayant ostées, les retenir ou les diminuer ou d'enfraindre l'escrit de sa protection, constitution et confirmation ou d'estre si téméraires d'y contrevenir. Que si quelqu'un est si présomptueux de l'attenter, qu'il sache qu'il encourra l'indignation du Dieu tout puissant et de ses bienheureux apostres sainct Pierre et sainct Paul. Donné à Anagni, le XIII des kalendes d'octobre, indiction IX, l'an de l'incarnation de Nostre Seigneur 1177, l'an 18ᵉ du pontificat de nostre sainct père le pape Alexandre III (1).

Cet abbé obtint encore du mesme pape une bulle de confirmation de tous les privilèges et biens que le monastère de la Chase-Dieu jouyssoit, concédés par ses prédécesseurs, Léon IX,

---

Rodez, daté d'un dimanche de mars 1171 et publié par Payrard (*Tabl. hist. du Velay*, t. VIII, p. 220). — (1) Cette bulle est du 19 septembre 1176, ainsi que l'indique l'indiction, l'année du pontificat et l'itinéraire d'Alexandre III (Cf. Jaffé, *op. cit.*, t. II, n° 12735). Elle a été publiée par Chaix de Lavarène (*op. cit.*, p. 302), avec la date inexacte du 19 octobre 1177.

etc., jusques à luy, deffendant, sur peine d'excommunication et d'anathème, de troubler ou saisir les personnes, biens, meubles, immeubles et autres choses de l'abbaye de la Chase-Dieu, et de ne diminuer en façon quelconque ou divertir à autre usage les biens et revenus de ladicte abbaye. Ceste bulle fust expédiée à Tusculanum, le 4 des nones de janvier, indiction IX, l'an de Nostre Seigneur 1179, l'an 20ᵉ du pontificat de nostre sainct père le pape Alexandre III (1).

Alexandre III estant molesté par Frédéric, empereur, eut recours au roy Philippe et, estant venu en France pour sa seureté, célèbre le concile général de Clairmont en Auvergne, où il excommunia ledit Frédéric premier ; lequel, ayant recogneu sa faute, fust receu de Sa Saincteté comme catholique. A ce concile assistèrent grand nombre de cardinaux, archevesques, évesques et singulièrement d'abbés, entre lesquels estoit nostre Bertrand Isarin. Ce concile se tint l'année 1177, qui fust la mesme année que nostredit abbé obtint l'exemption des religieuses et monastère de Lavaudieu (2).

(1) Cette bulle, dont la date est confirmée par Jaffé (*op. cit.*, t. II, p. 336, n° 13273) reproduit les principales dispositions d'une autre bulle du même pape, donnée à Frascati (Tusculanum), le 2 décembre 1178 (Jaffé, *op. cit.*, t. II, p. 326, n° 13119) et imprimée dans Chaix de Lavarène (*op. cit.*, p. 307). — (2) Ce paragraphe sur les démêlés de Frédéric Barberousse et d'Alexandre III est un tissu d'erreurs historiques, tant au point de vue du nom du roi de France, qui était

Il mourut le 24 de septembre, après avoir régi le monastère six ans, l'an de Nostre Seigneur 1181 (1).

Bertrand fist plainte à Alexandre III de ce que les moines de l'abbaye de Saint-Xist « de Placentia » mesprisoient de rendre l'obédiance et la révérence que, par les droicts de l'Esglise romaine, ils debvoient rendre à l'abbé et aux religieux de la Chase-Dieu ; ledit pape en fist expédier bulle à Tusculum, le IIII des nones de janvier (2).

LANTELME, 12ᵉ abbé.

LANTELME estant sainct abbé, fust fort soigneux d'accroistre le bien et honneur de son abbaye. Il obtint, par une singulière prévoiance, quatre bulles du pape Lucius III. La première tend à ce que ledit

---

alors Louis VII, que du prétendu concile tenu à Clermont, en 1177. L'excommunication de l'empereur fut prononcée aux conciles d'Anagni, en 1160, et de Latran, en 1167, et, en 1179, Frédéric se réconcilia définitivement avec son antagoniste, après avoir renoncé au schisme. — (1) 1179, dit avec raison la *Gallia christ.* (t. II, col. 336), puisque son successeur, Lantelme, fut élu abbé de la Chaise-Dieu, cette même année (*Acta SS. sæc.* IV, p. 187, nº 11). — (2) Cette bulle du 2 janvier 1179, a été publiée par Chaix de Lavarène (*op. cit.*, p. 313) et Payrard (*Tabl. hist. du Velay*, t. VIII, p. 216).

pape veut que l'abbaye de la Chase-Dieu soit exempte de toutes décimes des terres qu'elle pourroit posséder, et que personne n'ose exiger ou extorquer de l'abbaye aucuns dismes ou décimes de toutes les terres qu'elle faict fère par ses propres mains, ny de tous les animaux qu'elle pourroit fère nourrir dans ses despandances et prieurés, pour la nourriture dudit monastère. Par ceste bulle, est particulièrement deffendu que aucun n'ose entreprendre de fère bastir aucune chapelle dans la paroisse de Montferrant, sans la licence de l'abbé et des religieux de la Chase-Dieu. Faudrait savoir si ceste bulle luy donne, en ceste paroisse, souveraine puissance spirituelle qu'on appelle épiscopale (1).

Par la seconde bulle (2), il est porté et accordé à l'abbé Lantelme que ledit pape veut et entend que nul ne soit promeu à la dignité d'abbé des abbayes qui relèvent de celle de la Chase-Dieu, qu'il ne soit au préalable profès « et de gremio » de ladicte abbaye, et qu'il n'aye le tesmoignage de celuy de la Chase-Dieu; que si l'on y procède autrement, veut ledit pape que

---

(1) Cette bulle est datée de Veroli, 31 mars 1184 (Jaffé, op. cit., t. II, p. 463, n° 15012). — (2) Où particulièrement est faict mention de Sainct-Marin de Pavie, portant deffense à l'évesque de ne point usurper le droit d'élection (*Note de l'auteur*). Par une autre bulle, donnée à Vérone, le 21 novembre 1184 ou 1185, imprimée par Payrard (*Tabl. hist. du Velay*, t. VIII, p. 28), Luce III ratifia un accord intervenu entre l'abbaye de La Chaise-Dieu et l'évêque de Pavie, au sujet de l'église de Saint-Marin de cette ville.

la bénédiction ne soit point conférée à celuy qui voudroit usurper l'entrée ausdictes abbayes par autre voye (1).

La troisiesme est consistoriale, insigne et excelente et toute de mesme substance que d'autres précédentes, avec les mesmes privilèges et soubs les mesmes peynes (2).

La quatriesme bulle est pleine de zélle et de saincte affection à l'endroict de l'abbé Lantelme. Le pape Lucius se préparant un jour de Jeudy Sainct pour célébrer la saincte messe et jettant l'œil sur les prélats qui estoient tous droits devant luy, chacun ayant sa mytre à la teste, le pape alors se prit garde que l'abbé Lantelme n'avoit point de mytre. Dès lors, sans que l'abbé en eut faict aucune demande ny tesmoigné, sans aucune action extérieure, d'avoir la faculté d'apporter mytre, le pape remarquant l'honnesteté et dévotion dudit abbé et aussy que le monastère estoit immédiat despandant du Sainct-Siège, luy permit de prendre la mytre. De quoy ce vertueux abbé s'excusa fort vers sa saincteté ledit pape, lequel le luy commanda. Je rapporte icy ladicte bulle, telle que je l'ay trouvée en latin, pour estre courte, ayant presque tout dit en françois (3).

(1) Jaffé ne mentionne pas cette bulle qui, d'après Chaix de Lavarène (*op. cit.*, p. 327), doit être datée de Veroli, 12 avril 1184. — (2) Cette bulle porte la date de Veroli, 27 mars 1184 (Jaffé, *op. cit.*, t. II, p. 463, n° 15011). Dom Gardon en donne une traduction française et Chaix de Lavarène (*op. cit.*, p. 329) le texte latin. — (3) Suit le texte de cette bulle, datée de Veroli,

Entre les abbés du monastère de la Chase-Dieu, Lantelme a esté des plus humbles et vertueux. Outre ce, il estoit homme de bon sens et de grand esprit, ce qui fust cause qu'après avoir gouverné ladicte abbaye l'espace de cinq ans, il fust tiré d'icelle, pour aller régir l'évesché de Valence, en Dauphiné, tout le peuple et clergé l'ayant choisi. Je n'ay pas encore sceu combien d'années il tint ledit évesché, ny l'année de son trespas, bien mourut-il le 17 de juin ; son corps repose à Valence (1).

Cet abbé ne s'est pas contenté d'obtenir des bulles des papes, pour la confirmation des esglises, chapelles et autres biens despandants de son abbaye, mais encore, pour plus grand honneur de ladicte abbaye et asseurance des biens d'icelle, il obtint un privilège de l'empereur Frédéric, fort solempnel et authentique, que j'ay tourné en françois, pour le contentement du lecteur (2).

8 avril 1184, et qui a été transcrite intégralement dans Chaix de Lavarène (*op. cit.*, p. 326. Cf. Jaffé, t. II, p. 463, n° 15016). — (1) Il fut nommé à l'évêché de Valence, en 1186, et, suivant la *Gallia christ.* (t. XVI, col. 309), mourut le 8 juin 1188. — (2) « Par ce privilège », donné à Vérone, « dans Sainct-Zénon », le 11 novembre 1184, l'empereur prend sous sa « protection, deffense et sauvegarde spéciale et du sacré empire » l'abbé Lantelme et le monastère de La Chaise-Dieu, ainsi que tous les biens « qu'ils ont maintenant dans l'Empire romain. » Parmi les témoins fidéjusseurs, on remarque : Conrad, archevêque de Mayence, Robert, archevêque de Vienne, Guillaume, évêque de Gap, Othon, évêque de Ratisbonne, Bertram, évêque de Metz, etc.

En l'an 1184, fust faict donation à Lantelme, abbé, et à tous les frères du couvent de la Chase-Dieu d'une chapelle desdiée à l'honneur de la Vierge Marie, située dans le chasteau de Crussol, par Odo, évesque de Valence (1). C'est cet évesque dont faict mention sainct Bernard en son epistre IIᶜXLVIII, quand il escrit à Eugène III l'asseurant que l'esglise de Valence, avec la voix du peuple, a esleu pour pasteur le prieur de l'abbaye de la Chase-Dieu. Ledit sainct Bernard ne le nomme pas, mais si faict bien Robert Claude (2), en sa Gaule chrestienne, au rang des évesques de Valence, p. 500, n° 38. En voicy les mesmes mots : « Odo, comitatu Valentinensi donatur a Friderico imperatore, 1157. Vesuntione. Interest concilio Lateranensi (3), sub Alexandro III, 1179, mense martio, cum Roberto, episcopo Diensi, isque, ut puto, qui eligitur ex priore Casæ Dei, apud sanctum Bernardum, epist. 248. »(4)

Ceste fondation fust faicte deux ans auparavant que ledit évesque Odo rendit l'esprit, et trois ans après que nostre abbé Lantelme

---

(1) Cette donation d'Odon de Chaponay, évêque de Valence, est confirmée par la *Gallia christ.* (t. XVI, col. 309). — (2) Le manuscrit porte, à tort, « Estienne ». — (3) Dom Gardon a copié, par erreur, « Latranensi ». — (4) Les renseignements fournis par dom Gardon, d'après Claude Robert, sur Odon de Chaponay, sont entièrement dénués de fondement, attendu que ce dernier n'a été élu évêque de Valence qu'en 1156, c'est-à-dire trois ans après la mort de saint Bernard et du pape Eugène III (Voir plus haut, p. 55, note 1).

fust faict abbé de la Chase-Dieu, lequel succéda à l'évesché audit Odo.

DALMAS, 13ᵉ abbé.

Je ne trouve rien de cet abbé, sinon qu'il fist transcrire (1) le privilège de l'empereur Frédéric, pour servir d'original en cas de feu ou autre perte, lequel il signa tout premier, puis Pons, évesque de Clairmont, Jehan, évesque de Grenoble, L. évesque de Valence (ceste L veut dire Lantelme, jadis prédécesseur de Dalmas en l'abbaye), et Robert, archevesque de Vienne. Ceste coppie est munie des sceaux desdits évesques, en cire blanche.

Il demeura abbé quatre ans, six mois et deux jours et décéda puis après le 2 juin 1190 (2), à quel jour le monastère faict prier pour son ame. Il est aussi ensevelly devant l'autel des Vierges, et doibt-on audit jour fère procession sur son tombeau (3).

(1) En 1188 (*Gallia christ.*, t. II, col. 337). — (2) Le 10 juin (*id.* t. II, col. 337). — (3) Ce fut sous l'abbatiat de Dalmas de Cusse que Reymond, évêque d'Uzès, fit don, en 1186, à l'abbaye de La Chaise-Dieu, par l'entremise de B. de Verfeuil, prieur de Saint-Baudile de Nîmes, de l'église de Saint-Denis (Payrard, *Tabl. hist. du Velay*, t. VIII, p. 221, avec la date erronée de 1185).

ESTIENNE DE BRESSONS, 2ᵉ du nom, 14ᵉ abbé.

Il ne se trouve pas combien de temps ce abbé gouverna le monastère de la Chase-Dieu. Il mourut le 5 d'apvril (1), jour auquel il y a un anniversaire fondé pour son ame, pour lequel le prieur de Montferrant doibt payer au pitancier le *convivium*.

Cet abbé fust esleu en l'année du décès de son prédécesseur, qui estoit l'an 1190. Tèlement qu'il se trouve une lettre du pape Célestin III, qui fust placé en la chaire de sainct Pierre l'an 1191, et tint le siège de Rome six ans et sept mois (2), datée du troiziesme de son pontificat, qui pouvoit estre le quatriesme de l'élection de nostre abbé Estienne, ou du commencement de son successeur Bertrand de Valon, par laquelle ledit pape mande et commande estroictement à l'archevesque de Bourges et à l'évesque de Clairmont, qu'ils ayent à

---

(1) D'après la *Gallia christ.* (t. II, col. 337), Étienne de Brezons fut abbé de La Chaise-Dieu, de l'année 1190 au 5 avril 1194, date de sa mort. Il fut inhumé près de l'autel des Saints Confesseurs de l'église de La Chaise-Dieu, vers le bénitier (Arch. départ. de la Haute-Loire, série H, fonds de la Chaise-Dieu, liasse abbé). — (2) Exactement 6 ans, 8 mois et 25 jours.

destourner la cruauté et fureur que le comte Dauphin (1) exerçoit sur les esglises et prieurés du monastère de la Chase-Dieu, à cause des grandes ruines et oppressions qu'il avoit sceu que ledit comte commettoit sur le prieuré de Sainct-Germain, sur le prieuré de Bullion et particulièrement sur le prieuré de Montferrant, pour avoir ravagé et emporté toutes les denrées, bestail, draps, livres, terres, vignes et autres possessions que les moines dudit prieuré pouvoient posséder : que si ledit comte ne faisoit estat de leurs remonstrances et exortations, par une estroicte satisfaction, en leur rendant les maisons et revenus qu'il leur avoit pillés et saccagés, ledit pape veut et commande à ces deux vénérables prélats qu'ils fulminent sur luy et sur tous les habitans de Bourges et sur les clercs de Montferrant, que les frères de la Chase-Dieu leur nommeront, comme fauteurs et instruments de la passion dudit comte, la malédiction de sainct Pierre et sainct Paul. Veut encore ledit pape, par sa lettre, que toute la terre dudit comte Dauphin soit interdicte, et qu'à cet effect soyent publiquement estainctes les chandelles et toutes les cloches sonnées, pour la signification de l'interdit. Donné à Latran, les ides de novembre, le 3ᵉ [an] du pontificat du pape Célestin III (2).

(1) Robert Dauphin, comte de Clermont, troubadour, fils de Guillaume *le jeune*, premier dauphin d'Auvergne. — (2) Le texte de cette bulle, donnée à Latran, le 13 novembre 1193, se trouve dans Chaix de Lavarène (*op. cit.*, p. 380. Cf. Jaffé, *op. cit.*, t. II, p. 601, n° 17041).

Il se trouve une autre lettre du mesme pape, qui s'adresse à l'abbé de l'Isle-Barbe et à Pons de Rochebaron, chanoine de Lyon, par laquelle il leur donne pouvoir de rescinder un contract de vente faict par l'abbé de la Chase-Dieu à Jean Clos et à Vanneniac, son frère, et à leurs héritiers, de certaines terres et vignes vendues par ledit abbé, sans avoir demandé le consentement de son couvent, fors et excepté de cinq desdits religieux. Lesdictes terres et vignes estoient sises dans le territoire du Pallais de Moings, dans le comté de Forests et du diocèse de Lyon. L'abbé voyant que les religieux de son monastère contredisoient à ladicte vente et qu'ils estoient desplaisans de la perte que le monastère fesoit, d'autant que les terres et vignes valoient beaucoup plus que cent sols de rente, monnoye du Puy, qu'elles avoient esté vendues, renonça au pacte et à la vente faicte, afin que le monastère ne fust lézé. Le pape commande, par sa lettre, aux susnommés, qu'ils ayent à fère venir les parties par devant eux et que ledit contract soit rescindé, sans contradiction et appellation quelconque, que si quelqu'un y rapporte de l'empeschement, ledit pape veut qu'il soit macté par censure ecclésiastique. Donnée à Latran, les ides de décembre, le 3° du pontificat du pape Célestin III (1).

Ceste bulle est notable pour l'instruction des

---

(1) 13 décembre 1193. Par une bulle, donnée les mêmes jour et an, Célestin III décida que, conformé-

abbés qui veulent disposer à leur fantaisie des biens de leur monastère, et mérite estre bien conservée et mise icy en latin, si cet œuvre estoit escrit en mesme langage.

BERNARD DE VALON, 15ᵉ abbé (1).

IL ne se voit pas combien de temps cet abbé gouverna, ni encore l'année de son élection. Il mourut à Parthenay le Vieux (2), le 24 apvril. Il ne m'est encore rien tombé de luy entre les mains.

ment à une sentence arbitrale de l'évêque de Porto et de trois cardinaux-prêtres, l'église de Sainte-Marie-Neuve de Montepeloso, en Italie, serait soumise à l'abbaye de La Chaise-Dieu (Voir le texte de cette bulle dans Chaix de Lavarène, *op. cit.*, p. 384. Cf. Jaffé, *op. cit.*, t. II, p. 601, n° 17047). — (1) Dom Gardon donne à cet abbé le nom de Bertrand, alors qu'il est connu sous celui de Bernard, notamment par le don qu'il fit, en 1195, à l'abbaye de Bonnevaux, diocèse de Poitiers, de la terre d'Audrai, (aujourd'hui la Tillole). Cf. Payrard (*Tabl. hist. du Velay*, t. VIII, p. 222) et *Gallia christ.* (t. II, col. 337 et 361). — (2) Où il fut inhumé (Arch. dép. de la Haute-Loire, série H, fonds de La Chaise-Dieu, liasse abbé).

HUGO D'ANGLARS, 16ᵉ abbé.

Ce abbé mourut le 12 d'octobre 1203. Son corps repose en l'esglise du prieuré de Maringues, diocèse de Clairmont. Il ne se trouve autre chose de luy pour le présant, pas mesme l'année de son élection, ny combien de temps il régit l'abbaye. Il se voit, par supputation, que ces trois derniers abbés ont régné seulement trèze ans.

Environ l'an 1202, il se trouve qu'il y eut un grand procès entre le prieur de Montferrant, près Clairmont, et les hospitaliers de Sainct-Jean de Ségur, à cause des enterrements, et, pour cet effect, le pape Innocent III envoya son rescript sur ledit procès à Robert de la Tour, évesque de Clairmont, par lequel il réduit au quart lesdits enterrements, pour le droit parochial, et l'adjugea au prieur de Montferrant.

ARMAND DE BRESSONS, 17ᵉ abbé.

Du temps de cet abbé, les archevesques et évesques se fesoient payer les droits de vizite (bien qu'ils ne la fissent point) aux prieurés qui despandoient de la Chase-Dieu, comme estans de leurs diocèses, contre les statuts du concile général de Latran (1). C'est pourquoy le pape Honoré III donna une bulle, le 6⁰ an de son pontificat, en faveur de l'abbé Armand et de son monastère de la Chase-Dieu, par laquelle il exempte ledit monastère, avec toutes ses despandances, de ne payer à l'advenir aucun droit de vizite, et fulmine la malédiction de sainct Pierre et sainct Paul sur ceux qui seroient si téméraires de contrevenir à ceste constitution. Ladicte bulle fust donnée à Latran (2), les kalendes de juin, le 6ᵉ de son pontificat, l'an de Nostre Seigneur 1222.

Il obtint une bulle consistoriale du mesme pape, Honoré III, sur la mesme totale exemption de l'abbaye de la Chase-Dieu, confirmant tous ses biens, prieurés, maisons et privilèges, deffendant, sur peyne d'excommunication et anathème, de troubler ou saisir les personnes, biens, meubles et immeubles et autres choses de ladicte abbaye, et de diminuer, en façon quelconque, ou divertir à autre usage les biens et revenus d'icelle abbaye. Ladicte bulle fust donnée à Segnie, le 7 des kalendes d'aoust, indiction XI et l'an de l'incarnation de Nostre

---

(1) Le nom du concile est en blanc dans le manuscrit, mais il s'agit certainement du concile général de Latran, de novembre 1215, dont le canon 33 interdit de recevoir aucune procuration des bénéfices ecclésiastiques, sans visite prélable (Potthast, *Regesta pontificum romanorum*, t. I, p. 438, n° 5006). — (2) C'est Alatri qu'il faut lire et non Latran, ainsi que l'indique l'itinéraire d'Honorius III, à la date du 1ᵉʳ juin 1222.

Seigneur 1224 (1), l'an 8ᵉ du pontificat de nostre sainct père le pape Honoré III.

Il fist un legs de six livres de rentes qu'il acquit au prieuré de Jaligny, afin que l'on pria Dieu pour son ame le jour de son décès, qui fust le jour dernier du mois d'octobre de l'an 1227. Il gouverna heureusement l'abbaye vingt-quatre ans ; il est ensevelly à l'abbaye, au costé droict de l'autel des Vierges.

Cet abbé fist plaincte au pape Honoré III de ce que l'abbé du monastère de Sainct-Xist de Plaisance dilapidoit le bien de son monastère. Pour cet effet, ledit pape en fist expédier bulle, qui est dans les archives du couvent de la Chase-Dieu, à l'évesque de Plaisance, afin d'empescher par son authorité que les biens du monastère de Sainct-Xist ne vinssent à s'aliéner et à se perdre. Ladicte bulle fust expédiée à Latran, le VIII des kalendes d'apvril, l'an 3ᵉ du pontificat du susdit pape Honoré III (2).

GÉRALD DE MONTCLARD, 18ᵒ abbé.

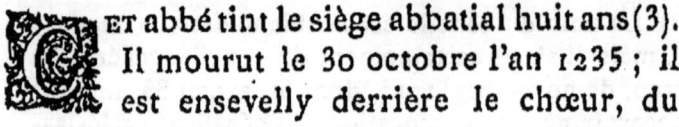ET abbé tint le siège abbatial huit ans (3). Il mourut le 30 octobre l'an 1235 ; il est ensevelly derrière le chœur, du

---

(1) L'indiction, la date du lieu et l'année du pontificat d'Honorius III démontrent que cette bulle est de l'année 1223 et non de 1224. — (2) C'est-à-dire du 25 mars 1219. — (3) La *Gallia christ.* (t. II, col. 338) dit

costé gauche. L'on faict pour luy un office de morts, le jour de son décès, pour lequel le prieur de Chantejol est tenu bailler au couvent soixante sols annuellement.

GUILLAUME DE BOISSONNELLE
IIe du nom, 19e abbé.

IL tint le gouvernement de l'abbaye huit ans. Il rendit son ame à Dieu le huitiesme julhet l'an 1243. Pour fère prier Dieu pour son ame, le mesme jour de son trespas, il donna certains revenus à prendre au prieuré d'Andancé, où son corps repose.

BERTRAND DE PAULIAC IIIe du nom,
20e abbé.

DE son temps, Alphonse, comte de Poitiers, vouloit fère payer la garde à son abbaye de la Chase-Dieu et à toutes les

que cet abbé fut élu en 1227. Ce fut sous son abbatiat que Robert d'Auvergne, archevêque de Lyon, unit, le 10 juillet 1233, le prieuré de Montverdun et ses dépendances à l'abbaye de la Chaise-Dieu, sous condition d'y maintenir constamment vingt de ses religieux (Guigue, *Cartulaire lyonnais*, 1885, t. I, n°s 277 et 280),

despandances qu'elle avoit dans l'Auvergne (1). Cet abbé, zellé au bien de sa maison, fist veoir au roy Louys IX que ladicte abbaye estoit sous la sauvegarde et protection des roys de France ; ce que ayant veu, le roy ordonna, après avoir prins advis de son Conseil, que ladicte abbaye, avec toutes ses despandances, demeureroient tousjours soubs la protection et sauvegarde royalle. Ladicte ordonnance fust donnée à Nostre-Dame la royalle, proche de Pontieu, l'an 1247, au moys de may, l'an 22ᵉ du règne dudit roy (2).

En l'an 1246, il fist vidimer le privilège du roy Henry I, concédé à sainct Robert sur l'érection du monastère de la Chase-Dieu (3), à cause des fréquents accidents qui pouvoient arriver, tant par le feu, eau que perte dudit privilège, par Guillaume, évesque de Paris, lequel le munit de son sceau, le unziesme des kalendes de mars l'an susdit (4).

(1) C'est en 1267, c'est-à-dire sous l'abbatiat d'Albert de la Molette, successeur de Bertrand de Pauliat, qu'Alfonse, comte de Poitiers, prescrivit au connétable d'Auvergne d'enquérir sur les biens de main-morte de l'abbaye de La Chaise-Dieu, enclavés dans ses fiefs d'Auvergne, à l'effet de les frapper d'une imposition (A. Molinier, *Correspondance administrative d'Alphonse, comte de Poitiers*, 1894, t. I, p. 124, n° 195). — (2) Cette phrase doit être ainsi rectifiée : « donnée à Maubuisson, près Pontoise, l'an 1247, au moys de mars.(Cf. Secousse, *Ordonnances des roys de France*, t. IV, p. 646, qui a publié le texte de l'ordonnance de Louis IX citée par dom Gardon). — (3) Voir plus haut, p. 5. — (4) 19 février 1246.

La vigilance et zélle de ce bon abbé n'a pas parust seulement en cecy, mais encore à l'obtention de plusieurs bulles qu'il a eues des papes en faveur de son abbaye ou de ses despandances. La première qu'on trouve qu'il a obtenue a esté d'Innocent IV, par laquelle il est deffendu très expréssement qu'aucun n'ose conférer aucun bénéfice de ceux qui appartiennent à l'abbaye et couvent de la Chase-Dieu, tant grand et puissant puisse-t-il estre. Ceste bulle a esté certifiée par Guido, archevesque de Narbonne (1), qui y apposa son sceau. Ladicte bulle fust donnée à Lyon, le 6 des ides d'apvril, l'an 8ᵉ du pontificat dudit pape (2).

Nostredit Bertrand dressa divers articles au mesme pape et, entre autres, il luy fist plainte que l'abbé de Fraxinet, abbaye qui est au diocèse de Mutine (3) et despandante de celle de la Chase-Dieu, ne le vouloit point recognoistre pour son suppérieur, soit pour subir correction, ou pour le droict de nomination que Bertrand, comme abbé de la Chase-Dieu, avoit sur ladicte abbaye de Fraxinet. Ce privilège fust confirmé de rechef, par une bulle donnée à Lyon, le 14 des kalendes de novem-

---

(1) Guy Folqueys, ancien évêque du Puy, qui devint pape sous le nom de Clément IV. — (2) Le 8 avril 1251. — (3) Il s'agit de l'abbaye de Saint-Pierre de Frassinoro, diocèse de Modène, qu'un mandement du pape Honorius III, donné à Segni, le 20 juillet 1223, avait placée sous l'entière dépendance de l'abbaye de La Chaise-Dieu, tant au point de vue de la correction que de la réformation ou de l'obéissance (Arch. départ. de

bre, l'an 7ᵉ du pontificat d'Innocent IV (1). Ce mesme pape escript pour cet effect au prieur de Rochette, qui est au diocèse de Parme, afin qu'il fist en sorte que ledit abbé de Fraxinet rendit hommage et obéyssance à l'abbé de la Chase-Dieu, comme relevant de luy.

Il se voit par les bulles que le pape Innocent IV a donné en faveur dudit abbé et monastère de la Chase-Dieu, combien grande a esté la vigilance de ce pasteur. J'ay desja faict veoir comme l'abbé Lantelme a esté le premier qui a eu permission de porter la mytre. Mais voicy maintenant nostre Bertrand qui a passé plus avant, en ce qu'il a obtenu une bulle dudit pape, par laquelle il luy est concédé l'usage non seulement de la mytre, mais encore des bagues, sandales et dalmatiques et de plus le pouvoir de donner la bénédiction solempnelle, pourveu toutefois qu'aucun évesque ou légat du Sainct-Siège ne soit présant. Ceste bulle fust donnée à Lyon, le 2ᵉ des kalendes d'apvril, l'an 8ᵉ du pontificat d'Innocent IV, l'an de Nostre Seigneur 1248 (2).

Bertrand obtint des lettres du mesme pape à l'abbé d'Alès, diocèse de Nismes, à l'abbé du Bourg « Dolensis » (3), au diocèse de Bourges,

---

la Haute-Loire, série H, fonds de La Chaise-Dieu, liasse diocèse de Modène). — (1) Le 19 octobre 1249. — (2) Si la date de l'année du pontificat d'Innocent IV est exacte, et la *Gallia christ.* (t. II, col. 339) la corrobore, cette bulle est du 31 mars 1251 et non 1248. — (3) Bourg-Dieu, maintenant esteinte, despuis l'an 1618, par Henry

et au prieur de Sainct-Rambert, diocèse de Lyon, par lesquelles il leur commande d'empescher qu'aucun ne moleste les abbés et religieux de la Chase-Dieu, sur les provisions de leurs bénéfices. Ces lettres ont esté données à Péruse, le 4 des nones de juillet, l'an 10ᵉ du pontificat d'Innocent IV (1).

Ce mesme abbé, obtint du mesme pape, bulle par laquelle il est permis au monastère de la Chase-Dieu de rachepter les dismes tenus par les séculiers. Ladicte bulle a esté expédiée à Péruse, le 6 des kalendes d'apvril, l'an 10ᵉ du pontificat d'Innocent IV (2).

Le pape Innocent IV convoqua un concile général à Lyon, où luy mesme présida en personne, auquel concile assistèrent plusieurs prélats, entre lesquels estoit nostre Bertrand. Ce concile a esté le premier concile général qui a esté tenu à Lyon (3).

Durant le temps dudit abbé estoit un religieux, Guillaume de la Roue, qui puis après fust faict évesque du Puy et consacré à Rome par Urbain IV (4).

Le pape Alexandre IV, ayant succédé à Innocent IV, donna aussi plusieurs bulles en faveur de l'abbaye de la Chase-Dieu, dont il y

---

de Bourbon, dit vulgairement prince de Condé (*Note de l'auteur*). — (1) Le 4 juillet 1252. La *Gallia christ.* (t. II, col. 152) date cette bulle du 4 juillet 1254, mais l'erreur de cet ouvrage est démontrée par l'itinéraire d'Innocent IV. — (2) Le 27 mars 1253.— (3) Le 28 juin 1245.— (4) Élu évêque du Puy, en juillet 1260, et sacré par le pape, le 22 février 1263.

en a six d'expédiées pendant le règne de l'abbé Bertrand, qui font veoir combien il estoit soigneux de l'assortiment parfaict de son abbaye, en pourchassant le consentement des papes pour la rendre immédiate au Sainct-Siège. Il n'estoit pas seulement curieux d'obtenir bulles confirmatives sur les biens et revenus d'icelle, ains encore sur les divers subjects qui se présantoient, comme il appert par la première bulle qu'il obtint dudit pape, par laquelle le monastère est exempt de toute juridiction de l'évesque, et que quand les évesques voudroient introduire des personnes dans les monastères despandants de la Chase-Dieu, il est permis aux religieux de leur desnier l'entrée, ne pouvant lesdits évesques accroistre le nombre des religieux, ainsi qu'ils se vouloient usurper. Ceste bulle fust donnée à Latran, le 3ᵉ des kalendes de may, l'an 2ᵉ de son pontificat (1).

Cet abbé avec le corps de ses religieux firent plaincte au mesme pape, Alexandre IV, que quelques prélats, envieux du repos de leur religion, fulminoient sentences d'excommunication sur eux et sur leurs domestiques et bienfacteurs, qui venoient moudre à leurs moulins et cuire à leur four. Ledit pape fist expédier bulle en faveur du monastère de la Chase-Dieu, par laquelle, acquiessant à leur humble requeste, déclaire et deffend très estroictement à ces prélats qu'ils n'ayent rien à s'usurper sur

(1) Le 29 avril 1256.

ledit monastère qui fraude les privilèges du Sainct-Siège, et qui fera du contrère encourra l'indignation de sainct Pierre et sainct Paul. Ceste bulle a esté donnée à Anagnie, le 9 des kalendes de décembre, l'an 4ᵉ du pontificat d'Alexandre IV (1).

Bertrand obtint encore bulle de confirmation sur le droict d'élection et de punition des abbés qui relevoient de luy, comme abbé de la Chase-Dieu, qui sont l'abbé de Sainct-Marin de Pavie, l'abbé de Fraxinet en Mutine, l'abbé de Brantome, l'abbé de Sainct-Théodard et de Sainct-Michel de Galliac et autres, ensuyte des privilèges donnés par les Souverains Pontifes, ses prédécesseurs, et particulièrement de Pascal II à Aymeric (2), abbé dudit monastère. Ladicte bulle fust donnée à Anagnie, le 3 des ides d'octobre, l'an 2ᵉ du pontificat dudit pape Alexandre IV (3).

Autre bulle du mesme pape, par laquelle il ordonne que tous les debtes qui ont esté faicts ne revenant point à l'utilité du prieuré de Sainct-Trivier, au diocèse de Lyon, despandant de la Chase-Dieu, soyent réduicts à néant, et qui fera le contrère encourra la malédiction de sainct Pierre et sainct Paul. Donné à Latran, le 3 des ides de febvrier, l'an 3ᵉ du pontificat d'Alexandre IV (4).

Le mesme pape donne une autre bulle en

---

(1) Le 23 décembre 1258. — (2) En 1107, voir plus haut, p. 39. — (3) Le 13 octobre 1256. — (4) Le 11 février 1257.

faveur de l'abbé et des religieux de la Chase-Dieu, à Viterbe, le 3 des nones de novembre, l'an 3ᵉ de son pontificat (1), par laquelle il deffent très estroictement aux évesques de ne fère aucune vizite sur les prieurés et maisons despandants dudit monastère, ny d'exiger aucun droict de vizite, ny de lever aucun tribut, ny mesmes sur les personnes qui sont au service de la Religion, soubs prétexte d'avoir quelque office. Ordonne encore que les évesques n'ayent à fulminer aucune sentence d'excommunication sur les esglises qui despandent de la Chase-Dieu, ny sur les religieux ou clercs d'icelle abbaye. Que si quelque évesque l'oublioit de le fère, il déclaire ladicte excommunication de nul effect et téméraire, et qu'il sache qu'il encourt l'indignation de sainct Pierre et de sainct Paul.

Cet abbé fist sa visite au prieuré de Saincte-Gemme, où il fist de fort belles ordonnances, grandement religieuses au chapitre tenu audit lieu de Saincte-Gemme, le jour et feste de sainct Grégoire 1249 (2).

(1) Le 3 novembre 1257. — (2) Dans cette ordonnance, du 17 novembre 1249, Bertrand de Pauliat prescrivit, entre autres, aux moines de Sainte-Gemme d'observer le silence dans l'oratoire, le réfectoire, le dortoir et le cloître, de ne sortir de leur monastère qu'avec l'autorisation du prieur ou du sous-prieur, de s'abstenir du gras, de ne prendre aucun aliment dans les maisons ou châteaux enclavés dans le mandement de leur prieuré, de manger, chaque semaine, deux compotes pendant le Carême et l'Avent et des moules de la sainte Gemme (20 juin) à la saint André (30 novembre), d'en-

Après avoir gouverné en bon et vigilant pasteur l'abbaye, l'espace de 15 ans et trois moys, il mourut le 29 d'octobre l'an 1258 (1). Son corps repose dans la chapelle de Nostre-Dame, au devant de l'autel. Il y a anniversaire le jour de son décès : les religieux ont ce jour double portion. Le pitancier prend le revenu pour ce fère au lieu de Chaurihac.

Cet abbé fist certains status pour le monastère de Sainct-Théodard de Montauban, comme despandant de l'abbaye de la Chase-Dieu (2).

tretenir 20 moines, etc. (Arch. départ. de la Haute-Loire, série H, fonds de la Chaise-Dieu, liasse diocèse de Saintes). — (1) Date certainement fautive, puisque son successeur, Albert de la Molette, qui était hôtelier de la Chaise-Dieu, en août 1256 (Chassaing, *Spicilegium brivat.*, p. 83) est nominativement désigné, avec le titre d'abbé, dans des documents de janvier 1257 (Chassaing, *op. cit.*, p. 83) et des 10 avril 1257 (Arch. départ. de la Haute-Loire, série H, fonds de la Chaise-Dieu, liasse diocèse de Montauban) et 19 juillet 1258 (De Charpin-Feugerolles et Guigue, *Cartul. de Saint-Sauveur-en-Rue*, p. 113). Cette erreur nous a naturellement obligé de restituer à la notice d'Albert de La Molette tous les actes postérieurs à janvier 1257, que dom Gardon a faussement attribués à son prédécesseur. Nous avons dû aussi, pour rendre le texte intelligible et éviter des renvois, substituer le nom d'Albert à celui de Bertrand. — (2) Suit le texte de ces « status », établis par Bertrand de Pauliat, lors de sa visite du monastère de Saint-Théodard de Montauban, du 9 au 16 avril 1246. Il y est stipulé que, pendant un délai de trois ans, l'abbé de Saint-Théodard ne pourra nommer à un bénéfice autre que ceux des églises ayant charge d'âmes, ni recevoir aucun

ALBERT DE LA MOLÈTE, 21ᵉ abbé.

ALBERT, avec son couvent, fist plainte au pape Alexandre IV de ce que l'évesque de Clairmont le vouloit captiver et toute son abbaye soubs sa jurisdiction, molestant et vexant ledit monastère. Et, considérant ledit pape que ledit monastère de la Chase-Dieu fesoit paroistre que les Souverains Pontifes, ses prédécesseurs, l'avoient prins soubs les privilèges de l'esglise romaine, le pape leur confirma les mesmes droicts et privilèges. Donné à Anagnie, les ides de décembre, l'an 4ᵉ du pontificat du pape Alexandre IV (1).

Il se trouve encore une autre bulle d'Alexandre IV qui confirme une sentence que Hugues, du titre de Saincte-Sabine prestre cardinal et légat du Sainct-Siège en Alemaigne, donna sur un différant qu'Albert (2) avoit contre l'archevesque de Besançon. L'abbé Albert disoit que c'estoit à luy de donner un abbé au monastère de Favernay, et de l'examiner et confirmer, punir et corriger, en cas de manquement;

---

donat, familier ou moine, sans l'assentiment de ses religieux. En outre; cet abbé devra expulser toutes les personnes inutiles, deshonnêtes ou mal famées et consulter toujours le prieur et la majorité de ses moines dans l'administration de son bénéfice. — (1) Le 13 décembre 1258. — (2) Dans le document original, le nom de l'abbé de La Chaise-Dieu n'est pas indiqué.

l'archevesque disoit que c'estoit à luy d'examiner celuy qui seroit envoyé pour y estre abbé, sur la règle et observance régulière, que s'il le trouve capable, le présanté doibt demander humblement sa bénédiction, que s'il arrive au contrère que ledit envoyé soit trouvé par luy incapable de ladicte charge d'abbé, une et deux fois, alors l'archevesque disoit le droict d'élection luy appartenir et d'estre à luy de donner un abbé audit monastère de Favernay. Les deux parties ayant esté ouyes et, de leur consentement, ledit Hugues, cardinal, après avoir obtenu licence et pouvoir de Sa Saincteté, et ayant entendu les procureurs desdictes parties, ayant aussi prins conseil de personnes doctes, prononça de vive voix la présante sentence : sçavoir que l'archevesque prendra cognoissance de ce que l'on pourroit objecter audit envoyé, comme s'il estoit irrégulier, excommunié, blasphémateur, homicide et autres choses semblables, suffisantes pour le chasser, ayant receu au préalable le serment de ceux qui le voudroient accuser, de plus, que si ledit envoyé est trouvé incapable, l'archevesque le pourra renvoyer et l'abbé de la Chase-Dieu en donner un autre, jusques à trois fois, puis au par delà, ce sera audit archevesque de donner un abbé audit monastère de Favernay, tel toutefois qu'il soit du monastère de la Chase-Dieu ou de celluy de Favernay, ou de tel autre lieu despandant de ladicte Chase-Dieu qu'il luy plaira, moyennant toutefois qu'il soit proffès de ladicte abbaye de la Chase-Dieu. De plus, l'archevesque examinera l'envoyé par ledit abbé de la Chase-Dieu, afin de sçavoir s'il sçayt lire et expliquer litéralement ou vulgairement la lecture que ordinèrement l'on lit et expose aux moines de l'ordre de la Chase-Dieu. Et pour plus grand foy et tesmoignage de ladicte sentence, ledit archevesque l'a munie de son sceau. Donné à Viterbe, l'an 1257, l'an 3ᵉ du pontificat d'Alexandre IV (1). Ladicte sentence fust, l'année d'après, confirmée par ledit pape par bulle expresse (2).

La 3ᵉ année qu'Albert fust esleu pour régir son abbaye, il obtint bulle du pape Alexandre IV, par laquelle il est expressément deffendu de ne point emporter ny aliéner les biens du monastère, soubs les malédictions de sainct Pierre et sainct Paul. Donné à Anagni, le 3ᵉ des

---

(1) Le 20 novembre 1257, d'après le document original conservé aux archives départementale de la Haute-Loire (série H, fonds de la Chaise-Dieu, liasse diocèse de Besançon). Le 10 juillet 1258, par une ordonnance, donnée à Viterbe, ce même cardinal Hugues ratifia ses premières instructions (ibid.). — (2) Datée d'Anagni, 12 novembre 1258 (*Gall. christ.*, t. II, col. 339). Les deux paragraphes qui précèdent sont extraits de la notice de Bertrand de Pauliat. Ceux qui suivent appartiennent en propre à celle d'Albert de La Molette. Nous nous sommes borné, dans leur transcription, à rétablir les dates réelles de l'abbatiat de cet abbé, en prenant l'année 1257 comme point de départ de son élection, fixée à tort par dom Gardon et la *Gallia christ.* (t. II, col. 339) à 1259, et par Dominique Branche (*ouvr. cité*, p. 223) à 1260.

ides de juin et le 5ᵉ an du pontificat dudit pape (1).

En la 4ᵉ année, il obtint autre bulle du mesme pape, portant confirmation des privilèges et exemptions de la jurisdiction des évesques, que ses prédécesseurs avoient obtenues des autres Souverains Pontifes. De plus, la mesme bulle permet à tous abbés, prieurs et cloistriers, qui demeurent hors ledit monastère de la Chase-Dieu, de jouyr des mesmes privilèges que ceux qui demeurent dans ladicte abbaye, comme relevants d'icelle, et envoyés par le commandement dudit abbé, qui pourra les rappeller quand bon luy semblera. Déclaire les censures ecclésiastiques, que les évesques pourroient fulminer sur les religieux et convers de ladicte abbaye, vaines et sans nul effect ; que s'il se trouve aucun évesque qui témérèrement ose enfraindre la constitution dudit pape, qu'il sache qu'il encourra l'indignation de sainct Pierre et sainct Paul. Donné à Anagni, les ides de janvier, l'an 6ᵉ du pontificat d'Alexandre IV (2).

En la 5ᵉ année de son gouvernement, Guido, archevesque de Narbonne, fust à la Chase-Dieu ; lequel fust humblement requis, par ledit abbé, de vidimer la bulle que son prédécesseur avoit obtenue d'Innocent IV, portant inhibition et deffense que personne n'ose conférer les bénéfices de l'abbé et couvent de la

---

(1) Le 3 juin 1259. — (2) Le 13 janvier 1260 (Cf. Potthast, *op. cit.*, t. II, p. 1445, n° 17755).

Chase-Dieu (1); ce que ledit archevesque fist, avec une lettre du mesme pape adressante à l'abbé de Sainct-André-de-Vienne. Donné à la Chase-Dieu, le 4 des nones de may, l'an de grace 1261 (2).

En la 6º, il obtint autre bulle du pape Urbain IV, l'an premier de son pontificat (3), portant exemption de toute juridiction épiscopale, conformément aux bulles données par ses prédécesseurs.

Il eut bulle de Clément IV portant confirmation de toutes immunités et privilèges que les Souverains Pontifes, ses prédécesseurs, avoient donnés au monastère de la Chase-Dieu, comme aussy de toutes libertés, franchises et exemptions que les roys, princes et autres fidelles chrestiens avoient concédés audit monastère de la Chase-Dieu. Le tout fust confirmé par auctorité apostolique, l'an premier du pontificat de Clément IV. Donné à Pérouse, le 6 des nones de julhet (4).

Pendant que Grégoire X tenoit la chaire de sainct Pierre, cet abbé eut par devant luy un grand procès, pour maintenir Guillaume, devant prieur de Rongières et moine proffès de

---

(1) Voir plus haut, p. 78. — (2) Le 4 mai 1261. — (3) D'après l'année de l'abbatiat d'Albert de La Molette et du pontificat d'Urbain IV, cette bulle doit être datée, entre janvier et le 3 septembre 1262. Par un rescrit, donné à Viterbe le 29 novembre 1261, ce même pape avait donné tous pouvoirs à l'abbé Albert, à l'effet de réprimer les entreprises de Guy de La Tour, évêque de Clermont, contre l'abbaye de La Chaise-Dieu (*Gallia christ.*, t. II, col. 340). — (4) Le 2 juillet 1265.

la Chase-Dieu, en la charge d'abbé au monastère de Sainct-Marin de Pavie, contre Guido, évesque dudit lieu, qui, s'usurpant ceste élection, nomma (ladicte abbaye ayant vacqué par le décès de Guillaume de Grisac) un Albernin, moine du monastère de Saincts-Gervais et Protais de Montbeau (1), au diocèse de Plaisance, contre les status de ladicte abbaye de Sainct-Marin, qui ne debvoit recevoir autre abbé que celuy qui seroit religieux proffès de ladicte abbaye de la Chase-Dieu et envoyé par l'abbé d'icelle, comme relevant de luy. Le pape donc, pour accorder ce différant, en donna le pouvoir à Simon, du titre de Sainct-Martin des Monts prestre cardinal (2), lequel prévenu de mort et le susdit pape aussy (3), ledit procès demeura imparfaict jusques au règne de Nicolas III qui, pour ce mesme effect, donna pouvoir de reprendre la mesme cause, au mesme estat qu'elle estoit par devant le susdit cardinal délégué par ledit pape Grégoire X, à Jacques, du titre de Saincte-Marie diacre cardinal (4), lequel, après avoir bien espluché toutes choses et prins conseil des gens doctes, prononça sa sentence contre ledit Guido, évesque, confirmant l'élection de l'abbé de Sainct-Marin de Pavie à l'abbé de la Chase-Dieu, portant inhi-

---

(1) Peut-être Montebello. — (2) Simon Paltineri, cardinal-prêtre de Saint-Martin-aux-Monts et Saint-Sylvestre. — (3) Tous les deux moururent en l'année 1276. — (4) Jacques Savelli, cardinal-diacre de Sainte-Marie en Cosmedin, devenu pape sous le nom d'Honorius IV.

bition et deffense audit évesque de ne plus empescher ny molester ledit abbé de la Chase-Dieu, et qu'au contrère ledit évesque permettra audit abbé de jouyr des droicts et privilèges que d'ancienneté luy ont esté donnés sur ladicte abbaye de Sainct-Marin de Pavie. La bulle obtenue en confirmation de sentence monstre que l'abbé Albert de la Molète estoit décédé, et que c'estoit son successeur qui l'obtint, comme je feray veoir en son rang. La susdicte sentence fust prononcée soubs le pontificat de Martin IV, par le cardinal Jacques du titre de Saincte-Marie, à Orviette, en sa maison, l'an 3º du pontificat dudit pape Martin (1).

Il obtint amortissement de certains cens et rantes d'Alphonse, comte de Poitiers et de Tholoze, fils de Louis VIII et frère de Louis IX, l'an 1269 (2).

A cause d'un homicide faict en la terre de Claveliers, les habitans dudit lieu firent amende honnorable, tous en chemise, la torche au poing, pendant la procession de la feste de sainct Robert, l'an 1272 (3).

Albert avec ses religieux firent plainte et formèrent procès contre le chapitre de Nostre-Dame

---

(1) Entre le 23 mars 1283 et le 22 mars 1284. — (2) Cf. plus haut, p. 77, note 1. — (3) L'homicide dont il s'agit est celui de Guillaume de La Roussilhe, moine de La Chaise-Dieu, commis par un attroupement d'hommes de Clavelier, qui furent jugés et condamnés par sentence arbitrale de Béraud de Mercœur et de l'hôtelier-mage de ladite abbaye, du 11 décembre 1271 (Chassaing, *Spicilegium brivat.*, p. 135).

du Puy, en complaincte de maintenue des honneurs concédés par les prédécesseurs évesques, semblables à ceux qu'on defferoit à l'abbé de Clugny, et, à cet effect, il produisit un instrument, de l'an 1167, par lequel il vouloit induire que Pierre III, évesque du Puy, avec son chapitre, avoit accordé à Pons, abbé de la Chase-Dieu, le revenu d'une chanoinie de leur esglise et les honneurs que l'abbé de Clugny reçoit venant au Puy. Tant fust procédé que, par sentence des arbitres, l'an 1277, fust dit que pour la conservation de l'ancienne amytié, seroit permis audit abbé venant au Puy de jouyr, ce jour là, de la distribution que les chanoines perçoivent dans ladicte esglise, comme aussy de fère l'office au grand autel, et qu'il sera accueilly avec tout honneur. En voicy la carte portant sentence, laquelle, en son original, est authentiquée par les sceaux du chapitre du Puy et de l'abbaye (1).

Nostre abbé Albert, poussé tousjours d'un singulier et religieux désir au bien de son mo-

(1) Suit la sentence arbitrale rendue par Guillaume de Montravel, prévôt de l'église du Puy, et Antoine de La Mastre, hôtelier de La Chaise-Dieu, dans le chapitre général des chanoines du Puy, tenu, selon la coutume, le 2 novembre (1277), par laquelle les arbitres concèdent à l'abbé de La Chaise-Dieu, tous les avantages et privilèges des chanoines de la cathédrale et le droit d'officier au grand autel de cette église. Il convient de rapprocher, pour variantes ou corrections, le texte de cette sentence donné par dom Gardon, de celui plus exact de dom J. Boyer, conservé à la Bibliothèque nationale (Ms. lat. 12664, fol. 107).

nastère, obtint confirmation de Philippe III, nommé le Hardy, du privilège qu'Henry I donna à sainct Robert (1), avec les donations et qualités de mot à mot contenues dans ledit privilège. Donné à Paris, l'an 1275. Lesdictes lettres sont munies du sceau dudit roy Philippe.

Et parce qu'il arrive bien souvent que, par accident, l'on peut perdre les papiers, cet abbé, comme grandement soigneux, fist vidimer le privilège d'Henry I, concédé à sainct Robert, par Guillaume de la Roue, évesque du Puy et auparavant religieux de ladicte abbaye de la Chase-Dieu, ainsi que je feray veoir en son temps, pour servir d'original, en cas de perte, auquel ledit évesque fist apposer son sceau.

Du temps de nostre abbé, le monastère de la Chase-Dieu fust grandement molesté et affligé de certaines personnes qui se délectoient à mal fère. C'est pourquoy, il eut recours au pape Martin IV qui, pour cet effect, en escrivit à l'abbé de Sainct-Martin d'Authun, afin que, par sa sage prudence, il remédiat à la malice de tels gens. Donné à Pérouse, les nones de mars, l'an 4ᵉ du pontificat du pape Martin IV (2).

Enfin cet abbé, après avoir gouverné son abbaye heureusement et en bon père l'espace de 24 ans, décéda le 30 de septembre l'an de Nostre Seigneur 1282. Son corps repose au haut de la grande esglise, tout proche de l'autel

---

(1) C'est un vidimus, de décembre 1275, publié, avec le diplôme d'Henri Iᵉʳ, par Payrard (*Tabl. hist. du Velay*, t. VIII, p. 3-6). — (2) Le 7 mars 1285.

de Nostre-Dame, du costé gauche. L'esglise dudit monastère faict prier pour son ame, le jour de son décès, par l'ordonnance qu'en fist l'abbé Eblo, son successeur en ladicte abbaye.

Il se trouve que cet abbé obtint bulle du pape Nicolas, l'an 3ᵉ de son pontificat et le 2 des ides de janvier, à Orviette, donnant un an et quarante jours à ceux qui viziteroient le sépulchre, les jours de feste et octave de saint Robert, estant contrits et repantans (1).

Agnès, comtesse de Toul (2) et dame de Fontaine-Chasteau, après avoir prins le conseil et adveu de ses héritiers, bastit une abbaye pour le salut de son ame et de Frédéric, son mary, à laquelle elle donna nom de Laval-Dieu. Après l'avoir dottée de très beaux revenus, elle en donna la régence à l'abbé Albert et à tout son couvent, dans lequel y avoit pour lors des hommes de grande saincteté et religion, l'an 1260, au moys d'octobre (3).

(1) Si cette bulle a été donnée à Orviéto, elle ne saurait être de Nicolas III, puisque, à la date du 12 janvier 1280 (3ᵉ année de son pontificat), ce pape se trouvait à Rome. Elle doit être vraisemblablement attribuée à Nicolas IV, dont l'itinéraire signale la présence à Orviéto le 12 janvier 1291 (3ᵉ année de son pontificat). Dans ce cas, c'est grâce aux sollicitations d'Éblon de Montclar, successeur d'Albert de La Molette, qu'elle fut accordée à La Chaise-Dieu. — (2) Le manuscrit porte, à tort, Tulle. — (3) Suit le texte de l'acte d'union du monastère de La Valdieu, diocèse de Bâle, à l'abbaye de La Chaise-Dieu, par la comtesse de Toul. La donatrice abandonne en outre audit monastère divers terroirs et censives, sis dans la paroisse de Montreux-Vieux.

Ce mesme abbé, en l'an 1269, indiction XII (1), 12ᵉ des kalendes de julhet, prononça sentence d'excommunication contre l'abbé du monastère de Brantome, nommé Nicolas, au diocèse de Périgueux, à cause qu'il vouloit éluder la jurisdiction de l'abbé de la Chase-Dieu, ne voulant point, pour cet effect, venir au chapitre général de Sainct-Robert, ny mesme y envoyer n'y s'excuser, bien qu'il fust appellé et interpellé, conformément aux anciens status de l'abbaye de la Chase-Dieu.

Albert eut un grant différant avec l'abbé de Sainct-Théodard de Montauban, nommé Bernard, qui ne vouloit pas recognoistre la jurisdiction de l'abbé de la Chase-Dieu. La confirmation de cet accord fust faicte par l'abbé de Moyssac, au diocèse de Cahors. Et parce que ceste composition est courte, je la mets icy au long, afin de fère veoir comme ceste abbaye a despandu autrefois de celle de la Chase-Dieu et jusques à ce que Jean XXII l'a réduite en évesché, ainsi que je feray veoir en son temps (2).

Pierre, abbé du monastère de Favernay, recognoit sondit monastère estre subject à celuy de la Chase-Dieu (3).

(1) Le manuscrit porte, à tort, XIX. — (2) Suit l'engagement pris, le 3 novembre 1277, par les mundataires de l'abbaye de Saint-Théodard de Montauban et l'abbé de La Chaise-Dieu, de respecter la sentence arbitrale de Bertrand de Montaigu, abbé de Moissac, sur le différend survenu, en 1270 (*Gallia christ.*, t. II, col. 340), entre les deux abbayes, au sujet de la subordination de Saint-Théodard à La Chaise-Dieu. — (3) Suit l'acte de reconnaissance en question, du 25 mars 1260.

Il fust envoyé deux religieux à l'abbé Albert par le prieur de Favernay, pour le supplier de les pourvoir d'un abbé qui soit proffès de l'abbaye de la Chase-Dieu, ainsi qu'il a esté faict de tout temps (1).

EBLO DE MONTCLAR, 22ᵉ abbé.

CET abbé reprit le procès que son prédécesseur, Albert, avoit disputé si longtemps contre Guido, évesque de Pavie, pour raison de l'élection de l'abbé du monastère de Sainct-Marin de ladicte ville de Pavie, et en obtint sentence en sa faveur, comme j'ai faict veoir cy devant (2), et en l'an 3ᵉ du pontificat du pape Martin IV, par le susdit cardinal, en sa maison de Ville-Veille (3). Ensuitte de cette sentence, Éblon obtint bulle de confirmation sur icelle du pape Honnoré IV, sous la fulmination de sainct Pierre et sainct Paul, à tous ceux qui y contrevien-

---

(1) Suit une procuration des religieux de Faverney, du 7 février 1267, à l'effet de demander à l'abbé de La Chaise-Dieu de pourvoir au remplacement de leur abbé, Pierre, résignataire (publiée par Payrard, *Tabl. hist. du Velay*, t. VII, p. 523). — (2) Voir plus haut, p. 91. — (3) Mauvaise traduction du mot « Urbs Vetus », nom latin d'Orviéto.

dront, l'an premier du pontificat dudit pape (1). Ladicte bulle fust donnée à Rome, au temple de Saincte-Sabine, le 3ᵉ des kalendes de novembre (2).

Il fist plainte au mesme pape Honnoré IV de ce que ses prédécesseurs abbés et tout le couvent de la Chase-Dieu avoient acenssé leurs dismes, terres, maisons, vignes, prés, pasturages, boys, molins, granges, pesches, rentes et possessions et tous autres droicts et jurisdictions et biens du monastère à certains ecclésiastiques et séculiers, au grand détriment dudit monastère, aux uns pour un temps et aux autres pour tousjours, et redduit soubs un cens annuel; et à ces fins, pria, avec tout son couvent, Sa Saincteté de les remettre dans leurs droicts, nonobstant tous pactes et contracts. Ce qui luy fust accordé et, pour ceste fin, ledit pape en escrivit au thésaurier de l'esglise de Mauriac, au diocèse de Clairmont, luy mandant de remettre tous les susdits biens au monastère de la Chase-Dieu, nonobstant tous empeschements, menaçant des censures ecclésiastiques les contredisans, nonobstant appellation quelconque. Donné à Rome, dans Saincte-Sabine, le 10ᵉ des kalendes d'apvril, l'an 2ᵉ du pontificat d'Honnoré IV (3).

Après avoir gouverné ladicte abbaye l'espace

---

(1) Le manuscrit porte 12ᵉ, bien qu'Honorius IV n'ait occupé le siège pontifical que deux ans. L'erreur a été rectifiée d'après Dominique Branche (ouvr. cité, p. 226). — (2) Le 30 octobre 1285. — (3) Le 22 mars 1287.

6

de 12 ans, 7 mois et 4 jours, il mourut le 15 may l'an 1294. Son corps repose en la chapelle des Confesseurs, au devant de l'autel, proche de la porte du cloistre. Il se faict prières pour son ame, le 18 dudit moys, jour auquel il fust ensevelly.

Bernard, abbé de Sainct-Théodard de Montauban, en l'année 1290, fist excuse à l'abbé Eblon, pour n'estre venu au chapitre général de Sainct-Robert (1).

AYMONIUS DE LACULA, 23ᵉ abbé.

A esté cet abbé qui a obtenu la bulle contenant les vingt-quatre articles qu'il contracta avec son couvent. C'est ceste bulle qui porte institution des pères deffiniteurs, lesquels ont juridiction de cognoistre de tous les différants qui naystront dans le cloistre (2). Il fist confirmer lesdits vingt-quatre

---

(1) Suit la lettre adressée par Bernard de Malmont, abbé de Saint-Théodard, le 11 avril 1290, à Éblon de Montclar, pour s'excuser de ne pouvoir assister au chapitre général de la Chaise-Dieu, à cause de ses infirmités et le prier d'agréer à sa place le prieur de son abbaye. — (2) C'est le 5 février 1303 qu'Aymon de La Queuille signa, dans l'église de Saint-Jean de Latran de Rome, les statuts de réforme de l'abbaye de La Chaise-Dieu, désignés improprement sous le nom de bulle par dom Gardon. Ils comportent effectivement 24 articles,

articles par ledit pape Boniface VIII qui, à sa prière, en fist expédier bulle, le 9e de son pontificat, l'an de Nostre Seigneur 1303, indiction première et le 6e de febvrier.

Cet abbé obtint des patentes du roy Philippe IV, nommé le Bel, par lesquelles ledit roy confirme et corrobore le privilège d'Henry I, et déclaire les maisons et possessions de l'abbaye affranchies de toutes tailles et subsides, la prenant soubs sa protection et sauvegarde. Donné à Clairmont, l'an 1303, au moys de mars (1).

Ce fust encore cet abbé qui fist expédier cer-

réglant la nomination des religieux et la visite et l'administration des prieurés, interdisant à l'abbé de s'inspirer des liens de parenté dans les désignations ou promotions et d'accorder des bénéfices à des laïques ou à des clercs séculiers, et l'autorisant à dispenser du maigre. Ils prescrivent en outre de tenir un registre de la résidence des moines, d'enfermer le sceau du couvent dans une boîte fermant à double clef, et de ne l'apposer sur les actes qu'en présence du prieur et du baile-mage du couvent, de n'aggraver les charges des prieurés que sur l'avis conforme d'un conseil supérieur, composé de neuf prieurs des prieurés les plus importants, du prieur-mage, de l'hôtelier et du sacristain de l'abbaye. Enfin, ils instituent trois définiteurs, élus chaque année, ayant pouvoir de régler, sans appel et pendant les chapitres généraux, tous les conflits entre l'abbé et ses vassaux, et les prieurs et leurs subordonnés. Ces statuts furent revêtus des sceaux de Gentile de Montefiore, cardinal-prêtre de Saint-Martin aux Monts et Saint-Sylvestre, et d'Eustache, cardinal-diacre de Saint-Eustache (Arch. départ. de la Haute-Loire, série II, fonds de La-Chaise-Dieu, liasse abbé). —
(1) Entre les 10 et 14 mars 1304 (n. st.).

taines ordonnances royaulx sur le faict de l'exercice de la jurisdiction, franchise et liberté des esglises et personnes ecclésiastiques, en faveur de son abbaye, à Paris, l'an 1302.

Il se trouve que c'est cet abbé qui ordonna, avec tous ses religieux, de dire à complies, tous les jours, une des antiennes de Nostre-Dame qui sont sur la fin du bréviaire de l'usage du monastère de la Chase-Dieu, lesquelles se sont tousjours despuis dictes, jusques à l'année 1627 que les religieux, d'un commun consentement, prinrent le nouveau office de sainct Benoist « in monasticum. »

Il tint le gouvernement de son abbaye 12 ans, 3 moys et 9 jours ; il trespassa le 22 d'aoust, l'an 1306 (1). Son corps repose au prieuré de Sainct-Nectère. Il y a anniversaire pour son ame, le jour de son trespas, qu'il mérita de la religion pour avoir achepté les dismes de la paroisse de Champaignac (2), qui puis après fust donné à l'hostalier, en contres-change de la leude du sel de la ville de la Chase-Dieu.

(1) L'année de la mort de cet abbé est indiquée dubitativement dans la *Gallia christ.* (t. II, col. 341), mais il est hors de doute qu'il est décédé en 1306, comme le dit dom Gardon, puisque le 10 janvier 1307, Hugues de l'Arc, son successeur, unit le prieuré de Javaugues à la mense du petit couvent de l'abbaye de La Chaise-Dieu (Chassaing, *Spicilegium brivat.*, p. 269). — (2) A Jean d'Ybois, damoiseau, par acte du 23 août 1300, moyennant la somme de 80 livres tournois (Arch. départ. de la Haute-Loire, série H, fonds de La Chaise-Dieu, liasse Champagnac).

En l'an 1298, nostre abbé Aymonius fust prié par les religieux du monastère de Gaillac, au diocèse d'Alby, de leur permettre d'eslire un abbé non proffès et autre que de l'abbaye de la la Chase-Dieu, bien que contre la constitution, pour certaines raisons qui furent représentées audit Aymonius par Barin de Cauriac, prieur de Savigneu, et Simon, sacristain dudit monastère de Gaillac. Lequel abbé consentit, pour ceste fois seulement et sans préjudice du droict du monastère de la Chase-Dieu. Si la carte eut peu se lire, je l'eusse mise icy tout du long, mais pour estre si vieille, elle est pourrie et y manque un tiers. Ladicte carte portant le consentement fust expédiée, à la Chase-Dieu et dans le logis dudit abbé, par Robert « de Vivariis, » clerc du diocèse de Clairmont, en présence de Jacques Jut, d'Armand, etc.

Ceste abbaye de Gaillac s'est sécularisée, despuis quelques quatre vingt ou cent ans (1) et ne despand plus de celle de la Chase-Dieu. Elle a esté mise presque toute à bas par la rage des huguenots, aux premiers troubles, et ces dernières années, messieurs les chanoines de ladicte esglise, faisant curer les ruines du cloistre, y trouvèrent la figure en relief de sainct Robert, avec son escriteau au pied, que mr le doyen me fist veoir passant par là, en l'année

---

(1) C'est à la suite d'une supplique adressée, en 1534, par les religieux bénédictins de Saint-Michel de Gaillac, que le pape Paul III autorisa la sécularisation de cette abbaye, avec le consentement de Jean de Lorraine, évêque d'Albi (*Gallia christ.*, t. I, col. 52).

1629. Ledit s' doyen m'avoit promis coppie de la bulle de leur sécularisation, mais puis il en fust destourné pour des considérations qu'il n'est besoin de mettre icy. Je tacheroy pourtant de la retrouver.

HUGO DE L'ARC, 24ᵉ abbé.

L'ÉLECTION de cet abbé ayant esté faicte trop soudainement, après le trespas d'Aymonius, causa un grand trouble dans le monastère, non par les religieux du dedans mais par Hugo de Montchal (1), prieur de Sainct-Robert, au diocèse de Grenoble, et par Drodo, prieur de Beaumont, au diocèse de Valence, lesquels, tant pour eux que pour tous les autres religieux forains, formèrent plaintes de ce que l'on avoit procédé à ladicte élection, sans l'adveu et consentement d'aucun des religieux du dehors. Le prieur mage soubstint que l'élection de l'abbé appartient de droict et de coustume au couvent seulement, nul des forains ne devant estre appellé ny attendu. Enfin, la chose estant dévolue par devant vénérables et religieuses personnes Broc, doyen audit monastère, et Estienne de Montclar, prieur de Sainct-Bausile proche

---

(1) Dans le manuscrit ce nom est sous la forme latine « de Montecalvo. »

de Nismes, et Guillaume de la Garde, prieur de Beaucaire, fust dit, après avoir entendu les raisons de part et d'autre, par sentence des susdits, que l'abbé estant mort, l'on s'abstiendra dores en avant, durant neuf jours, de procéder à ladicte élection, non toutefois que l'on soit tenu d'appeller aucun du dehors, mais que tous les prieurs forains et tous les religieux du monastère qui seront dans iceluy au neufviesme jour que l'élection se fera, y seront admis, et que ce neufviesme jour sera à compter despuis le jour du trespas, et que, sans attendre autre personne, l'on procédera à ladicte élection. Cella se doibt entendre lorsque l'abbé meurt dans ladicte abbaye, que s'il décède ailleurs, l'on comptera lesdits neufs jours despuis le jour de la notification qui aura esté faicte au couvent; que s'il arrive ledit couvent ne vouloir attendre le neufviesme jour et qu'il procède à ladicte élection, nous la déclairons invalide et de nul effect.

Hugo obtint bulle de Clément V sur les mesmes exemptions et privilèges de son abbaye, donnée en Avignon, le 10e des kalendes d'apvril, l'an 5e de son pontificat (1).

L'an d'après et le 6e du pontificat du pape Clément V, nostre abbé Hugo de l'Arc assista au concile de Vienne en Dauphiné, l'an 1311, où présida ledit pape, en la présence de trois roys, sçavoir de France, d'Angleterre et d'Arragon, auquel concile assistèrent encore le pa-

---

(1) Le 23 mars 1310.

triarche d'Alexandrie et celuy d'Antioche, avec trois cents évesques et plusieurs autres pères.

Il y eut une grande controverse entre cet abbé et le couvent sur ce que ledit abbé avoit créé un pitancier, nommé Pierre Nielle, sans le consentement dudit couvent, qui disoit l'élection dudit office luy appartenir, ainsi qu'il apparoissoit de mémoire d'homme. De plus, ledit couvent se plaignoit dudit Pierre Nielle, pitancier faict et créé par ledit abbé Hugo, de ce qu'il s'approprioit tout, veoir mesme les légats faicts audit couvent, chose qui estoit un grand préjudice, ce qui faict veoir certainement que la proprietté et le divorce commençoit d'esclore dans ceste abbaye, et que le zélle des premiers abbés et religieux commençoit à se refroidir. Il ne faut pour cella inférer qu'il n'y ayt eu en après de bons et vertueux abbés et religieux, comme l'on pourra veoir en la suytte des autres abbés, veu mesme que j'ay remarqué que, pendant le règne de cet abbé Hugo ou sur la fin du gouvernement d'Aymonius, Pierre Roger fust faict religieux de cestedicte abbaye, qui, puis après, par son grand esprit et profonde doctrine, fust placé à la chaire de sainct Pierre et appellé Clément VI, ainsi que l'on fera veoir en son lieu, où sera faict mention de son progrès.

Après avoir gouverné les religieux l'espace de 12 ans, 8 moys et 5 jours, il mourut le 28 apvril 1318. Son corps repose en la chapelle de Nostre-Dame, du costé droict. Il fust premièrement ensevelly à Beaucaire et puis translaté dans la susdicte abbaye. Il y a un anniversaire, le jour de son trespas, pour lequel il bailla 60 livres de rente au prieuré de Chantejoul que le pitancier prenoit pour fère le « convivium » aux religieux (1).

※※※※※※※※※※※※※※※※※※※※※※

JEAN DE CHANDORAT, 25ᵉ abbé.

Ce prélat estoit de louable mémoire et de sain entendement et, par sa prudence et industrie, enrichit son abbaye de status très sains et réguliers, lesquels ont tousjours esté confirmés par ses successeurs. Il estoit bien versé aux bonnes lettres, estant docteur en droict civil et canon, auditeur du Sacré Pallais pour le cardinal Prenestinin (2) et, ce qui est de principal, homme de honneste vie. Il estoit natif de Vellay et frère de Géraud, seigneur de Mons proche du Puy ; avant qu'il fust abbé, il estoit prieur de Cabrespine.

(1) Ce fut Hugues de l'Arc qui, le 7 avril 1307, promit à Charles de Valois de l'associer aux prières de son monastère « et de lui faire annuellement, après sa mort, un service funèbre, comme à un abbé de La Chaise-Dieu » (Chassaing, *Spicilegium brivat.*, p. 272). En 1311, ce même abbé fit don à son abbaye des dîmes d'Aulnat, près Vertaizon (Arch. départ. de la Haute-Loire, série H, fonds de La Chaise-Dieu, inventaire de 1720, fol. 232 v°). — (2) Il faut lire « du cardinal évesque de Preneste. »

Voicy les status du vénérable monastère de la Chase-Dieu, faicts et compilés par révérendissime père Jean de Chandorat, abbé dudit monastère, approuvés par Hugues de Chauvigny et Jacques de Sainct-Nectaire, abbés, ses successeurs :

Jean, par la grace de Dieu abbé du monastère de la Chase-Dieu, aux vénérables abbés, prieurs, obédianciers, moines et à tous autres quels qu'ils soyent, relevant de nostre monastère, salut. Vous faisons sçavoir que dernièrement, en nostre chapitre général, nous réformames certains anciens status et en fismes d'autres nouveaux, le tout par l'adveu et approbation dudit chapitre, que nous avons jugés utiles et debvoir estre envoyés, par ce présant escript, à vostre honneste et religieuse discrétion, d'autant que ces présants status ont esté digérés avec grande maturité, lesquels nous avons munis et corroborés de nostre sceau et de celuy du couvent, afin que de meilleur cœur et plus promptement, comme vrays enfans d'obéyssance, vous les receviez et fassiez observer diligemment à tous ceux qui despandent de vous.

Article I. — En premier lieu, et afin que nous suyvions les traces et vestiges de nos premiers pères et prédécesseurs, ordonnons que chasque prieur aura soing des ames des frères qui luy sont commises en leurs prieurés.

II. — Et parce que les hommes sont grandement proclivés et faciles à pescher et qu'il ne faut apporter dilaiement en la pénitence, permettons que les prieurs puissent, en leurs prieurés, choisir, tant pour eux que pour les frères là résidants, tels confesseurs idoines et suffisants qu'il leur plaira, auxquels donnons libre pouvoir de lier et deslier les peschés, tant des prieurs que des autres frères ; toutefois, au cas qui d'ancienneté ont esté réservés aux abbés, ils auront refuge à nous.

III. — Que tous les abbés et prieurs soyent diligens à se prendre garde de venir, tous les ans, à nostre chapitre général, qui a coustumé de se tenir à la feste de nostre glorieux père sainct Robert, excepté ceux qui sont au-delà des Alpes et des monts Pyrénées, en Espaigne, comme Sainct-Jean de Burgos, au royaume de Castille, Osca (1), en Aragonie, lesquels ne seront tenus que d'y venir de trois en trois ans. Tous ceux qui viendront audit chapitre ne manqueront d'apporter et l'argent et les droicts ordinaires et, ne venants, sera prins contumace de leur absence par le procureur de l'abbé. Que s'il arrive qu'il y ayt des prieurs qui soyent légitimement empeschés, ils envoyeront un procureur idoine et suffisant, avec un moine, si fère se peut, ou tel autre, avec suffisant pouvoir qui contienne les causes du valable empeschement, qu'ils protesteront par serment estre valable. Ceux qui ne viendront, toute excuse et empeschement cessant, et qui

---

1. Le manuscrit porte, à tort, Ost : Osca étant la forme latine de Huesa.

n'envoyeront, ainsi que dit a esté, procureurs, seront tenus de payer le double de ce qu'ils eussent despancés en leur allée et venue et séjour, jouxte nostre taxe, applicable à la réparation de nostredit monastère. Et de plus, s'il y a quelqu'un qui malicieusement néglige de venir à nostredit chapitre, la correction et la peyne croistra à mesure de la contumace et négligence, ainsi qu'il nous semblera bon et à nos successeurs. Tous ceux qui assisteront audit chapitre seront tenus de manger dans le réfectoire, estant défendu au célérier et cusinier de ne leur rien administrer ailleurs.

IV. — Et d'autant que c'est pour le plus grand bien des ames, nous enjoignons aux prieurs qu'ils ayent à accuser, au chapitre général, les excès et deffauts qu'ils auront remarqué devoir estre corrigés aux autres prieurs, et qu'ils ne se flattent point les uns les autres que, si celle est observé, les prieurs du cloistre seront tenus de subir la mesme loy, se représentant le jugement divin, afin qu'en eux ils apprennent comme ils doibvent procéder à la correction des autres.

V. — Et comme il n'appartient à aucun moine de rien posséder, sans la licence de l'abbé, nous commandons à tous prieurs que, tous les ans, ils establissent quelqu'un de nostre consentement qui fasse la vizite sur ce que chacun des frères peut avoir en son particulier et que ce qu'il se trouvera, de quelque part qu'il soit venu, qu'il soit remis entre ses mains, pour estre employé à nostre usage. Commandant très estroictement aux frères qu'en ces choses ils soyent obéyssans à leurs prieurs, que s'ils ne le sont, qu'ils soyent exclus de l'esglise et sevrés de la table des autres frères.

VI. — Deffandons estroictement que nul des frères aye à s'immiscer en aucune marchandise, et quiconque sera appréhandé en cet abominable vue de proprietté, commandons que l'argent, le blé et autres choses qu'il négociera luy soyent ostées par son prieur et icelles appliquées aux réparations de nostre monastère; de plus, ce négociateur, pour ladicte faute, sera puni régulièrement.

VII. — S'il arrive que quelque frère soit notté de quelque grave crime, son prieur ou tel autre voisin sera curieux de nous le fère sçavoir, toutesfois modestement, afin qu'il ne semble agir pour luy ravir son honneur et réputation, seulement par charité et correction.

VIII. — Et parce que l'obéyssance est plus agréable à Dieu que le sacrifice, les frères seront toujours obéyssans à leurs prieurs, que s'il y en a d'innobédians et rebelles, alors les prieurs nous le ferons sçavoir au chapitre général, ou plus tost, si l'affère ne se peut différer, nous manderont le nom et le subject qui aura porté le frère à ceste faute.

IX. — Voulant renoveller les status d'abbés d'heureuse mémoire et de quelques autres nos prédécesseurs, voulons que les prieurs statuent quelqu'un des frères qui, avec nostre consentement, dispanse de l'usage de la chair, lorsque le temps et les causes le demanderont. Nous n'entendons pas pourtant que ceste licence s'estende sur l'Avent, la Septuagésime, la sepmaine de Pasques et sur les mercredis de l'année; pour les débiles et malades, il leur sera pourveu plainement, selon le moyen et les lieux et, en ces cas, remettons à leurs consciences de dispanser lesdits malades en ce temps là.

X. — Celuy-là est trouvé peu religieux, en autre temps, qui ne l'est pas au temps de l'Avent. C'est pourquoy, nous deffendons très estroictement que personne n'ayt à manger de la chair ny des œufs, ny user mesme d'aucun laictage au temps de l'Avent; et qui fera du contrère, soit puny en autre temps à ne manger de la chair. Nous excluons de ceste ordonnance les escholiers estudians, lesquels pourront uzer des œufs, laictage et de potage faict avec la chair, que si iceux ne s'abstiennent de la chair qu'ils soyent punis de semblable peyne que les autres ; davantage, quiconque mangera de la chair le mercredi, qu'il soit puni d'en point manger le lendemain.

XI. — Sur toutes choses, que les frères soyent exacts, particulièrement ceux qui ont atteint l'aage compétant, d'observer les jeunes de l'Esglise, et quiconque les enfraindra, sans nécessité corporelle, qu'il luy soit desnié l'usage du vin par tout le jour. Quant aux jeunes de la règle, nous laissons la puissance d'en dispenser aux suppérieurs.

XII. — Et afin que la règle de nostre père sainct Benoist ne soit négligée et ignorée par ceux qui en font la profession, nous ordonnons qu'à tous les prieurés où il y aura nombre de six frères, qu'elle soit entièrement leue et puis exposée vulgairement, en son temps, tout ainsi qu'on a de coustume de le fère dans le monastère.

XIII. — Que nul des frères ayt à se retirer du lieu qui luy sera par nous desputé, sans nostre espéciale licence, excepté seulement lors de quelque grande nécessité, laquelle les prieurs tacheront de nous fère sçavoir par lettres, autrement qu'ils soyent punis rigoureusement.

XIV. — Le concile de Vienne (1) a ordonné, par meure considération, que le vestement de dessus, et l'habit le plus apparent des moines, fust noir ou brun et qu'il fust suffisamment long et rond tout à l'entour et non couppé, ayant les manches longues jusques au poing et assez larges, de plus qu'ils portent des linots honnestes ou bottes assez hautes, avec des souliers encore assez hauts, liés avec des courroyes. Que s'il y a des frères qui refusent ces sainctes ordonnances, nous, sur ce faict, voulons et enjoignons à leurs prieurs très estroictement que dores en avant leur vestiaire ordinaire leur soit osté, jusques à ce qu'ils auront amandé et réfformé leurs habits et souliers. Nous entendons aussy de mesme

1. De 1311-1312.

de ceux qui se servent de chemises de linge, ou s'il y a des prieurs, ce qu'à Dieu ne plaise, qui ayent excédé en leurs habits ou en quelqu'autre chose, mandons aux prieurs du cloistre de le leur oster et, à mesme temps, le distribuer aux pauvres et de les punir rigoureusement.

XV. — De plus, ce mesme concile ordonne que les frères usent d'un honneste capuchon, coupé sur les espaules, juxte la disposition de l'abbé. Et parce que quelques uns de nos frères ont desjà apporté de la fraude à ceste coupeure, voulons et déclairons que ladicte coupeure dores en avant soit faicte de demy pied. Quant au capuchon qui se porte hors le monastère, il sera assez ample et large et de mesme estoffe que la cucule, ou à tout le moins de sargette, qui soit bien noire.

XVI. — Deffendons curieusement que personne reçoive aucune tutelle ny cause, pour quelque parent que ce soit; et misérable est ceste personne qui le fera, sans la licence de l'abbé demandée et obtenue.

XVII. — Nous prohibons très estroictement que personne n'aye à obliger le prieuré qui luy a esté commis, ny à respondre pour quelque personne que ce soit, en engageant son administration, ne se constituant le spécial et principal debteur, soit que la chose se passe en chambre papale ou à la cour royale, ou en quelqu'autre façon que ce soit, et n'entendons pas qu'il oblige son prieuré. Et quiconque fera au contrère, que la chose soit déclairée illusoire et frustratoire, à mesme temps, et ledit prieur suspendu de sadicte administration.

XVIII. — Veu que c'est le droict que celuy-là qui pour les debtes d'autrui oblige son esglise doibt estre suspendu, nous, pour cet effect, deffendons très expressement qu'aucun ose commettre ceste grande faute, ny aussy qu'aucunes lettres ou expéditions soyent concédées à aucun par lesquelles, comme procureur, il puisse obliger son esglise ou prieuré. De plus, est prohibé que personne, au grand destriment de son ame et de la perte de sadicte administration, recognoisse à ses parents et amys des debtes fints et dissimulés par instrument public; que s'il y en a dores en avant qui tombe en ceste faute, ne mettant peyne à s'en amander, qu'il soit privé entièrement de son administration et prieuré.

XIX. — Prohibons que personne ne reçoive aucun moine, convers et donné, sans l'espéciale licence de l'abbé, d'autant qu'il y auroit en ces lieux de la surcharge. Quant aux lieux où la nécessité est d'avoir des convers, ils y seront admis et receus, ainsi que le temps et le lieu requerra et lorsqu'il plaira au suppérieur abbé.

XX. — Nos convers et donnés et tous ceux qui sont en nos prieurés, sur tous les vestements qu'ils porteront, qu'ils ayent un capuchon honneste et qui soit de couleur noire ou brune, et qu'il soit coupé sur les espaules de la grandeur d'une palme de main.

XXI. — Et d'autant qu'il est très mal faict

d'offrir à Dieu ce que les hommes rejettent, que les abbés et les prieurs qui despendent de nous et à qui d'antiquité appartient la création des moines, dores en avant ne reçoivent aucun moine ne frère qui soit boussu, boyteux, manchot, sourd ou ayant tels autres notables difformités de corps, bastards, épileptiques et telles autres infirmités corporelles par le moyen desquelles ils ne puissent converser avec les autres frères sans horreur, mespris et risée, ny aussy celuy qui ne sçaura presque lire et chanter et qui ne pourra librement estre promeu aux ordres sacrés. De plus, ne recevront ceux qui manifestement seront atteints de crime ou d'infamie, ny pareillement ceux qui seront sortis des autres religions comme apostats, ou qui seront chassés de leur cloistre à cause de leurs démérittes, d'autant que telles personnes, par leur mauvaise vie, font naistre plusieurs scandalles dans le cloistre, pour ne vouloir réformer leurs mœurs sur les autres frères. Quiconque osera attenter le contrère, qu'il sache que de trois ans il ne pourra créer ny fère aucun moine, et s'il arrive qu'ils ayent receu en l'ordre telles personnes, la profession leur sera refusée. Mais, afin qu'elle soit plus plainement observée, ordonnons que devant que recevoir aucun en la religion, qu'il soit veu et cogneu et puis diligemment examiné. Davantage, commandons, en vertu de saincte obédiance, aux prieurs du cloistre et au maistre des novices qu'ils gardent très estroictement ceste nostre ordonnance sur ce chef et qu'ils ayent encore le soing de la fère observer à tous.

XXII. — Volons aussy, s'il arrive que quelque frère par entremise humaine et séculière se procure un prieuré, qu'il sache qu'il n'aura jamais aucune obédiance, d'un an, si par la mesme voye il l'ose chercher.

XXIII. — Qu'il n'y aye aucun prieur qui présume de se retirer de son administration et prieuré, sans l'espéciale licence de l'abbé, soit qu'il soit constitué dans l'Italie, Tusque (1), Apulie (2), Sicile, Espaigne et Aragon. Tous ceux-cy pourront viziter le monastère de la Chase-Dieu de trois en trois ans, sinon, devant ledit temps, qu'il leur arrive des causes urgentes, et pour lors avec résolution de s'en retourner, pourront venir, se munissant de moyens de leur administration qu'ils croiront leur estre suffisans pour leur voyage, estant supportés, en ceste despanse, des autres monastères relevants d'eux, qui ont de coustume d'y entrer. Quiconque fera du contrère, qu'il soit privé entièrement de son administration et que jamais plus elle ny autres ne leur soyent commises.

XXIV. — Les prieurs, pour quelque temps que ce soit, ne se serviront d'aucune femme suspecte dans leurs maisons, soubs prétexte de fère la lécive, pestrir le pain ou tel autre office que ce soit.

XXV. — Toutes et quantes fois qu'il arri-

---

(1) La Toscane. — (2) La Pouille.

vera que les prieurs et les frères iront viziter leurs lieux et sortir hors le monastère, ils apporteront tousjours le froc ou la cucule. clause, jouxte la décrétale « Ne in agro ; » et qu'ils ne présument aller autrement par les villes et autres lieux, autrement commandons que les transgresseurs soyent chastiés par les prieurs du cloistre. Nous retranchons aussy toute superfluitté d'habit, soubs peyne de privation de vestiaire.

XXVI. — Que personne ne soit licentié d'aller estudier à la grammaire ou aux autres sciences suppérieures, qu'il ne sache lire et chanter et, par conséquent, cappable d'accomplir ce qu'il luy conviendra fère en l'Esglise par son rang et office, ny aussy pendant son année d'approbation, sinon que la nécessité luy permette de sortir.

XXVII. — Nous estimons ridicule estre concédé plusieurs cloistreries et obédiances à un frère, veu qu'il ne peut à mesme temps habiter en plusieurs lieux, mais seulement à un où il sera placé et logé.

XXVIII. — Veu que ce n'est pas au pouvoir de l'abbé ny des moines d'avoir des compères et commères, ny apporter les enfans à baptesme nous, à ces fins, volons cellà estre estroictement observé et si quelqu'un s'allie en ce chef, bien que ce soit l'abbé ou le prieur, seront tenus de jeuner en pain et en eau les trois vendredis suivans. Nous n'entendons pas de défendre de baptiser, lorsque la nécessité y escherra.

XXIX. — Nul prieur ou administrateur ne concédera, à perpétuité ny à temps, à ses parents, soit pauvres ou riches, les biens immeubles de l'Esglise, parce que l'on voit d'ordinaire, par tels supports, la substance de l'Esglise se dépérir. Ne disperseront aussy aucuns meubles, sinon que ce soit pour satisfère aux gages des serviteurs ou pour fère l'aumosne.

XXX. — Généralement nous advertissons tous les frères qui sont parvenus à l'estat sacerdotal, soit qu'ils soyent aux escholes ou ailleurs hors le monastère, de célébrer à tout le moins la messe une fois la sepmaine. Les autres frères non prestres, jouxte la décrétale « Ne in agro, » se confesseront une fois le moys et recevront à tout le moins leur Créateur trois fois l'an.

XXXI. — Les frères se doibvent grandement prendre garde, bien qu'ils soyent aux escholes ou ailleurs, d'obmettre leur office, sçavoir les heures canoniales, sans grande infirmité corporelle, veu qu'il ne se peut délaisser sans commettre un grand pesché, ainsi qu'il est porté par l'Esglise et par la tradition de nostre règle et par la commune interprétation des maistres.

XXXII. — Aux lieux où les frères habitent, ils se prendront garde de ne point entrer dans les maisons, sinon en nécessité de mort, pour administrer les sacrements de l'Esglise, et pour lors, ce sera par nostre licence ou des prieurs des lieux. Prendront garde néantmoins de ne manger et boire dans lesdictes maisons, ny d'y aller seuls et tacheront, tant fère se pourra, d'avoir un compaignon de mesme profession. Et tout ceux qui feront du contrère, le jour suivant seront redduits au pain et à l'eau. L'absolution de ceste faute sera réservée aux prieurs, qui seront tenus de garder la mesme deffense et soubs les mesmes peynes.

XXXIII. — L'expérience ayant faict veoir combien nuisible a esté l'indiscrétte réception des moines en nostre monastère et en ses membres, c'est pourquoy, voulant en cecy curieusement remédier, ordonnons dores en avant que personne n'aye à donner l'habit hors le monastère, de quelque estat et condition qu'il soit. Voulons seulement, jouxte la coustume et les status réguliers, qu'il soit habillé dans ledit monastère. Et, afin que nostredit monastère ne soit grevé par la multitude de nouveaux religieux, ordonnons que les abbés ne pourront recevoir à l'advenir plus haut de huit ou dix moines. De plus, commandons que le mesme soit observé diligemment par les abbés et prieurs, nos subjects, à qui d'antiquité appartient de fère ses religieux, sçavoir qu'ils ne présument de donner l'habit à aucun hors leurs monastères et prieurés. Et quiconque fera du contrère, qu'il sache qu'il est suspendu pour trois ans de fère aucun religieux, que s'il en reçoit, ce nouveau religieux créé ne sera point tenu pour estre de nos religieux, ny ne sera admis nullement à la profession. Nous déclairons les prieurs, à qui est seulement donné le pouvoir de fère et créer des moines, le prieur de Saincte-Gemme et Sainct-Robert de Cornillon.

XXXIV. — Veu qu'il est résonnable qu'un chacun tire de la commodité de son industrie, nous déclairons que les prieurs et administrateurs qui, par leur industrie, auront acquis des revenus et possessions, pourront, avec nostre licence, les retenir et jouyr tant qu'ils vivront, bien qu'ils viennent à changer de prieuré et estre transférés ailleurs par nostre obédiance, néantmoins en telle façon que les revenus et possessions jadictes retourneront sans difficulté, après leur mort, au lieu dont ils auront tiré les moyens pour acquérir lesdits revenus et possessions.

XXXV. — S'il arrive que la sentence d'excommunication soit publiquement fulminée sur quelque frère, et qu'il mesprise, dans le moys, de se fère absoudre, par un esprit endurcy, pour lors il ne luy sera baillé autre chose, pour toute nourriture, que du pain et de l'eau, jusques à ce qu'il aura mérité le bénéfice d'absolution.

XXXVI. — Constituons que nul prieur ou administrateur n'aye à acensser son prieuré à aucune personne quelle qu'elle soit, ny ecclésiastique ny séculière, qui sera constituée hors de nostre obédiance, pour une ou plusieurs années, sans nostre espéciale licence.

XXXVII. — Personne ne sera envoyé aux ordres sacrés, qu'il ne sache son office et qu'il n'aye attaint l'age compétant et requis pour telle perfection.

XXXVIII. — Et comme les hommes ne prennent point plaisir d'avoir une charge pour peu de temps, nous, à ces fins, voulons que les prieurs conventuels et non conventuels, tant qu'ils se comporteront bien en leurs charges et spirituelles et temporelles, n'en soyent point ostés, sinon en certains cas, comme s'ils sont dilapidateurs, désobéyssans, rebelles, infames et incontinents, ou atteints de quelque autre grand crime, pour lors, ils en seront ostés et rappellés dans le cloistre. Néantmoins l'on procèdera en ceste punition, sans bruit et doucement.

XXXIX. — Nous estimons estre équitable que le prieur ou administrateur de quelque prieuré, changeant de lieu pour s'en aller demeurer en un autre, pourra apporter quant à soy les meubles qu'il aura acquis, toutesfois après avoir payé les debtes et satisfaict à toutes choses, jusques à la perception des fruits. Peu importe que tels biens changent de lieux, veu qu'ils ne sont que transportés en d'autres lieux, qui nous sont tousjours subjects et relevants tousjours de nous, et par ainsi ce transport peut estre assez doucement tolléré. L'on prendra garde néantmoins que les bœufs et autres animaux, les calices et livres d'esglise, avec tous les ornements d'icelle, les couvertures des licts, les tonneaux et toutes autres utencilles nécessaires à l'usage de la maison et autres destinés à l'esglise seront délaissés entièrement aux prieurés et administration que l'on délaisse.

XL. — Pour ce qui regarde l'hospitalité et le vray office de piété, nos prieurs et autres administrateurs seront diligens de traicter décemment les personnes religieuses et, particulièrement, ceux qui vont pour prescher l'Évangile, que s'il se rencontre quelques uns négligens et fainéans, ils seront égrement argués et reprins. On se prendra garde de n'admettre jamais les gens de guerre et qui porteront les armes pour quelque subject que ce soit, conformément à la louable coustume de nostre monastère.

XLI. — Tout ainsi qu'il est porté aux actes des apostres, que chacun doibt demeurer à la vocation en laquelle Dieu l'a appellé, nous avons trouvé bon d'ordonner que nul religieux de quelque monastère, religion ou ordre qu'il soit, n'aye l'entrée en nostre compagnie ny soit transféré en nostre monastère, sinon que ce soit canoniquement, et, en cela, tout le couvent sera expressément appellé pour y donner son consentement, autrement le nouveau receu ne sera jamais tenu ny réputé pour moine de la Chase-Dieu.

XLII. — Veu que les status canoniques prohibent que les bénéfices qui ont coustumé d'estre tenus et gouvernés par les moines ne soyent nullement conférés aux séculiers clercs, ce que jusques à ceste heure a esté mal observé, nous, à ces fins, avec nostre chapitre, avons trouvé bon qu'à l'avenir cella soit observé inviolablement, rejettant tout ce qui se pourroit fère directement et indirectement et soubs couleur et apparence quelconque, les bénéfices ne se conféreront point à telles personnes, ains voulons qu'ils soyent gouvernés par les moines, ainsi qu'il a esté tousjours faict.

XLIII. — Parfois, au passé, les abbés outrepassoient les termes de discrétion par le grand nombre de chevaux qu'ils menoient quant à eux en leurs vizites, et afin qu'ils ne lèzent leurs subjects, lesquels ils doibvent favoriser par une paternelle prévoyance, et afin qu'ils n'employent un long temps où il n'en faut qu'un brief, nous ordonnons que les abbés vizitans les lieux de leur monastère n'auront passé plus haut de trèze ou quatorze chevaux. Nous volons encore ordonner le nombre et la mesure que garderont, en leurs vizites, les prieurs de Port-Dieu, de Saincte-Gemme et celuy de Sainct-Robert de Cornillon, qui sera de quatre ou cinq chevaux au plus. Nous leur deffendons en outre toute superfluité en leur manger, soit à l'agencement de leur maison et habits, d'autant que le luxe au religieux est gaucher du vray chemin de la pauvreté et honnesteté, de mesme nous entendons que les abbés qui despandent de nous n'excèdent point aussy en leurs vizites.

XLIV. — Le concile de Vienne a ordonné que les abbés et les prieurs ne pourront concéder à personne la jouyssance des droicts, rentes et possessions appartenants à la table du couvent, à vie ny à temps, c'est pourquoy nous déclairons telles concessions, ainsi que nous avons dit ailleurs, vaines et de nul effet; et volons ladicte ordonnance estre très estroictement observée. Et afin que ce statut si salutaire soit bien gardé, ordonnons que les abbés, qui seront créés hors la cour de Rome et avant qu'ils soyent receus du couvent, qu'ils protesteront par serment, sur chasque chose particulière, de ne point aliéner les lieux de la table, ny aucune chose des despandances d'icelles, ny aussi de ne commettre personne à la jouyssance d'un bénéfice, ny directement ny indirectement, soubs prétexte et couleur aucune. Semblable sèrement seront tenus prester les prieurs, obédienciers et tous autres administrateurs, lors et quand nous et nos successeurs leur commettront la charge de quelque prieuré et administration, sçavoir qu'ils n'alièneront rien qui appartienne à leur mense, pas mesme ne le loueront pour aucun temps, ainsi qu'il est déclairé par ledit concile de Vienne.

XLV. — Les moines qui sont employés ou qui le seront à l'avenir pour régir et gouverner les maisons et prieurés qui sont de nostre table, sçauront qu'ils ne se feront plus appeller dores en avant prieurs, qui est un titre de dignité, ains procureurs, pour ce qu'ils pourront estre changés, lorsqu'il en sera expédiant et d'autres subrogés en leur place, ainsi qu'il plaira à l'abbé.

XLVI. — Par meure deslibération, le concile général de Vienne a decretté qu'aucun religieux, sans le consentement de la plus grande partie du chapitre et sans l'espéciale licence de l'abbé, n'eut à emprompter aucune somme d'argent plus haut que celle qui luy sera constituée par les communs frais de la maison. Et parce que l'expérience nous a faict veoir qu'il y en a eu plusieurs à qui des bénéfices ont esté commis, qui les ont obligés si avant qu'à grand peine les a-t-on peu remettre, nous donc, voulant apporter guérison à ceste playe, déclairons la somme estre suffisante selon laquelle chasque bénéfice a coustumé d'estre taxé pour la décime, outre laquelle nul prieur ou autre ayant administration ne pourra s'obliger ny le lieu qui luy aura esté commis, principalement en chambre papale, ny soubs les sceaux du roy de France, sans nostre espéciale licence et de nostre couvent, comme il a esté jà dit. Que si quelqu'un faict du contrère, « tanquam qui dispergit quæ non colligit (1) », sera expolié entièrement de son administration, prieuré et bénéfice, n'ayant sur ceste faute aucune espérance de nostre miséricorde.

XLVII. — Veu que les armes des moines ne doibvent estre autre chose que l'oraison et les pleurs, nous commendons, soubs peine d'excommunication, que nul prieur ny moine ose publiquement porter aucune sorte d'armes de guerre ; il ne faut pas pourtant croire qu'il luy soit permis en cachette, sinon que la nécessité

---

(1) Paraphrase du 23ᵉ verset du chapitre xi de l'Évangile selon saint Luc.

ou quelque évidente utilité le demandat, et pour lors si honnestement et prudemment que cela n'escandalize ceux qui s'en pourroient prendre garde, le désarmer autrement. Sera puny jouxte le bon plaisir et la prudence du prieur qui tiendra l'ordre.

XLVIII. — Et d'autant qu'il est fort décent que l'esprit des religieux soit fort esloigné des affaires et procès, nous, soubs peyne d'excommunication, deffendons très estroictement que personne ne soit si osé d'approcher en cause quelqu'un par auctorité apostolique, sinon en la forme et manière que le droict le permet et que jamais ce ne soit en nostre nom et de nostre couvent, sinon qu'on aye premièrement demandé licence et obtenue de nous ou des prieurs du cloistre, autrement ceux qui feront du contrère seront condempnés à tous les despens, dommages et intérests, et s'ils tombent dans l'excommunication, ils pourvoyront de se fère absoudre à leurs despens, et néantmoins seront punis régulièrement, conformément et selon la qualité du faict et selon le bon plaisir du prieur qui présidera. — Fin des articles.

Cet abbé obtint de Charles IV, l'an 1325, amortissement de certaines rentes achaptées (1).

Ce fust nostre abbé de Chandorat qui obtint bulle du pape Jean XXII et qui, par son indus-

---

(1) Un inventaire de 1720 des archives de La Chaise-Dieu (fol. 218 et 239) date ces lettres d'amortissement de l'année 1326, et ajoute qu'elles furent accordées à

trie, fist unir le prieuré de Poussan à la table conventuelle ; l'exécution de ladicte bulle fust envoyée à Jean (1), évesque de Maguelonne, vers lequel ledit Chandorat envoya, pour ces fins, un de ses religieux nommé dom Estienne de Chalancon, prieur de Cabrespines, en cella successeur dudit abbé, qui l'estoit avant que d'estre abbé. Et l'an 1334, ledit évesque satisfit au commendement dudit pape, et à la prière dudit abbé mist ledit Estienne de Chalancon en réelle possession dudit bénéfice (2), toutefois se réservant deux procurations, une pour l'esglise du prieuré et l'autre pour l'esglise de Tauron, despandante dudit prieuré, et autres choses. La bulle d'union fust donnée en Avignon, le 15 de septembre et du pontificat du pape Jean XXII le 18° (3).

cette abbaye pour « nouveaux acquets » faits à Javaugues, Chanonat, Sarlhac, Teilhède, Azerat et Rocchetta (Arch. dép. de la Haute-Loire, série H, fonds de La Chaise-Dieu). — (1) Jean V de Vissec. — (2) Étienne de Chalencon, fils d'Ébrard, seigneur de Chassignolles et de N... Ayoelin de Montaigu (Courcelles, *Histoire généal. des pairs de France*, t. VIII, art. *Chalencon-Polignac*), était encore prieur de Cabrespines en 1342 (*Gallia christ.*, t. II, *instr.*, col. 95). — (3) Le 15 septembre 1333. Avant leur union à la mense conventuelle, les églises de Saint-Pierre de Poussan et de Saint-Sulpice de Thoron appartenaient à l'abbé de La Chaise-Dieu, par suite de la donation qui lui en avait été faite par Godefroi, évêque de Maguelonne en 1090, et par Gautier, son successeur, le 3 juillet 1116 (Arch dép. de la Haute-Loire, série H, fonds de La Chaise-Dieu, liasse diocèse de Montpellier) et Payrard (*Tabl. hist. du Velay*, t. VIII, p. 200) avec la date fautive du 1er juillet 1116.

Le pape Benoist XII voulant modérer la règle de sainct Benoist en faveur des bénédictins qui sont de deçà les monts, fist venir à Rome certains abbés de France pour y travailler, entre autres nostre abbé de Chandorat, ainsi qu'il appert par le règlement qui fust appellé la Bénédictine en son commencement, lequel règlement, nommé « la Bénédictine, » fust publié, le 26 juin l'an 1337, en l'assemblée et chapitre provincial des abbés des monastères portant l'habit noir, convoqués par authorité du Sainct-Siège en l'abbaye de Sainct-Pierre de la Couture, en la ville du Mans.

Nostredit abbé, en ce voyage qu'il fist à Rome, obtint quelques privilèges dudit pape en faveur de son abbaye, comme de se servir de grésse les samedis, despuis la Noel jusques à la Purification de Nostre-Dame, pour frire les œufs.

Il obtint de Philippe VI lettres d'amortisasation de 25 livres de rente, données au monastère de la Chase-Dieu par le cardinal de Rouan — qui estoit nostre Clément VI — acquises ou à acquérir; lesdictes lettres furent concédées et données à Malbuysson lès Ponthoise, l'an 1338 (1).

---

(1) Cette rente de 25 livres avait été affectée par Clément VI, alors archevêque de Rouen, à la fondation d'une chapelle à La Chaise-Dieu, « tant pour luy que pour » Nicolas Roger, son oncle, abbé de Notre-Dame de la Grasse (Arch. départ. de la Haute-Loire, série H, fonds de la Chaise-Dieu, inventaire de 1720, fol. 64 v°).

La douceur et prudence de ce prélat parust en ce que, peu de temps après son élection en l'abbaye, il appaisa un différant qui avoit duré longtemps entre l'abbé Hugo, son prédécesseur, et le couvent sur l'élection du pitancier, ainsi que j'ay faict veoir cy devant. Cet abbé donc transigea avec son couvent et, par ceste transaction, il céda et donna audit couvent ample pouvoir et jurisdiction d'eslire celuy qu'il luy plairoit pour pitancier, pour un an ou plusieurs années, ainsi que bon luy sembleroit, jugeant estre indécent, entre personnes régulières et qui ont faict vœu de mesme profession, de se guerroier par ensemble, entre lesquels la paix et fraternelle charité doibt estre estroictement gardée et observée. Ce bon et pacifique abbé voulut de plus que ledit couvent procéda à l'élection dudit office de pitancier, sans sa licence ny de ses successeurs et que ledit pitancier, rendra ses comptes au couvent ou à ses desputés, et bien qu'il fust présant dans ledit monastère, veut seulement que l'on appelle un de ses chapelains, qui y pourront venir, si bon leur semble. Donné à la Chase-Dieu, le dernier jour d'apvril, l'an 1322.

Clément VI siégeant à la chaire de sainct Pierre, à la prière de nostre Jean de Chandorat, fist expédier bulle de confirmation du prieuré de Poussan, avec toutes ses rentes et privilèges, en Avignon, le 3ᵉ des nones de julhet l'an premier de son pontificat (1).

(1) Le 5 juillet 1342.

Sur la fin du gouvernement de son abbaye, il obtint plusieurs bulles dudit Clément VI et au commencement de son pontificat, données toutes, en Avignon, le 3 des nones de julhet l'an premier du pontificat dudit Clément VI. Par la première, ledit pape veut que l'abbé nouvellement créé prendra la bénédiction de l'évesque de Clairmont, conformément aux anciens privilèges apostoliques données à ladicte abbaye de la Chase-Dieu. La seconde porte deffense aux archevesques et évesques de ne fulminer aucune excommunication sur les religieux et couvent dudit monastère et de toutes ses despandances. La troisiesme donne pouvoir à l'abbé et au prieur-mage d'absoudre les religieux, tant dehors que du dedans, relevants dudit monastère, de tous les cas réservés au diocésain. La quatriesme donne pouvoir à l'abbé, tout ainsi qu'auroit l'évesque, sur les trois paroisses, et « sede vacante, » au couvent; deffandant audit évesque de Clairmont de ne s'usurper aucun droict de vizite sur lesdictes trois paroisses (1). La cinquiesme exempte ledit monastère, avec toutes ses despandances, de la jurisdiction ordinaire des évesques et de ne payer aucun droict de vizite, si ce n'est la coustume.

Il obtint encore autre bulle, en la dernière année de son gouvernement et du mesme pape,

---

(1) Il s'agit des trois églises paroissiales de La Chaise-Dieu, sous le vocable de saint Martin, de saints Agricol et Vital et de Notre-Dame.

portant confirmation d'un traicté faict entre l'évesque de Sainct-Flour, appellé Arcambal, et luy, comme abbé dudit monastère, sur les droicts de vizite que ledit évesque prétendoit sur les esglises que ledit abbé avoit dans ledit évesché de Sainct-Flour. Après que ce différant eut duré longtemps, ce bon abbé, désireux de l'éclaircir, se porta en la ville de Sainct-Flour, accompaigné de dom Maurin de Chasteauneuf, hostalier, Egide, infirmier, de Estienne Paulhian, moine, procureur (1), de Robert, prieur de Sainct-Michel, et de quelques autres, où il pacifia toutes choses; demeure encore d'accord avec ledit évesque, pour le droict qu'il prétendoit sur le monastère des religieuses de la Vaudieu, autrement de Comps, et de toutes les esglises qu'il avoit dans ledit évesché : le tout fust confirmé et ratifié par le couvent. Ladicte composition fust, pour plus grand foy, munie des sceaux dudit évesque et abbé avec celuy encore du couvent, l'an 1339 et le 4ᵉ jour de julhet. Ceste composition fust faicte l'an 5ᵉ du pontificat du pape Benoist XII, indiction 7, laquelle, puis après, fust confirmée par Clément VI, par bulle donnée en Avignon, le premier jour de novembre, l'an premier de son pontificat (2).

Ce vertueux et vigilant pasteur, après avoir

---

(1) Les noms de l'hôtelier et du procureur ont été corrigés et complétés à l'aide de l'original de cet accord (Arch. départ. de la Haute-Loire, série H, fonds de La Chaise-Dieu, liasse diocèse de Saint-Flour). — (2) Le 1ᵉʳ novembre 1342.

régi et gouverné heureusement son abbaye l'espace de vingt-quatre ans, fust appellé par Clément VI à l'esglise de Nostre-Dame du Puy pour y estre évesque (1), où il se comporta avec tant de prudence et de bonne vie qu'il travailla grandement au restablissement des consuls du Puy, qui avoient esté cassés et punis par les roys de France, et pour ne leur avoir point esté fidélles et bons subjects, ladicte ville demeura privée de son consulat l'espace de soixante ans (2). J'ay remarqué que, lors de ce chastiement, estoit évesque du Puy un Guillaume de la Roue, qui avoit esté religieux de la Chase-Dieu, et lors aussy que les consuls ont esté restablis, çà esté soubs nostre Jean de Chandorat, qui avoit esté aussy religieux et abbé de la Chase-Dieu et qui, pour ce restablissement, estant évesque du Puy et en sa première année, qui fust l'an 1342 (3) et au mois de septembre, donna au roy Philippe de Valois la somme de 5,000 livres.

(1) En septembre 1342. — (2) En réalité, la ville du Puy fut privée, pendant 64 ans et 9 mois, de son consulat, puisqu'il fut supprimé, à la suite d'une sanglante rébellion populaire, par arrêt de la cour du Roi, d'avril 1277 (L. Delisle, *Essai de restitution d'un volume des olim, dit le Livre Pelu Noir*, n° 267), et rétabli seulement par une ordonnance de Philippe VI de Valois, donnée à Paris, en janvier 1344, n. st. (Payrard, *Tabl. hist. du Velay*, t. VIII, p. 110). — (3) Le manuscrit porte, à tort, 1347. On pourrait aussi adopter la date de 1343, la première année de l'épiscopat de Jean de Chandorat devant être comptée de septembre 1342 à septembre 1343.

Ce fust ce vertueux prélat qui, estant évesque du Puy, eut ce bonheur de translater le corps glorieux de sainct Robert, premier abbé, sur le maistre autel de la grande esglise, par bulle expresse que luy fist expédier Clément VI, donnée à Villeneufve-d'Avignon, le 16 des kalendes de novembre, l'an 10e du pontificat dudict pape Clément (1).

Jean de Chandorat tint l'évesché du Puy l'espace de quatorze ans, pendant lequel temps il fist de grands biens au monastère de la Chase-Dieu, comme en ornements d'esglise. Il donna douze mille et soixante florins d'or pour fère bastir la tour du revestiaire (2), et, pour fère veoir que c'est cet évesque, il fist mettre ses armes sur la porte d'embas, ainsi que l'on peut veoir encore aujourd'hui. Et parce que cestedicte somme n'estoit bastante pour l'acomplissement d'icelle, Grégoire XI la fist parachever. Enfin, devenu sur ses derniers jours, il fist testament, toutefois avec la licence du Sainct Père, par lequel il voulut estre ensevelly dans le monastère de la Chase-Dieu, en l'esglise de Nostre-Dame, dicte du Collège, que luy, estant abbé, fist construire et bastir, là y choisit son tombeau, qui est à costé droict de l'autel. Il donna et légua la plus grande partie de sa vesselle d'argent, pour réparer le cloistre et le réfectoire. Donna de plus audit monastère cinq cens florins d'or,

(1) Le 17 octobre 1351. La *Gallia christ.* (t. II, col. 725) date cette bulle du 2 septembre 1352. — (2) Ou trésorerie.

pour payer les fondations qu'il fist, qui furent mis en rente constituée, rapportant tous les ans douze livres de revenu; cestedicte rente fust vendue par Droco, en la paroisse de Sainct-Veron (1), avec la basse, moyenne et haulte justice. Donna encore audit couvent sa chapelle d'argent, assortie d'un calice, encensoir, burettes et croix d'argent, avec les ornements sacerdotaux, fort riches et prétieux. De plus légua douze beaux volumes de livres et plusieurs autres que je laisse d'escrire, pour n'estre prolixe.

Son corps fut ensevelly le 29e jour du moys de septembre l'an 1355, contre l'opinion de Jean Chanu qui dit qu'il mourut l'an 1358. Il mourut à Monistrol, lieu despandant de l'évesché du Puy, le 15 de septembre (2), et ce lieu s'appelle Monistrol de Bas, pour estre distingué de plusieurs autres lieux de mesme nom.

Il fonda plusieurs anniversaires pour son

---

(1) Peut-être Saint-Géron. — (2) La date du 15 septembre 1355, bien que confirmée par le frère Théodore (*Histoire de l'Eglise angélique de N.-Dame du Puy*, 1693, p. 325), est elle-même erronée, puisque le 23 octobre audit an, Jean de Chandorat ratifia un échange de bénéfices entre Durand Langogne, curé de Saint-Georges du Puy, et Jean Langogne, curé de Saint-Vosy (Arch. départ. de la Haute-Loire, G 610). On doit aussi rejeter celle du 15 décembre 1352, assignée, par l'*Histoire générale de Languedoc* (éd. Privat, t. IV, p. 406), à la mort de ce prélat, qui, ainsi que le dit avec raison Courcelles (*ouvr. cité*, t. VIII, art. *Chalencon-Polignac*), décéda le 15 septembre 1356.

ame. Le premier, fust le lendemain de la translation de sainct Robert, qu'il solempnizat, ainsi que j'ay faict veoir. Le second, le lendemain de sainct Blaise, le troisiesme, le jour de son trespas, qui fust le 15 de septembre. De plus, tous les premiers jours du moys, il se dit pour son ame une messe en l'esglise de Nostre-Dame du Collège, qu'il fist bastir et où il est ensevelly tout proche de l'autel. Davantage, par ordonnance de tout le couvent prinse en chapitre, l'hebdomadier de ladicte esglise doibt fère commémoraison, trōis fois la sepmaine, pour son ame, sçavoir le lundi, mercredi et vendredi. Voillà ce que ses vertus, bienfaicts et mérites ont acquis de la religion et de tout l'Ordre.

J'ay trouvé, que soubs cet abbé, en la seconde année de sa création en l'abbaye, l'abbaye de Montauban, qui relevoit de celle de la Chase-Dieu, fust convertie et érigée en évesché par Jean XXII. En voicy la teneur, tout du long, tirée des Extravagances dudit Jean XXII (1).

(1) Suit le décret de Jean XXII érigeant l'abbaye de Saint-Théodard de Montauban en évêché et l'affranchissant, en même temps, de la dépendance de La Chaise-Dieu et de la juridiction de l'évêché de Cahors. Dom Gardon assigne à ce décret la 4ᵉ année du pontificat de ce pape (5 septembre 1319-4 septembre 1320), alors que sa date réelle est du 25 juin 1317 et que, par conséquent, il n'a pu être rendu sous l'abbatiat de Jean de Chandorat, élu seulement le 7 mai 1318 (*Gallia christ.*, t. II, col. 342), mais sous celui de son prédécesseur Hugues de l'Arc (*Histoire... de Languedoc*, édit. Privat, t. IV, p. 424).

RIGALD DE MONTCLARD, 26ᵉ abbé.

RIGALD fust celuy qui receut de grandes faveurs de Clément VI. Soubs son règne, ledit pape Clément commença à fère bastir la grande esglise, et des foibles et peu façonnés fondements de la première esglise, il fist sortir ceste belle qui paraist, pour le jourd'huy, en sa perfection et qui est une des plus grandes et belles qui soit en toutes les provinces voisines (1).

Cet abbé obtint le pouvoir de donner la bénédiction épiscopale sur le peuple et pouvoir de recevoir le sainct cresme, la saincte huile et la consécration des esglises, cimitières, autels et calices. Par la mesme bulle, les religieux peuvent aller quérir les Ordres vers l'évesque que bon leur semblera, moyennant qu'il soit catholique et joinct de communion et de grace avec le Saint-Siège de Rome. Ceste bulle fust donnée en Avignon, le 3ᵉ des ides d'octobre, l'an premier du pontificat de Clément VI (2).

Cet abbé pria le pape Clément de donner bulle sur la composition et accord faict entre l'évesque de Sainct-Flour et son prédécesseur,

---

(1) Cf. M. Faucon, *Notice sur la construction de l'église de La Chaise-Dieu*, 1884, *passim*. — (2) Le 5 octobre 1342.

Jean de Chandorat, ensuyte des droicts que ledit évesque prétendoit sur les esglises que ledit abbé avoit dans son diocèse (1). Le tout fust accordé et puis confirmé par bulle dudit pape, donnée en Avignon, le premier de novembre, l'an premier de son pontificat (2).

Clément VI permit, par bulle expresse, à l'abbé Rigald d'avoir un autel portable, avec honneur et révérance, afin que luy et ses successeurs peussent dire la saincte messe aux lieux où ils se trouvoyent, décens et honnestes. Ladicte bulle fust donnée à Villeneuve-d'Avignon, le 15 des kalendes d'apvril, l'an 2º du pontificat du susdit pape (3).

Rigald obtint, par humble requeste, dudit pape bulle par laquelle il luy donna pouvoir et à ses successeurs, de réconcilier les esglises et cimitières qui sont dans la ville et fauxbourgs de la Chase-Dieu, toutes et quantes fois qu'elles viendront à estre polluées par effusion de sang ou de semence (4).

Ce vigilant abbé, considérant avec tout son couvent que, de tous costés, luy nayssoient des troubles et empeschements sur la jouyssance des revenus de son monastère et des prieurés despendans d'iceluy, eut recours à Sa Saincteté et, par humble prière, obtint dudit

---

(1) Voir plus haut, p.130. — (2) Le 1ᵉʳ novembre 1342. — (3) Le 18 mars 1344. — (4) Selon la *Gallia christ.* (t. II, col. 343) les dispositions de Clément VI relatives à la réconciliation des églises et cimetières de La Chaise-Dieu, sont consignées dans la bulle précitée du 5 octobre 1342.

Clément VI des lettres de recommandation aux abbés de Sainct-Martial de Limoges, de Sainct-Theofred, de Sainct-Illide, de plus à tous les abbés du diocèse du Puy et de Clairmont. Il forme donc plaincte avec tous ses religieux audit pape, disant que certains archevesques, évesques et autres prélats ecclésiastiques, veoir plusieurs séculiers comme ducs, marquis, comtes, barons et plusieurs autres nobles, comme aussy les villes, chasteaux et communautés occupoient et destenoient injustement les chasteaux, bourgs, granges et toutes autres terres, maisons, possessions, droicts et jurisdictions, les fruicts, rentes, cens et tout ce que peuvent audit monastère et abbaye de la Chase-Dieu. Le pape ainsi considérant qu'il avoit esté un des enfans de ceste auguste abbaye, comme il confesse soy-mesme en ces mots qui sont exprimés dans ses bulles : « In quo monasterio vestro, sub regulari habitu ab annis teneris militavimus et in quo etiam professionem emisimus regularem, etc., » fist commendement ausdits abbés d'empescher, à l'avenir, que le monastère ne fust plus injustement molesté en la jouyssance de son bien et de ne permettre qu'aucune injure ne fust plus infligée audit monastère de la Chase-Dieu. Ceste bulle fust donnée à Villeneuve-d'Avignon, le 2 des ides de mars, l'an 3ᵉ du pontificat de Clément VI (1).

Nostre abbé Rigald fonda deux anniver-

---

(1) Le 14 mars 1345.

saires : le premier est le 23 julhet, pour lequel il légua au couvent cent livres, qui furent employées pour achepter certaine rente au village du Malzieu ; le second est le 2 d'octobre, pour lequel il donna quatre-vingts livres au coüvent. Il gouverna quatre ans son abbaye et, le premier jour d'aoust, l'an 1346, il rendit son ame à Dieu. Je trouve que c'est le premier abbé qui a peu estre ensevelly dans la grande esglise que ledict pape avoit faict construire. Son tombeau est à l'entrée du chœur, tout proche le bénestier (1). Il ne se peut pas asseurer que ce soit le lieu, tel qu'on le voit aujourd'huy.

PIERRE D'AGRIFEUILLE, 27° abbé.

Pierre d'Agrifeuille succéda à Rigald, mais pour peu de temps, d'autant qu'il ne régna que trois moys, parce que Clément VI le tira du soing de son abbaye pour luy donner celuy de l'évesché de Clair-

---

(1) Ce tombeau, transformé de nos jours en fonts baptismaux, se voit dans le haut du collatéral de droite de l'église de La Chaise-Dieu. Il est très mutilé et, en l'absence de toute inscription rappelant l'abbé Renaud de Montclar, on s'explique que M. M. Faucon (*ouvr. cité*, p. 53) penche à l'attribuer à un membre de la famille de Beaufort, parent du pape Clément VI.

mont. Savaron, en ses *Origines de Clairmont*, dit que c'estoit l'an 1348, l'an 7ᵉ dudit pape, 20º (1) du règne de Philippe de Valois et soubs Jean, comte de Clairmont; mais il s'est trompé, car il se trouve une bulle dans les archives de ladicte abbaye du 5ᵉ an du pontificat dudit Clément, qui estoit l'an 1346 (2), donnée à un Estienne, pour lors abbé, successeur à nostre Pierre d'Agrifeuille, tèlement qu'il se voit clairement que despuis l'année 1342, que Rigald de Montclar fust esleu, jusques à l'année 1346, dans lequel temps Rigald mourut et Pierre d'Agrifeuille fist son cours, et si encore Estienne estoit entré en la charge d'abbé et, par conséquent, en l'année 1346, il falloit que ledit Pierre d'Agrifeuille occupa la chaire épiscopale de Clairmont, puisqu'il appert qu'il n'estoit plus abbé en la chaire abbatiale du monastère, ains que c'estoit Estienne Domale, son successeur, lequel obtint la susdicte bulle dudit pape Clément, l'an 5ᵉ de son pontificat.

Jean Chanu, de Bourges, advocat en la souveraine cour de Paris, en son *Histoire chronologique*, confirme néantmoins l'opinion de Savaron et dit qu'il fust créé évesque, l'an 1348 (3) et, en après, évesque d'Uzès, puis de

---

(1) Le manuscrit indique, fautivement, 22ᵉ. — (2) La 5ᵉ année du pontificat de Clément VI se compte du 19 mai 1346 au 18 mai 1347. Les déductions qui suivent sont donc erronées. — (3) « Claude Robert, prestre de Langres, en sa *Gaule chrestienne*, dit encore que ce Pierre d'Agrifeuille fust faict évesque en 1348 » (*Note de l'aut.*).

Mende et finalement de Vabres. Cela est confirmé par les pancartes de Nostre-Dame de Clairmont, ce qui ne se trouve point pourtant dans les archives de l'abbaye de la Chase-Dieu. Bien est vray qu'il se voit dans un vieux manuscript de parchemin, qui est dans les archives de ladicte abbaye, que quittant l'évesché de Clairmont, il fust appellé à celuy d'Avignon et non à autre. Je laisse au temps à vérifier ceste vérité (1).

Estant évesque de Clairmont, il unit le prieuré de Nostre-Dame d'Orcival au prieuré de Sainct-Robert de Montferrant (2). De plus, il confirma une ordonnance d'Aubert, abbé de Sainct-Allyre, et de ses religieux, qui pourtoit que quand l'abbé de Sainct-Allyre viendroit à décéder, que sa vesselle d'argent, lict, linge et autres meubles et ustenciles demeureroient au monastère, et ce fust à la prière d'Estienne, abbé de la Chase-Dieu, son successeur, qu'il approuva ladicte ordonnance.

Nostre évesque donna un beau tapis d'or,

---

(1) On ne sait rien de positif sur la carrière épiscopale de Pierre d'Aigrefeuille, et les éléments critiques font défaut pour permettre de concilier les données contradictoires fournies successivement sur lui par la *Gallia christiana*, Hugues du Tems (*ouvr. cité*), de Resie (*Histoire de l'Église d'Auvergne*), U. Chevalier (*Répertoire des sources historiques du moyen âge*, 1re édit., *bio-bibliographie*) et Mas-Latrie (*Trésor de chronologie*). Le seul point qui semble acquis, malgré l'opinion contraire de Mas-Latrie (*ouvr. cité*, col. 1508), c'est qu'il débuta par l'évêché de Clermont, en 1347. — (2) En 1347 (*Gallia christ.*, t. II, col. 288).

qui fust estimé 40 florins, au couvent, pour fonder un anniversaire le jour de son trespas, qui fust le 18 julhet l'an 1372.

ESTIENNE DOMALE, 28ᵉ abbé.

Ce fust cet abbé qui supplia Clément VI de donner bulle de confirmation sur l'accord que Jean de Chandorat avoit passé avec son couvent, pour raison de la création du pitancier (1). Ladicte bulle fust donnée en Avignon, le 16 des kalendes d'apvril, l'an 5ᵉ du pontificat dudit pape Clément VI (2). C'est par ceste bulle que l'on voit que Pierre d'Agrifeuille estoit évesque de Clairmont, en ceste année 1346, qui estoit la cinquiesme de son pontificat, puisqu'elle fust expédiée à la prière d'Estienne, son successeur au gouvernement de l'abbaye, et partant contre l'opinion de Savaron et des autres que j'ay nommés, qui tiennent qu'il fust esleu évesque l'an 1348.

Soubs son règne, se fist l'ordination des vestiaires, ainsi qu'il est porté par un livre qu'on

---

(1) Voir plus haut, p. 128. — (2) Le 17 mars 1347 et non 1346, ainsi que le dit dom Gardon, qui, dès lors, est en avance d'une année sur la date de l'avènement de Pierre d'Aigrefeuille à l'évêché de Clermont (Cf. *Gallia christ.*, t. II, col. 288).

appelle « le Domino », tout le chapitre estant assemblé, et là présidoit Bertrand de la Faye, prieur-mage. En ce mesme chapitre fust résolu que le pitancier ayant rendu ses comptes, ils ne seroient point clos et arrestés que premièrement ils ne feussent leus et expliqués à tout le couvent, pour puis après, ayant esté trouvés passables, estre signés par tout le chapitre. De plus, qu'il ne se fera aucun don et rémission par les auditeurs des comptes, sans l'exprès consentement et espéciale licence dudit couvent et chapitre. Fust encore ordonné que nul prieur claustral, ny autres officiers ou majeurs du monastère ne pourroient, tant conjoinctement que séparément, prester l'argent du couvent, sans l'espéciale licence dudit couvent et chapitre. Davantage fust statué que tous les moines, en leur entrée, apporteroient leurs licts, ou du moins s'en accommoderoient avec le pitancier, en argent, autrement ne leur seroit rien administré au réfectoir par le pitancier. Ces status et ordonnances et autres que j'obmets, furent prins et faicts à la Chase-Dieu, dans le monastère, le 15 may 1349.

Et l'année d'après, cestedicte constitution fust approuvée, confirmée et ratifiée par nostre abbé Estienne, et pour plus grand tesmoignage, il y fist apposer son sceau, le 17ᵉ d'apvril, au chasteau de Montrecours, l'an de grace 1350.

Ces constitutions font bien paroistre que la particularité commençoit d'esclore dans ceste abbaye, et que les pactes qui se trouvent dores en avant entre les abbés, officiers et couvent monstrent le refroidissement du zélle que les premiers religieux avoient touchant le bien commun. C'est icy la première convention que j'ay remarquée contre la proprietté, laquelle de temps en temps s'est télement glissée qu'elle a maintenant absorbé et dévoré cet esprit pauvre de la Religion, sans lequel ne reste plus de religion que le nom. Et bien que ces premiers abbés fissent à bonnes fins tels pactes et conventions, si est ce pourtant qu'ils ont donné prinse à la proprietté. Le temps, « edax omnium rerum (1), » consommant et dévorant toutes choses, et si avant qu'il ne reste rien plus, ainsi qu'on pourra marquer par la suytte des autres abbés.

Nostre abbé Estienne, après avoir gouverné son abbaye en bon pasteur l'espace de six ans, en fust tiré pour aller régir l'archevesché de Tholoze par Clément VI (2). J'ay bien remarqué, dans les nottes de monsieur Catel, conseiller en la souveraine cour de Tholoze, qui me furent monstrées par mr de Pumisson, son gendre, après le décès du sr Catel, que, en l'an 1352, ledit pape donna ledit archevesché à

---

(1) Ovide. — (2) Étienne III d'Omale ou Malet n'a jamais été archevêque de Toulouse. Il fut seulement nommé, en janvier 1350, après trois années d'abbatiat à La Chaise-Dieu et non six, comme le prétend dom Gardon, à l'évêché d'Elne, d'où il fut transféré, le 21 mars 1351, à celui de Tortose, en Catalogne (*Gallia christ.*, t. II, col. 344, Mas-Latrie, *ouvr. cité*, col. 2164, et *Hist... de Languedoc*, édit. Privat, t. IV. p. 358).

Estienne Cantabert (1). Je ne peux pas asseurer surement si c'est nostre Estienne Domale, ou qu'il eut indifféremment ces deux noms. Cella sçay-je bien que, dans les légendaires et manuscripts du monastère, il se trouve que ledit Estienne Domale fust tiré du gouvernement dudit monastère par Clément VI qui luy donna le régime dudit archevesché, mais l'on se sçayt pas l'année et que ce soit celle-là ou l'autre. Nostre Estienne mourut le second d'apvril, auquel jour il y a un anniversaire fondé pour son ame, et pour satisfère à la fondation duquel, le prieur de Sainct-Nectère doibt payer au pitancier, tous les ans, cinquante sols.

Je me suis prins garde que ce fust soubs ce abbé que Clément VI fonda huit vicquéries perpétuelles dans la grand esglise qu'il avoit faict construire dans ladicte abbaye, voulant qu'elles fussent déservies par huit religieux, prestres et proffès dudit monastère. Chacun d'eux est tenu de dire quatre messes toutes les sepmaines ; et pour satisfère à cella, ledit pape achepta le poids et leude majour, qui est un droict sur le sel en la ville de Montpellier, du roy Jacques de Majorque, quatre mille florins (2), lesquels doibvent rapporter de rente

---

(1) Cet archevêque se nommait Étienne Audebrand, et c'est le 22 décembre 1350 qu'il fut nommé à Toulouse, où il mourut en exercice, le 15 mars 1361 (*Hist... de Languedoc*, édit. Privat, t. IV, p. 358). — (2) Par acte passé au château du roi Majorque, à

et de revenu ausdictes huit vicquéries 250 florins d'or, du coing et « lige (1) » de Florence, qui revient pour un chacun des vicquères trente florins, les dix restans, qui faict ladicte somme de 250 florins, sont pour l'abbé, qui, par la bulle, est obligé, soubs peyne d'excommunication, un moys après le terme escheu, d'envoyer quérir les 250 florins, pour distribuer ausdits huit vicquères. A chacune de ces huit chapelles, ledit pape y fist mettre une chasuble d'or, dont il y en a quelques unes escriptes en lettres hébraïques et syriaques, le tout en or. Elles ont ceste antiquité qu'elles sont aussy rondes qu'un manteau, ce qui marque l'antiquité (2). Je mets icy une coppie de

---

Montpellier, le 27 octobre 1347 (Arch. dép. de la Haute-Loire, série H, fonds de La Chaise-Dieu, liasse vicairies du pape Clément VI). — (1) Mot de basse latinité signifiant aloi. — (2) Les chasubles de Clément VI, dont il est ici question, ne figurent pas dans l'inventaire de la sacristie de La Chaise-Dieu, dressé en 1700, mais, en revanche, on trouve dans ce document (p. 12) la mention suivante : « Trois grandes chappes, fines, tissues en broderie d'or et de soye, données par le pape Clément VI, dans l'une sont représentées divers mystères glorieux et douloureux de Jésus-Christ, la descente du Saint-Esprit et divers martyres des saints, dans la seconde sont représentés les apôtres et divers oiseaux, avec un offroy, garny et parsemé de perles, dans la troisième est représentée la vie de notre Seigneur Jésus-Christ » (Arch. départ. de la Haute-Loire, série H, fonds de La Chaise-Dieu, liasse sacristie). En 1709, ces trois chapes existaient encore (Chassaing, *Spicilegium brivat.*, p. 588).

ladicte bulle, pour autant qu'elle est très exacte en toutes ses parties (1).

ESTIENNE D'AGRIFEUILLE,
29ᵉ abbé.

Il avoit esté sacristain avant que d'estre abbé. En ceste charge d'abbé, ensuytte d'une ordonnance donnée à Vienne par le concile qui y fust tenu soubs Clément V qui y présidoit (2), par laquelle il fust dit que les prieurs et bénéficiers qui n'auroient moyen de nourrir deux religieux fussent unis au plus proche prieuré, ou jouxte la bulle de Gré-

(1) Suit la transcription de la bulle de Clément VI, donnée à Avignon, le 7 octobre 1348, par laquelle ce pape élit sa sépulture à La Chaise-Dieu et y fonde les huit vicairies citées par dom Gardon. Cette bulle a été longuement analysée par Payrard (*Nouvelle série de mélanges historiques*, 1887, p. 12), mais avec la date controuvée de 1349. Ses dispositions furent successivement confirmées par Philippe VI (Bois de Vincennes, janvier 1350), Jean II (Châtelet de Paris, 22 avril 1355), Louis Iᵉʳ, duc d'Anjou (Montpellier, 22 janvier 1365 et Villeneuve-lez-Avignon, 5 avril 1370) et le pape Grégoire XI (Avignon, 5 mars 1373 et Villeneuve-lez-Avignon, 12 août 1373). Tous ces documents sont conservés dans les archives de la Haute-Loire (série H, fonds de La Chaise-Dieu, liasse vicairies du pape Clément VI). — (2) En 1311-1312.

goire IX qui dit que « nec in aliquo prioratu unus solus monachus commoretur, sed ei qui solus est unus vel plures monachi socii adjungantur, si loci supportent facultates, alioquin revocetur ad claustrum, » cet abbé unit le prieuré de la Panoze à celuy de la Ville-Dieu, avec le consentement de son couvent, qui à l'expédition et consentement y apposa son sceau avec celuy dudit abbé. En ce temps là, le sceau des abbés estoit une Nostre-Dame, avec son petit Jésus et sainct Robert au devant à genoux, luy baillant son baston pastoral, et au dessoubs de ces images, il y avoit trois moines avec leur floc ; celuy du couvent avoit pour marque un sainct Robert seul et tout droict avec son floc : voilà la distinction qu'il y avoit entre le sceau de l'abbé et celuy dudit couvent. Je feray veoir, en son temps, comme les roys de France ont donné pouvoir audit couvent de prendre les fleurs de lys et, pour ainsi, comme ledit couvent a changé de sceau.

Ce abbé estoit fort dévotieux : il ordonna que la feste de sainct Gabriel se célébreroit en 12 leçons, sainct Anne in capis, ss. Agricol et Vital, principales, et pour tout cela, six florins furent mis dans l'arche du couvent, et ce fust le 15ᵉ de mars que ladicte ordonnance fust statuée.

Ce fust soubs ce abbé que, au commencement de son règne, le corps glorieux de sainct Robert fust translatté par le commendement que Clément VI en fist à Jean de Chandorat, évesque du Puy, ainsi qu'avons faict veoir en son lieu. En ce mesme temps, le pape Clément VI fist enchasser la teste de sainct Robert dans un riche reliquaire, faict en forme de chef, lequel se voit pour le jourd'huy dans le revestiaire dudit monastère (1).

De plus, le susdit pape donna bulle à l'abbé Estienne portant quinze ans et quinze quarantaines de pleines indulgences à tous vrais contrits et repantans qui, par dévotion, viziteront l'esglise où repose le glorieux corps de sainct Robert, le jour de sa feste et tout autant

(1) Voici la description de ce « reliquaire », d'après l'inventaire, de 1720, de la sacristie de La Chaise-Dieu (p. 4) : « Un chef avec une mitre, garnie de plusieurs pierreries, le tout d'argent doré, dans lequel est enchassé une partie du chef de saint Robert, fondateur et premier abbé de ce monastère, de vingt poulces d'hauteur, pesant environ 30 marcs, au col dudit chef est suspendue une petite croix d'or, d'un poulce et demi d'hauteur. » Comme on le voit, cette note, contrairement aux dires de dom Gardon, se garde bien d'attribuer à Clément VI la mise en châsse de la tête de saint Robert. Il est vrai que ce pape en avait eu la pensée, mais la châsse qu'il avait commandée, dans ce but, n'étant pas achevée au moment de sa mort, Raynaud Cave, son orfèvre, écrivit, en 1356, à l'abbé de La Chaise-Dieu, qu'il s'était vu dans l'obligation de la rompre, pour en employer « l'argent en provenant à faire un chef (précédemment décrit) et un bras d'argent », dans lequel on déposa « un os du bras de saint Robert » (Arch. départ. de la Haute-Loire, série H, fonds de La Chaise-Dieu, inventaire du xviiie siècle, fol. 841). La lettre de l'orfèvre Cave explique que M. Faucon (*ouvr. cité*, p. 39) n'ait trouvé « nulle trace » du chef « offert, d'après la tradition », par Clément VI « pour recueillir et conserver la tête de saint Robert. »

le jour de sa translation, donnant pouvoir audit abbé Estienne et à ses successeurs semblable faculté de commettre en son esglise des confesseurs réguliers ou séculiers, pour absoudre les pélerins qui viziteront ladicte esglise et sépulture dudit sainct. Ceste bulle fust expédiée le 16ᵉ des kalendes d'octobre, l'an 10° du pontificat dudit pape Clément VI (1).

En l'année 1352 et le 6 décembre, jour de sainct Nicolas, le pape Clément VI rendit son ame à Dieu, en la ville d'Avignon (2), et le 6ᵉ jour d'apvril, non de l'année suyvante mais de l'année 1357, ainsi qu'il se trouve dans le couvent des Carmes du Puy (3), le corps dudit pape, venant d'Avignon pour estre ensevelly dans l'abbaye de la Chase-Dieu, comme il avoit désiré par son testament, à cause qu'il avoit esté religieux de ceste maison et à laquelle il avoit faict tout plein de bien, fust reposé au couvent desdits Carmes de la ville du Puy. Ce qui faict veoir qu'il ne fust que transporté et translaté en ladicte abbaye cinq ans après son décès. Il se trouve, dans quelques manuscripts du monastère, qu'il fust ensevelly le

---

(1) Le 16 septembre 1351. — (2) Mas-Latrie (*ouvr. cité*, col. 1130) le fait mourir à Villeneuve-lez-Avignon. — (3) Médicis, dans ses *Chroniques* (édit. Chassaing, t. II, p. 198), a transcrit le texte même du « livre de la librairie des Carmes » du Puy, qui prouve que ce fut en 1353 et non en 1357, comme se plaît à le dire dom Gardon, sans doute d'après Odo de Gisscy (*ouvr. cité*, 1ʳᵉ édit., p. 504), que le corps de Clément VI fut momentanément déposé dans l'église desdits Carmes, lors de son transfert d'Avignon à La Chaise-Dieu.

8 d'apvril 1353, mais j'ajouste plus de foy que ce fust en l'année 1357, cinq ans après son décès, pendant lequel temps on s'occupa à dresser son mausolée (1), qui est de fin marbre noir, parfaictement poly, au milieu du chœur de l'esglise qu'il avoit faict bastir ; sa figure estoit en relief, au dessus du tombeau parfaictement élaboré, avec toute sa généalogie à l'entour dudit tombeau noir (2), le tout de marbre blanc. Le tout subsista jusques à la venue de nos Huguenots, qui fust l'année 1562 et le 1ᵉʳ jour d'aoust (3), et en sortirent le 15 dudit moys qui estoit la feste de l'Assomption de Nostre-Dame. Le rage desquels abbatit et mist en pièces toutes ces figures de l'entour dudit tombeau, comme aussy sa figure estronçonnée et en la face et aux mains, ainsi qu'on voit aujourd'hui à l'entrée du revestiaire de ladicte esglise. L'on voit encore aujourd'huy en un lieu eslevé sur la porte de l'esglise des Carmes du Puy, du costé du cloistre, où son corps fust posé, suyvi de cinq cardinaux (4), la pluspart de ses nepveux, comme Grégoire XI,

(1) C'est une nouvelle erreur de dom Gardon, car M. Faucon (*ouvr. cité*, p. 51) démontre, avec preuves à l'appui, qu'en avril 1351, c'est-à-dire du vivant de Clément VI, son mausolée était complétement achevé et installé dans l'église de La Chaise-Dieu, à sa place définitive. — (2) Pour l'énumération des 44 personnages figurés autour du tombeau de Clément VI, voir M. Faucon (*ouvr. cité*, p. 44 et 66). — (3) Le 2 août, suivant D. Branche (*ouvr. cité*, p. 283). — (4) Cette phrase est textuellement copiée dans Odo de Gissey (*ouvr. cité*, 1ʳᵉ édit., p. 584).

trois archevesques, six évesques (1) et de plusieurs autres prélats et comtes.

A la prière de l'abbé Estienne, le pape Innocent VI unit le prieuré de Sainct-Gervaix, de Sainct-Désirat et de Sainct-Maurice, à cause que ledit Estienne fist veoir audit pape que le revenu du chantre du monastère de la Chase-Dieu estoit trop petit pour fournir aux charges que ledit chantre estoit obligé de fère dans ledit monastère. La bulle fust donnée en Avignon, le 3 des kalendes de julhet, l'an 3ᵉ du pontificat du pape Innocent VI (2).

Et, en la dernière année de son gouvernement en l'abbaye, nostre Estienne obtint lettres pattentes de sauvegarde du roy Jean I, déclairant toutes les maisons et possessions de ladicte abbaye affranchies de tous subsides et tribus, la prenant soubs la protection et sauvegarde royalle. Donné à Belne, l'an 1361, au moys de janvier.

En ceste année 1361, Estienne rendit l'esprit à Dieu et le 21ᵉ d'aoust, auquel jour il y a un anniversaire pour son ame, pour lequel il légua au couvent cent florins. Le pitancier doibt donner des demys livraux aux religieux. Il gouverna en bon père ladicte abbaye onze ans, sept moys. Il fust ensevelly le jour de l'octave de l'Assomption de Nostre-Dame. Son corps repose en l'esglise du collège grégorien, tout proche l'autel de Nostre-Dame, à costé droict.

(1) Exactement quatre cardinaux, cinq archevêques et neuf évêques (M. Faucon, *ouvr. cité*, p. 44 et 66). — (2) Le 29 juin 1355.

GUILLAUME III GAUTIER, 30ᵉ abbé.

De son temps et en la troisiesme année de son gouvernement (1), le pape Urbain V, à la prière de tous les archevesques, évesques et abbés de France, remit à l'esglise la moytié de la décime qu'elle avoit acoustumé de payer à la chambre apostolique, à cause des guerres et pestes qui avoient esté dans le royaume. La bulle fust expédiée en Avignon, le 3 des kalendes de mars, l'an premier du pontificat dudit pape (2).

Le pape Urbain V, à la prière et supplication de l'abbé Guillaume, prit soubs la protection du Sainct-Siège l'abbaye de la Chase-Dieu, l'exemptant de toute juridiction ordinaire, deffendant expressément à tous archevesques et évesques de n'exiger aucun droict de vizite sur les esglises qui despandent de ladicte abbaye, ny de fulminer aucune excommunication ny interdit sur les religieux et couvent d'icelle abbaye, soubs peyne de l'indignation du Dieu tout puissant et de sainct Pierre et sainct Paul. Ladicte bulle fust donnée en Avignon, le 16 des kalendes d'apvril, l'an 3ᵉ du pontificat du pape Urbain V (3).

---

(1) C'est la deuxième année qu'il faut dire. — (2) Le 27 février 1363. — (3) Le 17 mars 1365. La *Gallia christ.* (t. II, col. 344) signale une bulle identique du même pape, à la date du 17 mai 1363.

L'on peut remarquer que, soubs ce abbé, la discipline régulière commençoit à s'altérer et le zélle des premiers pères à deschoir, tant à cause que les religieux recouroient au Sainct-Siège, pour estre promeus aux prieurés que pour fère entre eux des transactions concernant les charges que les officiers debvoient à l'abbé ou au couvent. Une de ces considérations porta nostre abbé de demander audit pape Urbain une bulle portant inhibition et deffense aux religieux de ladicte abbaye de ne plus avoir recours au Sainct-Siège, pour obtenir des administrations ou obédiances, chose qui redondoit au grand désavantage de la Religion, d'autant que le foible et l'insuffisant devançoit par ceste voye, les capables et plus vertueux religieux. Le pape recognoissant la remonstrance dudit abbé estre saincte et honneste, luy permit et à ses successeurs dores en avant de disposer des bénéfices et obédiances qui relevoient de son abbaye, cassant et annulant toutes lettres apostoliques que les religieux pourroient obtenir du Sainct-Siège, voulant qu'autre n'en promeut que ledit abbé, comme cognoissant beaucoup mieux la cappacité et mérite de ses religieux que le pape mesme. La bulle fust donnée en Avignon, le 3 des ides d'apvril, l'an 5ᵉ du pontificat du pape Urbain V (1).

(1) Le 3 avril 1367. A moins d'une erreur dans l'indication de l'année du pontificat d'Urbain V, cette bulle doit prendre rang dans la notice consacrée à Guillaume

En l'an 1366, ce abbé obtint lettres de sauvegarde du roy Charles V, l'an 3e de son règne, au moys de juin, par lesquelles il confirme et corrobore les privilèges de Philippe, roy de France, et déclaire particulièrement, par autorité royalle avec son Conseil, le monastère et couvent de la Chase-Dieu, tant en son chef qu'en ses membres, tant conjoinctement que séparément, leurs officiers, serviteurs, subjects, villes et bourgs, droicts et jurisdictions, hommes de garde et tout ce qui appartient enfin ausdits religieux, il prend soubs sa spéciale garde et supériorité, voulant que tout soit signifié au duc de Berry et d'Auvergne et à tous juges royaux de son royaume (1).

Nostre abbé Guillaume, après avoir gouverné l'abbaye cinq ans et six moys, fust recognu pour estre homme de bon sens et de grande conduitte par les religieux de l'abbaye de Sainct-Médard de Soissons, qui le demandèrent au pape Urbain V, pour la régir et gouverner et conduire ladicte abbaye de Soissons, qui est une des plus célèbres et anciennes du royaume de France, édiffiée par le roy Clotaire I aux fauxbourgs de ladicte ville (2).

de l'Orme, successeur de Guillaume Gautier, car il est hors de doute que ce dernier fut nommé abbé de Saint-Médard de Soissons, en 1366 (*Gallia christ.*, t. IX, col. 420). — (1) On trouvera le texte de ces lettres, données à Paris, en juin 1366, dans Secousse (*Ordonnances des roys de France*, t. IV, p. 647). — (2) Vers l'année 560. Guillaume Gautier gouverna cette abbaye de 1366 à 1371, date de sa mort (*Gallia christ.*, t. IX, col. 420).

GUILLAUME IV DE L'ORME, 31ᵉ abbé.

En l'an 1367 (1), il se trouve une transaction passée entre nostre abbé Guillaume et un nommé Pierre Vyanerius, infirmier, qui demandoit audit abbé ou à son pitancier la livraison du vin et du pain du cuisinier qui aprestoit les viandes des infirmeries, tant de la Sainct Jean et de Sainct Martin que de celles de la Noel. De plus, vouloit ledit Vyanerius, infirmier, que le lundi, mercredi et samedi son cuisinier eut deux tortons ou pains pour la peyne qu'il prenoit à coupper les raves et les choux, pour mettre au potage ou pour préparer l'entrée de la table. Fust donc amiablement convenu que l'abbé donneroit audit infirmier un convers de sa cuisine, qui n'estoit pas trop occupé au temps desdictes infirmeries, pour aprester les viandes desdictes infirmeries, et que ledit infirmier luy donneroit la moitié d'une pièce de chair les jours qu'on en mangeroit ausdictes infirmeries, et pour le mercredi, vendredi et samedi, il luy donneroit des œufs et du fromage, comme à un des autres

---

(1) Cet acte, dont l'original existe aux archives départ. de la Haute-Loire (série H, fonds de La Chaise-Dieu, liasse infirmerie), est du 14 janvier 1368 (n. st.). Dom Gardon en avait à tort inséré l'analyse dans la notice de Guillaume Gautier, bien que par sa date il émane sûrement de son successeur.

religieux qui sont ausdites infirmeries, n'estant tenu ledit infirmier de luy bailler autres gages ny salaire. Il est encore dit, par ladicte transaction, que quand il faudra du pain et du vin pour fère les entrées de table, ledit abbé sera tenu de le fournir.

Du temps de ce abbé, tenoit la chair de sainct Pierre Grégoire XI, qui affectionnoit grandement l'abbaye de la Chase-Dieu, qu'il honnora de cinq bulles, toutes obtenues par la supplication de Guillaume de l'Orme et de tout son couvent. La première est en forme de lettre que nostre abbé luy pria d'escrire à l'abbé de Sainct-Martial de Limoges, à l'abbé de Sainct-Chafre, au diocèse du Puy, et au prieur de Sainct-Caprèse en Agenois. Ayant donc faict veoir, par humbles remonstrances à Sa Saincteté, que la plus grand part des prieurés despandants de son abbaye estoient tenus et possédés par les prestres séculiers, au grand destriment de la Religion et particulièrement des religieux qui estoient pour lors, qui, de toute ancienneté, avoient jouy et gouverné lesdits prieurés et bénéfices. A ces fins, ledit pape expédia lettres de recommandation aux susdits abbés, portant que, en vertu du rescrit apostolique, un d'eux ou plusieurs eussent à réduire les prieurés et bénéfices despandants dudit monastère ausdits religieux qui avoient de coustume de les avoir tenus, despuis soixante ans en çà, et les oster de la main desdits prestres séculiers, pour les réduire en leur premier estat par autorité apostolique. Ledit rescrit fust donné en Avignon, les kalendes de mars, l'an 2ᵉ du pontificat de Grégoire XI (1).

Ce abbé obtint autre bulle du mesme pape portant rabbais de la moytié de la décime imposée « in Camera apostolica, » en faveur de l'abbaye de la Chase-Dieu. Ladicte bulle fust donnée en Avignon, le 7 des kalendes de mars, l'an 2ᵉ du pontificat dudit pape (2).

Confirmation fust donnée par autre bulle dudit Grégoire de tous les privilèges que Clément VI, par bulles exprèsses, avoit donné audit monastère, le prenant avec toutes ses despandances soubs la protection du Sainct-Siège, portant excommunication et interdit sur les faulx détenteurs du bien d'icelle et de ses despandances. Données en Avignon, le 17 des kalendes d'apvril, l'an 6ᵉ du pontificat du pape Grégoire XI (3).

Bulle de fulmination fust donnée à Viterbe, les ides de mars, l'an 8ᵉ du pontificat dudit pape Grégoire XI (4), contre l'archevesque de Bourges qui imposoit nouveaux subsides, soubs apparence de droict de vizite et procuration aux prieurés qui sont dans sondit archevesché, despandants de ladicte abbaye de la Chase-Dieu.

En l'année 1372 (5), le cardinal Guillaume du tiltre de Sainct-Estienne in Cœlio Monte, chamarier du sacré collège des réverends pères cardinaux, faict veoir, à tous présant et ave-

(1) Le 1ᵉʳ mars 1372. — (2) Le 20 février 1372. — (3) Le 16 mars 1376. — (4) Le 15 mars 1378. — (5) Le 30 avril 1372 (*Gallia christ.*, t. II, col. 345).

nir comme, à la supplication et prière de l'abbé Guillaume de l'Orme, le pape Grégoire XI, du consentement du sacré collège des cardinaux, eut esgard aux humbles remonstrances dudit abbé et à cause des grands guerres et pestes qui avoient esté en ces contrées, et que les religieux mesme ne pouvant estre nourris, à cause du grand nombre et du peu de revenu dont jouyssoit seulement pour lors ladicte abbaye, réduit l'annatte que souloit payer ladicte abbaye à la Chambre apostolique, à tous changements d'abbés; l'annatte estoit de 3,000 florins d'or et fust réduitte à 2,000.

Nostre abbé Guillaume de l'Orme a esté le premier de tous les abbés qui, prévoiant que le temps pourroit morfondre le zélle des abbés, et qu'ils pourroient estre plustost attentifs à la conservation de leurs prieurés particuliers que du bien du monastère, fist partage du bien et revenu de l'abbaye avec son couvent, et donna ausdits religieux en corps certains prieurés, les revenus desquels ils administreroient et jouyroient plainement et paisiblement, pour leur entretien et nourriture que ledit abbé leur souloit administrer, en ce qui concerne la pitance. L'on pourroit bien dire icy qu'il y a peu avoir de la flatterie et que la particularité se poussa plus avant que soubs les autres abbés, en ce que c'estoit se vouloir redimer du soing et nourriture que ledit abbé debvoit à ses religieux, mais quant à moy, prenant la face la plus belle, je crois que prévoyant que les commendes estoient, en certains endroits, indif-

féremment introduittes « ad tempus, » que avec
le temps elles seroient perpétuelles et que, par
ainsi, les religieux seroient mal-nourris et
menés, c'est plustost une marque de bon sens
et jugement que d'un refroidissement de zélle
penchant vers le libertinage, tèlement que ce
partage doibt plustost redonder à son honneur
et gloire qu'à son déshonneur et turpitude.
Donc, du consentement du couvent et après
une meure délibération, ayant prins pour arbitres en ceste affaire le prieur de Montverdun,
au diocèse de Lyon, et dom Albert de Masen-
gon, des deux parties amiablement prins et
esleus, fust donné par ledit Guillaume de
l'Orme, abbé, audit couvent, pour se reddimer
de la pitance et cuisine, le prieuré de Poussan,
au diocèse de Maguelonne, le prieuré de Cabrespine, au diocèse de Rodez, le prieuré de
Chaliers, au diocèse de Sainct-Flour, le prieuré
de Sainct-Remy, le prieuré de Sainct-Robert
du Puy, tous deux au diocèse du Puy, avec
tous leurs droicts, membres et despandances,
rentes et revenus. Donna encore et quitta ledit
abbé au couvent tous les cens, rentes et toutes
les pantions qui appartiennent à l'office de la
pitancerie et cuisine. De plus, donna le droict
qu'il avoit sur les sépultures de la ville de la
Chase-Dieu, comme aussy la leude du sel de
ladicte ville jusques à 52 cartes de sel, ledit
abbé se réservant le surplus. Cède et concède
tout le boys qu'il sera nécessaire pour ladicte cuisine et pour la chambre du célérier,
à prendre dans le boys de Mausun, non tou-

tefois du boys de chaine, tant qu'il y en aura d'autre. Il y a d'autres choses qu'il quitta audit couvent, que j'obmets. Ledit abbé en cédant audit couvent le susdit, le charge de certaines réserves, comme de cinq quintals d'huille (1), chasque année, et d'autres choses dont le nom est maintenant incogneu. Ledit abbé se réserve encore des raisins, de l'espicerie, certains poissons salés. Toutes lesquelles choses ledit couvent se charge de les fère apporter audit lieu de la Chase-Dieu, à ses frais et despans; se réserve encore certaine quantité blé et avoyne. Ladicte transaction et composition se trouve tout du long dans le coustumier du monastère, appellé « le Domino. » Elle fust acommencée l'an 1369, et l'an 1370 (2), les sceaux dudit abbé et du couvent y furent apposés, et tous les religieux, capitulèrement assemblés au son de la cloche, à la façon acoustumée. Elle fust arrestée le 6ᵉ jour de julhet, en l'an 1372.

Le neuviesme an du règne de Charles V et le 2 d'octobre de la susdicte année [1372], fust donné lettres d'amortissement de 300 livres, acquises ou à acquérir par le pape Grégoire XI au lieu de Vercillac, diocèse du Puy, pour certaine fondation que fist ledit pape dans le monastère de la Chase-Dieu.

Ce pape, à l'imitation de Clément VI, son oncle, choisit sa sépulture dans l'esglise de

(1) Le document original porte trois quintaux (Arch. dép. de la Haute-Loire, série H, fonds de la Chaise-Dieu, liasse abbé). — (2) Le 6 juin 1370 (id.).

l'abbaye de la Chase-Dieu, et ce par testament exprès qui se voit dans les archives de ladicte abbaye, fort avantageux et une des plus nobles pièces qui soit dans le monastère. J'en mettray icy une partie pour fère veoir l'affection et le grand zélle qu'il pourtoit à ceste abbaye. Il voulut donc que son corps — mourant toutefois de deçà les monts — fust porté par les religieux de la Chase-Dieu en leur monastère, ou par tels autres nécessaires, pour y estre ensevelly devant le grand autel ou à un des deux costés d'icelluy, ainsi que les exécuteurs de son testament jugeront le plus décent, et sans qu'il apporte empeschement aux ministres qui serviront à l'autel. Il est deffendu très expressément qu'on ne luy dresse aucun tombeau qui soit eslevé, seulement veut une pierre estre mise sur son corps, rais terre et à l'esgal du pavé de l'esglise. Il fonde dans le monastère un collège nommé Grégorien, où il y avoit un office faict par 30 moines, du nombre desquels sera tiré le prieur claustral et le sacristain. De plus, veut que six dudit nombre, qui seront trouvés les plus docilles et propres aux lettres, soient envoyés aux estudes à Paris, continuèlement et succédant les uns après les autres, quatre desquels estudieront en théologie et les autres deux en droict canon, ou bien tous six en théologie, selon le bon vouloir des exécuteurs de sa dernière volonté. La destitution et création desdits 30 moines appartient à l'abbé, qui est et qui sera, et en la mesme forme et manière que luy appartiennent les autres moines de la grand esglise, excepté toutefois que le pape veut et ordonne que vingt d'iceux seront prins du païs de Limozin et les dix restans d'Auvergne ou d'ailleurs, selon la volonté de l'abbé. Et à tous ces 30, ledit abbé leur pourvoira de vivres et vestements, tout ainsi comme aux autres cloistriers. Et pour les six estudians à Paris, ledit abbé les entretiendra comme il est porté par l'ordonnance de la Bénédictine faicte par le pape Benoist XII, son prédécesseur. Fonde de plus, par le mesme testament, deux chapellenies qui seront servies par deux religieux dudit monastère, qui auront chacun 15 livres de rente ; les deux chapelles seront desdiées l'une à l'honneur de Nostre-Dame et l'autre à l'honneur de sainct Sébastien. Les deuxdictes chapellenies seront à la disposition de l'abbé, tout ainsi que celles d'heureuse mémoire Clément VI, son oncle. De plus, ledit pape Grégoire XI légua un beau reliquaire d'argent doré, assorty de belles pierres précieuses, dans lequel reposoit le bras de sainct André (1), lequel il voulut qu'il demeura éternellement dans ladicte abbaye et monastère. Les exécuteurs de son testament sont chargés de fère bastir et édifier une belle chapelle, joignante la grand esglise et de laquelle l'on peut

(1) Dans l'inventaire précité de la sacristie de La Chaise-Dieu, dressé en 1700, un os du bras de saint André y figure, mais non le reliquaire de Grégoire XI, qui avait été remplacé par « un bras d'argent blanc, sur un pied d'ébène, pesant onze marcs, une once et six gros d'argent, fait en 1667 » (p. 2).

aller, sans sortir au dehors, dans la grande. Veut aussy que les 30 religieux habitent dans le mesme dourtoir des autres moines, que s'il n'est assez ample, veut qu'il soit agrandy et amplifié, à ses despens et en telle façon que le nouveau dourtoir n'aura autre porte que celle de l'ancien. Il est encore dit que si la susdicte chapelle, où feront le divin service, ne se pouvoit édifier, à cause de la malice du temps ou pour quelque autre empeschement, il veut que l'esglise desdiée à Nostre-Dame, qui a esté bastie et édifiée par Jean de Chandorat, évesque du Puy et jadis abbé dudit monastère, serve à ces 30 religieux pour y fère le divin service. Enfin, pour la fondation du collège Grégorien et le bastiment de la chapelle et agrandissement du dourtoir, ou pour dotter les deux chapellenies, ledit pape Grégoire donne et concède à sondit collège et à l'abbé, qui est et qui sera audit monastère de la Chase-Dieu, 45,000 florins d'or, nonobstant plusieurs autres biens qu'il donna, ladicte somme n'estant pas suffisante pour l'acomplissement du contenu.

L'abbaye de la Chase-Dieu n'a point esté honorée du corps de ce grand et vertueux pontife, d'autant qu'il alla mourir à Rome. Ce fust ce pape qui, par l'avertissement de saincte Brigide, remit le siège à Rome, septante ans après que Clément V eut tenu la cour de Rome en Avignon (1). L'on a peu notter qu'il n'avoit

(1) Plus exactement 67 ans, puisque Clément V fixa sa résidence à Avignon, en mars 1309, et que Gré-

choisi que sa sépulture dans l'abbaye de la Chase-Dieu en cas qu'il mourut de deçà les monts et non autrement, ainsi qu'il appert par sondit testament, néantmoins, s'estant remis à Rome, continuant tousjours en sa première affection d'estre ensevelly dans ladicte abbaye, il ratifia de nouveau, par codicille, huit jours avant que de rendre son ame à Dieu, qu'il vouloit estre enterré dans ladicte abbaye de la Chase-Dieu, ainsi que je feray veoir plus amplement en son lieu(1). Ce fust ce pape qui fist parachever la tour du revestiaire, acommencée par Jean de Chandorat, ainsi qu'a esté dit en son lieu. De plus, il fist parachever les couvers des deux esglises, donna beaucoup de chapes et vestemens d'esglise grandement prétieux; et le tout est faict pendant le règne de nostre abbé Guillaume de l'Orme, lequel eut ce bonheur d'estre favorizé de tant de biens.

Il y eut soubs ce abbé un grand procès entre les vicquères du pape Clément VI, d'heureuse mémoire, et le pitancier, infirmier et chamarier, pour raison des droicts qui appartenoient ausdits vicquères, par lesdits pitancier, infirmier et chamarier, à cause de leur office. Ceste dispute ayant esté agitée et desbatue fort long-temps, lesdictes parties eurent recours au pape Grégoire XI qui, pour pacifier et accorder ledit différant, donna expresse commission et de

goire XI ne quitta cette ville qu'en septembre 1376, pour aller résider à Rome. — (1) Voir plus haut, p. 132.

vive voix nomma Pierre, archevesque de
Rouen, et Guydo, évesque de Poitiers, avec le
consentement de l'abbé et du couvent de la
Chase-Dieu. Enfin, estant capitulèrement
assemblés au son de la cloche, ledit abbé Guillaume de l'Orme, Pierre Vianer, prieur-mage
aussy infirmier, André Ganhe, chamarier,
Adhémar Royrand, pitancier, avec tout le
couvent ou la plus grande partie d'iceluy,
d'une part, et les huit vicquères desdictes
vicquèries dudit pape Clément VI, d'autre,
pour esviter toute matière de discorde et de
dissention, les deux parties souhettant et voulant parvenir à une vraye paix, Pierre archevesque de Rouen, et Guido, évesque de Poitiers, cy dessus nommés, par le commendement
et vouloir du très sainct père le pape Grégoire XI et par l'expresse commission qui leur
fust faicte de vive voix pour appaiser ledit différant et question, entre eux convinrent en ceste
sorte : sçavoir que les vicquères des chapellenies
du pape Clément VI jouyroient et recevroient
tous les droicts, vestiaires, portions et deniers
que le simple moine non bénéficier du monastère a de coustume, tous les ans, de recevoir du
du pitancier, infirmier et chamarier. Et là, dans
la mesme transaction, lesdits pitancier, infirmier et chamarier promettent de leur payer et
administrer les droits, vestements, portions et
deniers, et ce par sèrement solempnel, tout ainsi
qu'à un simple moine non bénéficier. De plus,
promettent unanimement de ne point contrevenir à ladicte constitution et ordonnance,

mais de l'observer selon sa forme et teneur, et pour plus grande asseurance et cautèle, promettent et jurent en mettant la main sur la poitrine, à la façon des prestres, et par la vertu dudit jurement ont voulu lesdits pitancier, infirmier et chamarier, tant pour eux que pour leurs successeurs, vouloir estre contraints, pour l'accomplissement du susdit, par devant la cour dudit abbé et de l'Ordre. Furent présents et pour tesmoings Louys de Montboissier, Pierre de Puymaurin, doyen de Barcelone, et plusieurs autres. Donné en chapitre, dans le monastère, le 6 d'octobre l'an 1375, indiction 13, l'an 5e du pontificat de Grégoire XI (1).

Nostre abbé Guillaume gouverna heureusement ladicte abbaye l'espace de 12 ans, 7 mois et 2 jours. Il mourut le 12 octobre, et le lendemain il fust ensevelly au devant de l'autel de la chapelle des Anges, l'an de Nostre Seigneur 1377. Il fist une fondation pour son ame, le jour de son enterrement, pour laquelle il donna au couvent six taces et coquemars nommés mariales. De plus, il donna audit couvent 40 livres, pour autre fondation qui se doibt fère le 23 d'aoust; les six taces et coquemars

---

(1) Cette transaction se trouve vidimée dans une bulle de Grégoire XI, donnée à Villeneuve-lez-Avignon, le 3 août 1376, qui en ratifie les dispositions (Arch. départ. de la Haute-Loire, série H, fonds de La Chaise-Dieu, liasse vicairies du pape Clément). Nous avons cru devoir corriger les erreurs des noms propres et de la date du jour, commises par dom Gardon, à l'aide du vidimus en question.

d'argent furent donnés par luy, douze jours avant son décès.

ANDRÉ AYRAUD, 32ᵉ abbé.

Il confesse soy-mesme, dans une transaction avec son couvent, comme il fust receu religieux en l'abbaye, dès ses jeunes ans, dans laquelle il profita si bien qu'il devint docteur ès droicts et puis fust esleu abbé à la place de Guillaume de l'Orme (1). Il estoit d'un naturel doux, affable et courtois ; son désir n'estoit autre que d'avencer le bien de son abbaye et de ses religieux qui, au commencement de son règne, recognoissant qu'ils avoient trouvé un bon et vigilant pasteur et prélat, luy demandèrent, avec toute humilité, accroissement de bien, pour pouvoir mieux satisfère à leur entretien, ne pouvant point s'en acquitter à cause des guerres et mortalité, suyvant les transactions passées entr'eux et l'abbé son prédécesseur. Ce que considérant, l'abbé André, meu de sa naturelle bienveillance au contentement et bien de ses frères religieux, leur donna libéralement, pour anéantir le murmure qui acomencoit de naistre entre les frères, et consi-

---

(1) Il estoit enfant de la ville du Puy (*Note de l'auteur*). André Ayraud est aussi connu sous le nom d'André de Chanac.

dérant aussy leur pauvretté et le peu de revenu qu'ils jouyssoient pour satisfère à la pitance, le prieuré de Sainct-Denys de Combarnazat, au diocèse de Clairmont; leur quitta de plus toutes les réserves que son prédécesseur s'estoit réservé, ainsi que j'ai faict veoir en son lieu (1). Quitta encore au couvent cent cestiers soigle et soixante d'avoine, avec 23 livres tournois que ledit abbé avoit acoustumé prendre de rente sur les prieurés de Sainct-Dier et de Sainct-Gervaix, au diocèse de Clairmont. Davantage, donna dix livres tournois qu'il prenoit de pension sur le prieuré de Grana (2). Ladicte constitution et composition fust faicte l'an 1378 (3), dans le chapitre dudit monastère estant capitulèrement assemblé, au son de la cloche, à la façon acoustumée.

Il donna son consentement à l'union du prieuré de la Chaulm, pour plus ample entretien des 30 religieux du collège Grégorien, lesquels, après avoir représanté aux exécuteurs du testament de Grégoire XI qu'ils ne pouvoient s'entretenir de la fondation jà faicte audit collège, pour ne jouyr des biens de ladicte fondation qui ne paroissoient point encore. Ledit prieuré estant pour lors tenu en commende par Jean, prestre cardinal du titre de Sainct-Marcelin, qui le donna ausdits 30 religieux de la fondation dudit pape Grégoire XI, pour pou-

(1) Voir plus haut, p. 160. —(2) Aujourd'hui Le Prioré, commune de Granne (Drôme). — (3) Le 15 mars 1379, n. st. (Arch. départ. de la Haute-Loire, série H, fonds de La Chaise-Dieu, liasse Saint-Denis-Combarnazat).

voir mieux se nourrir et s'entretenir, en l'an 1382, et la confirmation et bulle d'union, avec la susdicte transaction et composition, fust obtenue de nostre abbé André, l'an 1392 et le 15ᵉ du pontificat du pape Clément VII, antipape, siégeant en Avignon lorsque Urbain VI siégeoit à Rome. Ladicte bulle fust expédiée en Avignon, le 6ᵉ des ides de janvier (1). Il faut icy mettre que ledit prieuré de la Chaulm estoit, avant son union, tousjours despandant de l'abbaye de la Chase-Dieu, et estoit tenu et gouverné par les religieux de ladicte abbaye, en particulier et comme administrateurs et obédianciers.

Prévoiant que le temps pourroit anéantir et effacer de la mémoire des hommes les constitutions et accords faicts touchant les charges des abbés et officiers du monastère, il les fist compiler et mettre par ensemble dans un rouleau de parchemin, pour y avoir recours et refuge toutes et quantefois qu'il naistroit quelque différant pour raison desdictes charges. Ce rouleau fust appellé « le Domino, » duquel fust faict extraict, l'an 1502, par Pierre Aribioni, maistre des novices, et le 4 de juin, un vendredi, à l'heure de complies, ceste coppie fust parachevée et puis après réduite en un volume couvert de bazane noire, qui est encore pour aujourd'huy et en sa perfection, ainsi que ledit rouleau qui se voit encore, avec sadicte coppie, dans les archives du monastère, sur

---

(1) Le 8 janvier 1393.

lequel l'on prend règlement sur les différants, bien que ce soit une pièce qui faict veoir clairement tout plain de fautes qui militent tout à faict contre l'esprit de Religion, où l'on peut remarquer encore la particularité et proprietté qui ruine et abbat tout à faict les maisons les plus religieuses et les plus régulières en leur gouvernement, comme il appert dans ledit monastère de la Chase-Dieu qui, despuis cesdictes conventions, a esté grandement affligé.

En l'année 1380 et le 16e du règne du roy Charles V, fust donné arrest en parlement en faveur de l'abbé André et de son couvent, en confirmation des franchises, exemptions et privilèges royaux et particulièrement des lettres de sauvegarde du roy Charles V contre les ducs de Bourges, d'Auvergne et comte de Poitiers qui demandoient audit abbé et monastère de la Chase-Dieu le droict de garde et autres choses. Ledit arrest fust prononcé l'an susdit et le 14 du moys d'aoust.

Pendant que ce abbé tenoit le gouvernement de l'abbaye, Grégoire XI quitta par mort celuy de la chaire de sainct Pierre à Rome. Lequel, huit jours avant que rendre l'esprit (1), fist un cocidille, par lequel il confirme le testament qu'il avoit desja faict en Avignon, l'an 1374, où il se voit qu'il avoit esleu sa sépulture dans le monastère de la Chase-Dieu, venant à mourir de deçà les monts. Or, par ce codicille, ledit pape déclaire, que bien qu'il meurt dans

---

(1) Il mourut le 27 mars 1378.

Rome et dans l'Italie, qu'il veut que son corps soit emporté en l'abbaye de la Chase-Dieu, pour là y estre ensevelly. Et pour ce faire, il veut que son corps soit porté funèbrement en l'esglise de Sainct-Pierre, où se feront ses obsèques, sans pompe et vanité, lesquels estant parachevés, veut que son corps soit emporté en l'esglise de Saincte-Marie la Neuve, qui est dans la ville (1), et que là son corps soit déposé avec grande recommendation, jusqu'à ce qu'il pourra estre transporté commodément et avec seureté audit monastère de la Chase-Dieu, auquel il confirme, par ce nouveau testament, tous les dons et légats qu'il avoit desja faicts audit monastère par le premier testament. De plus, il faict un nouveau légat de tous ses biens acquis, meubles et immeubles de quelque sorte et condition qu'ils soyent. Veut que pour satisfère aux charges du premier testament, faict en Avignon, que ledit monastère prenne cent mille florins d'or, que les Florentins luy debvoient des esmoluments et revenus qui luy appartenoient, pendant le temps qu'il avoit gouverné l'esglise romaine. Pour n'estre prolixe, je ne mettray pas d'autres choses qu'il y a. Nostre abbé André, en l'année 1401, 23 ans (2) après et le 4 du moys de juin, fist vidimer ledit testament en la cour épiscopale d'Avignon, où siégeoit pour lors Egide, évesque d'Avignon.

Les Romains empeschèrent que l'abbaye

---

(1) Sur la voie Appienne. — (2) Le manuscrit porte, fautivement, 27 ans.

de la Chase-Dieu n'eut point l'honneur d'avoir le corps de ce Souverain Pontife, et ne volurent jamais permettre que son corps fust transporté où il avoit esleu sa sépulture, tèlement le peuple romain s'estimoit estre obligé à ce vertueux pape, pour y avoir remis la chaire de sainct Pierre, qui avoit esté divertie en Avignon septante ans durant (1). C'est pourquoy, ils luy dressèrent un des plus superbes mozolées qui fust dans Rome (2), qui paroist encore pour le jourd'huy fort splendide, et ce pour avoir acquis le titre de second père de la patrie et restaurateur de la chaire de sainct Pierre. Je n'ay pas encore rien trouvé dans l'abbaye de la Chase-Dieu qui m'aye appris que les religieux de ce temps là eussent esté payés des cent mille florins d'or que ledit pape leur avoit donnés, par son dernier testament, sur les Florentins : aussy est-il croyable qu'ils n'en eurent rien, puisque le corps leur fust refusé.

En l'an 1390, le prieur et le couvent des pères Chartreux de Bonnefoie firent accord et alliance spirituelle, associant l'abbé et tout le couvent de la Chase-Dieu à tous les suffrages et prières de tout l'ordre des Chartreux, promettant particulièrement, tous les ans, de célébrer un office de mort solempnel en leur maison de Bonnefoie, le 12 octobre, en tesmoignage de ladicte alliance et association, laquelle fust

---

(1) Plus exactement 67 ans. — (2) Dans l'église de Sainte-Marie-la-Neuve.

faicte le 15 may, l'an susdit, à laquelle furent apposés les sceaux des deux maisons.

André Ayraud fist confirmer de nouveau le privilège de Charles V sur la totale exemption des monastère et despendances d'iceluy, à Paris, l'an 1398.

Les religieux du monastère de la Chase-Dieu, considérant les biens qu'ils avoient receus de l'abbé André, fondèrent plusieurs anniversaires pour son ame. Le premier fust l'an 1394, siégeant en chapitre Pierre Vianer, prieur-mage, avec tout le couvent capitulèrement assemblés au son de la cloche, à la façon acoustumée. Tous lesquels, pour recognoissance de la réparation que ledit abbé avoit faicte au costé du cloistre, appelé de l'Espace, ainsi qu'il appert par ses armes qui sont à la voulte dudit cloistre, composées de *trois roses dans un chevron brizé* (1), ou pour avoir faict bastir la librèrie, qui est au dessus dudit cloistre, aussi voltée, ou pour plusieurs beaux ornements d'esglise et une mitre richement assortie de pierres prétieuses, luy promirent, durant sa vie, que l'hebdomadier de la messe matutinalle ou conventuelle diroit une collecte pour luy, tous les jours, et après son décès, que ledit hebdomadier en diroit une comme un trespassé, après celle du pape Clément VI. En ce mesme chapitre, auquel fust résolu de fère ceste prière pour nostre abbé André, il

---

(1) Ses armes étaient : *d'argent au chef d'azur, au chevron de même, accompagné de 3 roses de gueules, 2 et 1* (Chroniques de Médicis, ouvr. cité, t. I, p. 243).

fust faict aussi participant, de grace espéciale, de tous les biens, aumosnes, jeunes, abstinences et messes, enfin de tous les suffrages qui se feront dans ledit monastère ou dans les despandances et membres d'iceluy (1).

Maurice de Montgranat, prieur-mage (2), avec le consentement et volonté de tout le couvent, ordonne, veut et concède qu'après la mort dudit abbé, l'hebdomadier du grand autel dudit monastère, revenant du tombeau du pape Clément VI de fère l'absolution ordinaire, en fera de mesme sur le tombeau dudit abbé, qui est à l'entrée du chœur droict, où là il l'absoudra en disant un « de profundis » avec l'oraison « da nobis Domine; » et c'est en considération de plusieurs réparations que ledit abbé fesoit en plusieurs endroicts de l'abbaye. En ceste mesme assemblée et chapitre, fust accordé audit abbé que ledit couvent diroit plusieurs messes pour son ame, à cause de mille escus d'or que ledit abbé donna audit couvent. De plus, il donna cinq cens livres d'or pour estre distribuées, le jour et le lendemain de sa sépulture, à tous les religieux présants et selon la forme et teneur du roolle qui seroit faict par un des religieux. Le couvent promit d'acomplir ce que dessus et obligea, tant pour luy que pour ses successeurs, tous

(1) Ladicte transaction fust passée l'an susdit (1395, n. st.) et le second de janvier (*Note de l'auteur*). —
(2) Ce prieur-mage fust celuy qui fist fère le cimetière qui est au devant la grant porte de l'esglise, pou lequel il mérita une fondation (*Note de l'auteur*).

les biens dudit couvent. Ladicte transaction fust faicte à la Chase-Dieu, en plein chapitre, tous les religieux assemblés au son de la cloche, le 22 d'aoust 1410.

De plus, ce abbé donna à son monastère, l'an 1406, au moys d'apvril (1), 2500 livres d'or, pour estre employées à fère une caisse pour y reposer le corps glorieux de sainct Robert.

Donna encore 330 livres d'or, pour douze anniversaires, un chaque moys, les jours sont cottés « in terrario claustri. » Ce abbé voulut que la feste de sainct Benoist se célébra, à l'advenir, comme un « duple » et non comme un « in capis ; », ainsi qu'elle avoit acoustumé. Le lendemain de ladicte feste de sainct Benoist, il fonda un anniversaire pour soy et pour sa mère, pour lequel il remit au couvent 7 cestiers soigle, 6 poules et 70 sols de rente à prendre au prieuré de la Chaulm. La transaction fust passée à la Chase-Dieu, le 2 janvier l'an de Nostre Seigneur 1411. Environ ceste année, se firent les sépulchres qui sont joignant la chapelle de Sainct-Benoist, et dans celuy qui est du costé droict, qui est maintenant descouvert d'en bas, y est ensevelly un André Ganhe, maistre des novices et chamarier, lequel fist fondation, le 11° apvril l'an 1412, jour de son décès.

Nostre abbé André fist une autre fondation, oultre les douze cy-dessus mentionnées, le

---

(1) D'après Payrard (*Nouvelle série de mélanges historiques*, t. I, p. 300), cet acte serait du 11 juin 1406.

lendemain de son décès, pour son ame et de tous ses parents, pour laquelle il fonda certaine livraison de pain et de vin, avec douze deniers à chasque religieux et frère convers, et pour survenir audit frais, il deslivra 400 escus d'or, sçavoir 250 escus d'or et les 150 en monnaie du Roy. Du revenu desdits 400 escus, se fesoit ledit payement de ladicte fondation, faicte en chapitre et soubs le sceau d'icelluy, le 2 d'octobre l'an 1417.

Ce fust ce abbé qui fist enchasser le bras de sainct Sébastien, en la forme et figure qu'on le voit aujourd'huy (1).

Il fist une constitution par laquelle est ordonnée la forme du régime du bien du couvent, comme à fère les arrentements, à entendre les comptes, lesquels ne se clauront qu'à préalable ils ne soyent leus et expliqués à tout le couvent, comme aussy les desputés du chapitre ne feront aucun présent ny rabbais aux fermiers, sans l'adveu et exprès consentement de tout le couvent. Ladicte ordonnance marque que le bien dudit couvent sera gouverné par deux prieurs, à tout le moins, trois hebdomadiers et leurs officiers. Elle fust faicte le 3 de mars, l'an 1419, et le 9 dudit moys et an, elle fust représantée

(1) L'inventaire de 1700 de la sacristie de La Chaise-Dieu, cité plus haut, mentionne en ces termes les reliques de saint Sébastien (p. 2) : « Un bras d'argent doré, avec la main transpercée d'une flèche, dans lequel est enchassé un os du bras de saint Sébastien, de 23 poulces et demy d'hauteur, pesant, avec son pied, environ 22 marcs. »

à tout le couvent, en plein chapitre, qui l'approuva, et les prieurs, officiers et hebdomadiers protestèrent de l'observer et de n'y contrevenir, comme feront tous ceux qui, à leur entrée au régime de la maison, jureront de bien administrer et se comporter fidèlement et en bons économes.

En l'année 1420 et le 15 du moys de mars (1), Godefroy de Montmorin, recognoissant le grand destriment que l'abbé de la Chase-Dieu, avec tout son couvent, souffroit en reculant la vendange de la paroisse de Montmorin, en ce que chacun vendangeoit à sa volonté et sans ordre, ce qui causoit une extraordinère peyne et despanse aux prieurs de Paulhat; c'est pourquoy, ce bon et vertueux seigneur passa transaction avec l'abbé André et tout le couvent, ordonnant dores en avant que nul de ladicte paroisse ne vendangeroit que par part et par ordre, fors et excepté sa maison et chasteau de Montmorin et les officiers d'icelluy, et en contreschange de ceste faveur, ledit abbé et couvent se chargèrent de dire six messes en haut l'année, aux jours qui se trouvent marqués « in terrario claustri, » dans lequel livre l'on pourra plus amplement veoir la teneur de ladicte transaction.

Notre abbé André a excellé en réparations,

---

(1) Le 22 avril 1420, suivant un acte de confirmation de cet accord, consenti, le 16 novembre 1464, par Charles de Montmorin, petit-fils dudit Godefroy (Arch. dép. de la Haute-Loire, série H, fonds de la Chaise-Dieu, liasse Pauliat).

en ornements d'or, en diverse façon de vaisselle, en livres et particulièrement en la muraille de l'abbaye du costé du fort. Il gouverna son abbaye, en bon pasteur et prélat, 43 ans, 4 moys et 15 jours. Il mourut à Chantegoul, le 12 de may l'an 1420; son corps fust emporté honnorablement en ladicte abbaye, où il fust ensevelly à l'entrée du chœur, du costé droict.

Il se trouve que, en l'année 1418 (1), les prieurés de Sainct-Didier, de Sainct-Gervais et de Monistrol furent unis à la mense conventuelle, par les humbles supplications qu'en fist l'abbé André au pape Martin V, qui en fist expédier bulle d'union, le premier an de son pontificat, à Genève, le 3º des kalendes d'aoust (2). La cause de ceste union fust que le nombre des religieux estant de huictante, ils n'avoient pas suffisament pour se nourrir et habiller.

HUGO DE CHAUVIGNY, 33ᵉ abbé.

EN l'année 1420, indiction 13 et le 5 de juin (3), l'an 3ᵉ du pontificat de Martin V, Hugo fust créé abbé de la Chase-Dieu et tiré de l'abbaye de Menat, où

---

(1) Le manuscrit porte, à tort, 1417. — (2) Le 30 juillet 1418. — (3) Selon la *Gallia christ.*, (t. II, col. 347 et 1420), Hugues de Chauvigny fut élu abbé le 21 mai 1420.

il estoit aussy abbé. Sa capacité et son intégrité obligèrent les religieux de ladicte abbaye de la Chase-Dieu de jetter l'œil sur luy, pour les tenir, régir et gouverner. Il arriva à la Chase-Dieu, en l'année 1421, et le mardi 15ᵉ du moys d'apvril, il prinst possession de ladicte abbaye, et parvenu au devant de la grand porte de l'esglise, où se trouva le prieur-mage, nommé Astorge Roger, avec tous les religieux, qui tenant en main une carte de parchemin qui contenoit les status dudit monastère, en fist lecture audit Hugo de Chauvigny, afin qu'il eut à promettre et à jurer d'observer les constitutions, status, libertés et compositions dudit monastère. Ce qu'ayant entendu, ledit Hugo, abbé, jugeant cela estre de droict et de raison, ayant devant luy et tenant entre ses mains les saincts Evangiles, promit à haute voix d'observer lesdictes constitutions et status, en ceste forme : « Nos Hugo, abbas monasterii Casæ Dei, juramus ad sancta Dei Evangelia manualiter tacta, nos custodire et inviolabiliter tenere et observare statuta, consuetudines et libertates ac franchesias honestas, ab antiquo observatas et solvere denaria quæ consueverunt solvere ipsi conventui prædecessores nostri, etc.; ut inventur in Bullario, fol. IIᶜ LXXXVIII. »

En l'année 1423, fust prononcée sentence par cet abbé que les prestres séculiers de la Chase-Dieu feroient garde dans le monastère, lorsque le danger seroit éminent.

En la première année de son élection en

l'abbaye, les religieux d'icelle recognurent sa sincérité au régime, tant du temporel que de l'espirituel, estans très aises d'avoir rencontré un homme si débonnaire. Il arriva, cinq ans après son élection et en l'année 1426, que le feu consomma la plus grande partie de la ville de la Chase-Dieu, ainsi que le diable l'avoit annoncé à sainct Robert, lorsqu'il vint habiter ces déserts.

Comme cet abbé estoit de grande maison, il avoit de la faveur, si que il obtint lettres du roy Charles VII portant confirmation et sauvegarde sur tous les biens et revenus de son monastère de la Chase-Dieu, données à Vienne, l'an 1434, au moys d'apvril, et du règne de Charles VII le 12ᵉ.

Il obtint bulle du pape Martin V, en la première année de sa création, par laquelle ledit pape luy permet et à ses successeurs et, en son absence, au prieur-mage, d'absoudre de tous cas à luy réservés, excepté d'homicide volontaire ou mutilation de membres, tous les religieux et couvent de l'abbaye de la Chase-Dieu. La bulle fust donnée à Florence, le vIIIᵉ des kalendes d'aoust et l'an 3ᵉ du pontificat dudit pape Martin V (1).

Il obtint encore du roy Charles VII lettres d'amortisation de 30 livres de rente, acquises ou à acquérir au pays d'Auvergne ou de Vellay ou à chacun d'eux, sans justice, données par messire Gilbert de la Fayette, chancelier et

---

(1) Le 25 juillet 1420.

grand mareschal de France, pour une fondation d'une chapelle qu'il a fondée dans le monastère. Lesdictes lettres furent expédiées à Montluçon, le 7e apvril, l'an 1426, après Pasques, et de son règne l'an 4e. Les messes de la fondation de la Fayette doivent estre dictes par les quatre prieurs; ladicte fondation fust faicte l'an 1425 et le 27 apvril (1).

En l'année 1429 et le 12e du pontificat de Martin V, le couvent fist change du prieuré de Sainct-Cirgues avec celuy de Monistrol-d'Allier, qui appartenoit audit couvent et celuy-là de Sainct-Cirgues au sacristain de ladicte abbaye. La cause de cella est exprimée dans la bulle que ledit pape Martin en fist là dessus expédier, préalablement ayant veu le consentement de l'abbé Hugo, de la licence qu'il en donna tant audit sacristain qu'audit couvent. Ladicte bulle fust donnée à Rome, le 8e des ides d'apvril l'an susdit (2).

Le pape Nicolas V octroya bulle à l'abbé Hugo et à tous ses successeurs et, à son absence, au prieur-mage, portant le pouvoir d'absoudre de toute excommunication, suspension et interdiction et de tous autres cas réservés au Sainct-Siège, fors et excepté l'homicide volontaire ou mutilation de membres, tous les religieux et couvent de l'abbaye de la Chase-Dieu. Ladicte bulle fust donnée l'an

---

(1) Par acte du 30 juillet 1448, le maréchal de La Fayette fonda en outre une chapelle à La Chaise-Dieu (Payrard, *Nouvelle série de mélanges historiques*, t. I, p. 301). — (2) Le 6 avril 1429.

1450 et la 4° du pontificat dudit pape Nicolas V (1).

Soubs le règne de ce abbé, Guido Marchet, prieur-mage de ladicte abbaye et prieur de Parthenay, donna un beau reliquaire à l'honneur de sainct Laurent, pesant trois marcs, trois unces et unze deniers, dans lequel il y avoit un propre fer de la grille dudit sainct Laurent et de la porte dorée de Jérusalem.

Cet abbé fonda, le 5 des moys, un anniversaire (2). Il donna 40 escus pour fère célébrer la feste de sainct Michel duple, à la façon du vieux office.

Il obtint lettres d'amortisation de plusieurs cens et rentes de Louis XI, l'an 1464.

Après avoir gouverné en bon pasteur le monastère l'espace de 45 ans, il en remit le soing à son nepveu Raynaud de Blot, après toutefois s'estre réservé pansion dessus le revenu de ladicte abbaye. Il vesquit, après avoir faict ladicte résignation à sondit nepveu, 13 ans, 2 moys et trois jours. Il mourut à Chantejoul, le 2 d'aoust de l'an 1478 (3) et, le lendemain, son corps fust porté en l'abbaye de la Chase-Dieu et repose au lieu où on lit les épistres. Il fist de grands biens au monastère, ses armes le font paroistre en tout plain de lieux. C'es-

---

(1) Entre le 19 mars et le 31 décembre 1450. — (2) Par acte du 13 mai 1448 et moyennant une somme de 670 écus en principal (Payrard, *ouvr. cité*, t. I, p. 301). — (3) Le manuscrit porte, par erreur, 1465, qui est l'année de sa résignation (Cf. *Gallia christ.*, t. II, col. 347 et D. Branche, *ouvr. cité*, p. 263).

toit un grand zélateur de l'obéissance régulière, et en soy et en ses inférieurs. Il estoit simple en ses vestements, coucher et manger. C'est lui qui a faict fère le corps du logis abbatial et la grande aigle qui est au milieu du chœur.

Soubs cet abbé se fist la désunion du prieuré de Sainct-Jean de Burgos de l'abbaye de la Chase-Dieu. Il arriva que certains moines dudit prieuré, des mieux sensés, se plaingnirent au Pape et au roy d'Espaigne de l'incommodité qu'ils avoient d'aller fère leur profession en l'abbaye de la Chase-Dieu, d'où ils despandoient, disant que les moines perdoient l'esprit de dévotion qu'ils pouvoient avoir contracté en l'année d'approbation, dans les long chemins qu'il leur falloit fère. Et à cause de la grande observance régulière qui se practiquoit pour lors en l'abbaye de Sainct-Benoist de Valladolid, ils s'unirent à ladicte abbaye. Il fust ordonné que les monastères d'Espaigne qui recognoissoient ceux de France, ne les recognoistroient plus à l'advenir. Ledit monastère de Sainct-Jean de Burgos demeura soubs la jurisdiction de l'abbaye de la Chase-Dieu 346 ans, et puis fust uny à l'abbaye de Valladolid, l'an 1436. Il y eut un grand procès entre ladicte abbaye de la Chase-Dieu et les religieux de Burgos. Les plus vertueux de ces religieux se plaignoient à l'évesque de Burgos, nommé Paul (1), homme très docte

---

(1) Paul de Sainte-Marie, ancien rabbin juif converti, mort évêque de Burgos, le 29 août 1435.

et vertueux, et à son frère Alvarez Garcia de Saincte-Marie, qui estoit chroniste du roy Jean II (1). Ce fust celuy qui représenta l'incommodité au roy, disant que cella n'estoit nullement bon. Le Pape renvoya ce différant à des évesques et ledit roy aussy. J'avois tiré tout ce procédé au long du III⁰ tome des origines de sainct Benoist que j'ay perdu. Le voicy recouvré : « Alvarez Garcia de Sancta Maria, chronista regis Johannis II, eidem regi persuasit ut monasterium Sancti Joannis de Burgos ab ecclesia Sancti Roberti Casæ Dei, Claromontensis diocesis, dependens, ab eodem dimitteretur ob distantiam locorum, et congregationi sancti Benedicti Vallisoliti uniretur ; quod auctoritate Eugenii papæ IV, anno 1436, confirmatum est. Et ibidem notatum quod ante reformationem tantum sex monachi ibi degerent, cum tamen nunc ibi de præsenti triginta sunt, etc. Domni Fernandez sententia, auditis partibus. Episcopo de Burgos, domino Pablo, dicta executio demandata est, etc. »

RAYNAUD DE CHAUVIGNY DE BLOT, 34ᵉ abbé.

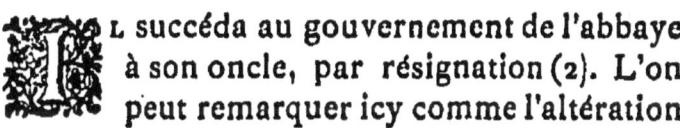

IL succéda au gouvernement de l'abbaye à son oncle, par résignation (2). L'on peut remarquer icy comme l'altération

---

(1) Roi de Castille et de Léon. — (2) Faite en 1465 et confirmée, la même année, par le pape Paul II (*Gallia christ.*, t. II, col. 347).

commençoit de se glisser dans la sincérité que l'on avoit acoustumé de garder en telles élections. Néantmoins bien que telles promotions pour l'ordinaire ne fassent bien prospérer ceux qui entrent par telles voyes, celuy-cy s'est comporté en bon et vigilant pasteur. Il estoit auparavant d'estre abbé, infirmier de ladicte abbaye (1). Il demeura abbé 25 ans, 10 moys et mourut fort heureusement le 9 de may, jour de lundi, à huit heures du matin, l'an 1491. Et le lendemain matin, il fust enterré au devant des chaires diaconales, proche du grand autel. C'estoit un homme de qui la réputation le rendoit grandement recommendable. Il estoit doué de plusieurs vertus, grand amateur de l'hospitalité, des réparations et d'avoir un grand nombre de religieux.

C'estoit ce vertueux abbé qui fist fère les habits d'or qui sont au nombre de unze pièces, et tient-on que ce fust de la despouille d'un des religieux de ladicte abbaye, lesdits habits portent néantmoins les armes de la maison de Blot, de laquelle il estoit sorti (2). Ce fust ce mesme abbé qui fist fère, pour l'utilité et mesnage du monastère, un grand tonneau qui contenoit cent charges de mulets, que le temps et la négligence des religieux ont laissé despérir,

(1) On le trouve occupant les fonctions d'infirmier dès l'année 1455 (Arch. dép. de la Haute-Loire, série H, fonds de La Chaise-Dieu, liasse infirmerie). —
(2) Ces armes étaient : *écartelé, au 1 et 4 de sable au lion d'or ; au 2 et 3 d'or, à trois bandes de gueules* (La Chesnaye-Desbois, *ouvr. cité*, 2ᵉ édit., t. IV, p. 412).

au frontispice duquel tonneau, il y avoit en relief ses armes. Un chacun des estrangers qui venoient veoir ledit monastère estoit curieux de se fère montrer, comme par rareté, ceste pièce. De plus, il fist fère une bonne partie du grand reffectoire, comme il appert par ses armes, et l'autre partie fust faicte par son successeur en l'abbaye.

Il fonda une messe, tous les moys, pour son ame (1). En la mesme année de son trespas, Beraldus Belonis, prieur-mage, prieur de Beaucaire, fist fère les armoires qui sont dans la tour du revestiaire, pour tenir le bras de sainct André, l'image de Nostre-Dame (2) et les chefs de sainct Benoist et sainct Robert et de saincte Ursule, et plusieurs autres beaux reliquaires qui estoient pour lors dans le revestiaire, une bonne partie desquels du despuis ont esté vendus et perdus par la mauvaise conduicte des religieux de ce temps là, comme je feray veoir en son temps. Lesdictes armoires furent faictes en la façon qu'on les voit à pré-

(1) Cette fondation est du 29 octobre 1479 (Payrard, *Nouvelle série de mélanges historiques*, t. I, p. 302).
— (2) Au sujet de cette image, on trouve la mention suivante dans l'inventaire précité de la sacristie de la Chaise-Dieu, de l'an 1700 (p. 4) : « Une image de bois doré en quelque endroit et le reste peinct de Notre-Dame, dans le bas de laquelle est enchassé une pierre du tombeau de Notre-Dame..., laquelle image est exposée sur le tombeau de la reine d'Angleterre, qui est au haut du chœur, toutes les fêtes du grand premier ordre. Le trou où est la susdite relique est bouché d'un beau christal, soutenu d'une petite pièce d'argent, faite en ovale. »

sent, pour la somme de 40 livres qui fust donnée par ledit prieur-mage.

Je trouve que le prieuré de la Ville-Dieu fust uny et incorporé à la mense conventuelle, soubs le régime de nostre abbé Raynaud de Blot. Ledit prieuré estoit tenu d'ancienneté par des prieurs particuliers et jusques à un Jean Matusson, lequel en fist résignation entre les mains du pape Sixt IV, en faveur des religieux de ladicte abbaye de la Chase-Dieu, et c'est afin que les vestiaires desdits religieux fussent augmentés et particulièrement pour oster et supprimer une mauvaise coustume, ou plustost une corruption qui s'estoit glissée dans ledit monastère dès longtemps, sçavoir que chasque nouveau religieux, en son entrée, debvoit apporter son lict ou donner au pitancier douze escus d'or de France. Ledit Jean Matusson, pour abroger cet abus, fist démission dudit prieuré entre les mains du pape Sixte IV, ensuitte de laquelle l'abbé Raynaud fist prière audit pape, suppliant Sa Saincteté d'unir et incorporer au corps du monastère de son abbaye ledit prieuré de la Ville-Dieu, tant à cause du peu de revenu dudit monastère qu'à cause de la grande affluence de moines qui se rendoient dans ladicte abbaye et monastère. A laquelle requeste ledit pape fist expédier bulles d'union dudit prieuré et en faveur de ladicte abbaye, l'an 1477, les ides de décembre et l'an 7ᵉ du pontificat dudit pape Sixte IV (1).

(1) Le 13 décembre 1477.

JACQUES DE SAINCT-NECTÈRE,
35ᵉ abbé.

Cet abbé estoit doux, affable, amateur de la chasteté. Sorty des barons de Sainct-Nectère (1), il fust esleu abbé l'an 1491 et le unziesme de may, jour de mercredi, agé de 30 ans. Après avoir demeuré dans le monastère 18 ans, auparavant que d'estre créé abbé, il estoit prieur de Saincte-Gemme, prieuré conventuel despandant de ladicte abbaye. Il gouverna fort heureusement son abbaye l'espace de 27 ans. Çà esté un des insignes bienfaiteurs de ce monastère; ses armes paroissent de tous costés (2). Il enrichit la sacristie en joyaux, calices, croix, reliquaires et de toutes orfeuvreries, chasubles, chappes de divers couleurs et particulièrement de noire, en nombre de dix-huit pièces, parsemées de larmes blanches, tissées avec l'estoffe qui est de noire, les orfrais de ces habits de mort sont parfaictement bien faicts et riches. C'est ce mesme abbé qui fist fère ceste belle tapisserie qui se voit encore dans ladicte abbaye, qui est une des pièces des mieux faictes et des plus

---

(1) Il était fils d'Antoine de Saint-Nectaire et d'Antoinette de Montmorin (*Dictionnaire... de Moréri*). — (2) *D'azur, à cinq fuseaux d'argent accolés en fasce.*

riches qui soit en tout le royaume (1). Il a faict fère plusieurs autres ornements et parements d'autel, pour bien orner l'esglise. Le cloistre, chapitre et refectuère font paroistre combien il se plaisoit aux réparations. Je laisse à part plusieurs maisons qu'il a faict construire en divers lieux du monastère, nommément l'infirmerie en faveur des malades, avec sa chapelle qui est fort belle. C'est encore ce mesme abbé qui a faict bastir l'esglise du prieuré de Chantejol, avec une très belle chapelle, qu'il y a au dedans, enrichie de belles figures tout à l'entour. C'est luy qui a faict fère le parquet.

Dix ans après qu'il fust créé abbé, le roy Louis XII donna à ladicte abbaye et couvent nouvelles armoiries, ainsi qu'il se voit cy-dessoubs, tiré par extraict de son original, procurant dom Guillaume Macé, ouvrier de ladicte abbaye, par le commendement dudit abbé et à la supplication de noble homme Guillaume de Poictiers, seigneur de Clérieu, gouverneur de Paris.

Lettres du roy Louis XII par lesquelles il

---

(1) On voit encore de nos jours 14 de ces belles tapisseries qui, en 1700, dans l'inventaire déja cité de la sacristie de l'abbaye, figurent au nombre de 18, dont 17 avec des « figures. » Deux d'entre elles, employées à « couvrir le marchepied du grand autel, » étant fort « uzées, » par suite de cette affectation pour le moins singulière, furent déposées, vers la fin du xviie siècle, dans la « chapelle de Saint-Jean hors la ville » de La Chaise-Dieu, dont les dernières mentions remontent à l'année 1760.

permet à l'abbaye de la Chase-Dieu de prendre les fleurs de lis, disposées ainsi qu'elles sont cy-dedans painctes :

Louis, par la grace de Dieu roy de France, sçavoir faisons, à tous présants et advenir, que nous avons receu l'humble supplication de nos chers et bien aymés les religieux, abbé et couvent de l'abbaye de la Chase-Dieu, contenant que, de longtemps, ils ont esté fondés en leur esglise par feu de bonne mémoire le pape Clément sixiesme de nom et par nos prédécesseurs roys de France qui en ont faict, donné et distribué de leurs biens, tant pour la manutention et vivres des religieux que pour l'entretènement de ladicte esglise et service divin d'icelle, en laquelle sont faicts, dits et célébrés plusieurs prières et oraisons, en commémoration de leurs fondateurs et bienfaiteurs. Et pour ce qu'en ladicte abbaye ils n'ont aucunes armes pour fère apposer en leurdicte esglise, maisons et appartenances d'icelle, ils prendroient volontiers, pour desmontrer de leursdits fondateurs principaux, les armes équartelées des deux quartiers dudit feu pape Clément et ès autres deux quartiers, trois fleurs de lis d'or de rang, selon et ainsi qu'elles sont cy-dedans painctes et figurées(1), si nostre plaisir estoit leur donner

---

(1) Une fort curieuse lettre de dom Jacques Boyer, moine bénédictin de la Chaise-Dieu, publiée dans la *Continuation des mémoires de littérature et d'histoire* (1729, t. VIII, partie I) et qui nous a été aimablement signalée par M. Paul Le Blanc, décrit ainsi les armes de l'abbaye de La Chaise-Dieu (p. 191) : « *Écartelées au*

sur ce nos lettres de congé, don et licence. Pour ce est-il que nous ce que dit est considéré, et à ce que lesdits religieux, abbé et couvent de la Chase-Dieu soyent plus encleins à prier Dieu pour nous et les ames de nosdits prédécesseurs, à ce aussy qu'ils puissent mieux desmontrer et donner à cognoistre de leursdits fondateurs et bienfaiteurs principaux, à iceux religieux, abbé et couvent, pour ces causes et autres bonnes considérations à ce nous mouvants, avons donné et octroyé, donnons et octroyons, de nostre grace espéciale et plaine puissance et auctorité royalle, voulons et nous plait qu'ils puissent porter ou fère porter, servir, mettre et apposer en leurdicte abbaye et autresdits lieux quelconques, despandants d'icelle, lesdictes armes équartelées, cy-dedans painctes et figurées, comme chose sans empeschement. Si donnons en mandement, par cesdictes présantes, aux balifs de Montferrant, de Sainct-Pierre-le-Moustier (1) et de Vellay et aux prévosts desdits lieux et à tous nos autres officiers ou à leurs lieutenants, présants et advenir, et à chacun d'iceux, que de nos présants grace, don, congé et licence ils fassent, souffrent et laissent

1 et 4 d'argent, à la bande d'azur accompagnée de six roses de gueule, qui est de Roger, famille du pape Clément VI, au 2 et 3 de France ; sur le tout le bâton ou crosse de saint Robert, d'argent posé en pal. » — (1) C'est en vertu de lettres d'évocation données, en 1362, par le roi Jean II, que l'abbaye de La Chaise-Dieu était justiciable du bailliage de Saint-Pierre-le-Moutier (Arch. départ. de la Haute-Loire, série H, fonds de La Chaise-Dieu, inventaire de 1720, fol. 233).

jouyr et user lesdits religieux, abbé et couvent et leurs successeurs, plainement et paisiblement, et mettant et ostant ou fesant mettre et oster tous troubles et empeschements qui leur pourroient estre faicts, mis ou donnés au contrère, en quelque manière que ce soit, car tel est nostre plaisir, nonobstant quelconques ordonnances et restrictions, mandements et deffenses à ce contraires. Et afin que ce soit chose ferme et stable à tousjours, nous avons faict mettre nostre scel à cesdictes présantes, sauf en autres choses nostre droict et l'autruy en toutes. Donné à Paris, au moys de febvrier, l'an de grace 1501 et de nostre règne le quatriesme. Signé, Boyer; par le roy, le s^r de Clérieu, gouverneur de Paris, et autres présants.

En l'année 1497, la foudre tomba par deux diverses fois sur le toit de la grand esglise, et le 25 du moys d'aoust, jour de vendredi, à l'heure de complies. Ledit toit fust si oultrageusement offensé qu'à peyne peut-on sauver et garantir les grosses cloches. Après que ceste foudre eut passé, l'ouvrier fust contrainct de fère fère une bonne partie dudit couvert de ladicte esglise.

Ce vertueux et débonnaire abbé mourut l'an 1518. Son corps repose au devant des degrés du grand autel. Ça esté le dernier abbé de la robbe, aussy ne remarque-t-on rien estre arrivé, dans ceste abbaye, que toutes choses sinistres et malheureuses despuis ce temps là. La discipline et l'esprit de religion estaints, les noises et desbats allumés et le testament de nostre père sainct Robert vérifié, qui prédit à ses disciples et aux successeurs d'iceux, que où et quand ils ne garderont la charité et l'union fraternelle entre eux, qu'ils souffriront toutes sortes de malheurs et afflictions d'esprit et qu'ils seroient en butte aux calomnies du monde. Ce qui est véritablement arrivé, comme l'on remarque par la suitte des affères qui sont arrivées dans ce monastère, despuis que la commende a eu lieu dans iceluy, parce que les religieux estant privés de leur légitime père, se sont oublyés à toutes sortes de desbordements : les abbés commendataires n'estant que curieux de leur revenu temporel et non point du salut des ames des religieux. Le 25 d'octobre, jour de son ensevellissement, estant décédé le jour auparavant (1), il y a fondation pour son ame.

(1) D'après son épitaphe, rapportée par la *Gallia christ.* (t. II, col. 348), il mourut le 27 octobre 1518. Le 15 octobre précédent, il avait fait son testament, à La Chaise-Dieu, par devant notaires. Entre autres dispositions, on y relève de nombreuses fondations pieuses, le don de diverses dîmes à la mense conventuelle de l'abbaye, l'affectation d'une somme de 400 écus d'or, « valant 800 livres, » à l'édification de son tombeau et à la célébration de ses funérailles, un legs de 400 livres pour l'établissement d'une balustrade, en pierre de Volvic ou de Jahon, autour du grand autel de l'église de La Chaise-Dieu et le remplacement des chandeliers par des piliers fixés au sol et destinés « à mettre les cierges ès festes solemnelles, » le don de sommes importantes pour réfections à l'infirmerie et achat de « huit chappes, deux chasubles et six courtibaux », sorte de dalmatiques, en « velous noir, semé à larmes de velous blanc » (Payrard, *Nouvelle série de mélanges historiques*, t. I, p. 78 et suiv.).

En l'élection de cet abbé, il y eut un grand conflict d'opinion, car de ce temps-là, il y avoit pour infirmier un nommé Jouvenroux (1), qui eut beaucoup de voix en ceste élection. C'estoit un personnaige qui craignoit Dieu et qui mettoit tous les restes de son revenu en réparations. Il se desbattoit avec l'abbé Jacques pour fère fère le cloistre, ne se contentant pas d'avoir faict fère ce qui paroist par ses armes, qui sont *un demy chevron droict sur lequel il y a trois roses*, mais encore il le vouloit fère fère tout entier, sans que ledit abbé s'en meslat. L'on dit, par tradition, que ledit abbé Jacques fust contrainct de luy fère commendement de se désister de telle réparation afin qu'il la peut parachever.

Il se trouve que cet abbé obtint, l'an 1517 (2), premier septembre, contre l'évesque de Clairmont, nommé Jacques d'Amboise, en sa faveur, au bailliage de Montferrant, et après avoir longtemps plaidé, fust dit, par ladicte sentence, que ledit abbé de la Chase-Dieu, tant en son chef qu'en ses membres, seroit exempt d'assister aux synodes dudit évesque.

---

(1) Pierre Jouvenroux, prieur de Savigneux, en 1485, et infirmier-mage de La Chaise-Dieu, de 1491 à 1527 (Arch. départ. de la Haute-Loire, série H, fonds de La Chaise-Dieu, liasses Savigneux, Connangles et infirmerie). — (2) La *Gallia christ.* (t. II, col. 347) et D. Branche (*ouvr. cité*, p. 265) assignent à ce différend l'année 1507 et ajoutent qu'il se termina sur l'intervention du pape Jules II, qui confirma les privilèges de l'abbaye de La Chaise-Dieu.

ADRIAN DE BOYSSI, 36ᵉ abbé.

A mesme temps que nostre vigilant abbé Jacques de Sainct-Nectère eut rendu son esprit à Dieu, les commendes avoient prins pied en France et ce, par la faculté qu'en donna Léon X à François I, qui pour avoir rendu de bons offices à la chaire de sainct Pierre, ledit pape luy permist de disposer des archeveschés, éveschés et abbayes de son royaume de France. Ledit Jacques de Sainct-Nectère, ayant faict vacquer l'abbaye par mort, tout le couvent et chapitre desputèrent quatre religieux de leur corps, sçavoir Jean Marchet, grand prieur (1), Pierre Jouvenroux, infirmier, Adémar de l'Orme, prieur de Chaumont, licencié en droicts, et Jean Tanche, procureur, pour aller supplier Sa Majesté de les laisser libres en l'élection de leurs abbés, conformément aux bulles que les Souverains Pon-

---

(1) Ce fut à la demande de ce Jean Marchet ou Marcher que François Iᵉʳ, par lettres données à Paris, en octobre 1529, institua quatre foires par an et un marché, chaque semaine, dans le bourg de Champagnac-le-Vieux (*Catalogue des actes de François Iᵉʳ*, publié par l'Académie des sciences morales et politiques, t. IV, p. 197, n° 19893).

tifes ont données au monastère de la Chase-Dieu. Le Roy leur refusa l'entérinement de leur demande. Lesdits quatre desputés s'en retournèrent promptement audit monastère, où ayant faict leur relation, fust résolu entre les religieux d'anticiper le temps de leur chapitre, pour pourvoir à ce qui seroit de plus utile et profitable pour leur couvent. La première assemblée en laquelle fust résolu d'attendre les quatre desputés devers le Roy, se tint le 25 d'octobre 1518. Lesdits quatre desputés estant de retour, le couvent se retourna assembler pour les ouyr le vendredi dixiesme de décembre de ladicte année. Là, en ce chapitre, fust prins le temps qu'on procéderoit à l'élection du futur abbé, qui fust le 3e janvier de l'année suyvante. Et, néantmoins, ceste dernière résolution, comme l'on se debvoit conduire en ceste élection, fust prinse le quatorziesme dudit moys de décembre et, pour cet effect, l'on entra en chapitre, où tous les religieux nommèrent Pierre Jouvenroux, infirmier, et Guillaume Macé, ouvrier, pour colliger les voix, ausquels deux fust remis toute la conduite dudit affère, lesquels trouvèrent bon et à propos de demander au pape Léon X un abbé, soubs l'espérance qu'ils avoient que ledit pape les laisseroit libres en la faculté d'eslire tousjours leurs abbés, résultat qui fust approuvé de toute l'assemblée. A ce chapitre estoient présants, pour ayder les religieux à la direction de ce procédé, vénérable et religieuse personne Jean de Ribe, docteur en droicts, prieur du prieuré conventuel de Sainct-Loup de Beauvais (1) et vicaire général de M. l'abbé de Clugny, Adémar de l'Orme, prieur de Chaumont, licencié en droicts, et pour tesmoings, Anthoine du Bourg, conseiller du Roy, et Jean Pradel, lieutenant général en la cour de Montferrant. Voicy la forme qui fust professée par Pierre Jouvenroux, au nom de tout le couvent : « Ego frater Petrus Juvenrusi, monachus expresse professus et infirmarius devoti monasterii Casæ Dei, Claromontensis diocesis, vice mea et totius conventus, ex potestate mihi data, committo et remitto sanctissimo domino nostro Papæ electionem seu provisionem nostri monasterii de pastore, etc. » S'estant donc tous remis au Pape pour avoir un abbé, ledit Pape leur donna pour abbé, Adrian de Boyssi, légat en France, prestre cardinal du titre de Saincte-Sabine, qui estoit évesque de Coutances (2). Les religieux qui n'attendoient pas cela furent fort esbahis et fachés, et pour se conserver tousjours dans leur élection, Adrian de Boissy venant en ladicte abbaye pour en prendre possession, firent promptement un chapitre pour nommer ledit Adrian, puisqu'ils n'avoient pas peu fère autre-

(1) Le manuscrit porte, fautivement « Jean de Rebec » et prieur de « Sainct-Loup de Essorento ». Pour les corrections, nous avons eu recours à D. Branche (*ouvr. cité*, p. 270). — (2) Dans le manuscrit, Adrien Goufier de Boisy est qualifié « ancien évesque » de Coutances, bien qu'il ait encore conservé ses fonctions épiscopales, pendant plus de huit mois après sa résignation de l'abbaye de La Chaise-Dieu.

ment. Ledit Adrian entrant dans le chapitre pour aller en prendre possession, les religieux s'y trouvèrent comme sortant de procéder à son élection. Voicy Jean Marchet, prieur mage, qui salue ledit Adrian de la part de toute la compaignie, luy disant qu'elle l'avoit choisy et esleu pour abbé de ceste maison. Ledit répond à toute la compaignie fort subtilement disant : « Non vos me elegistis, sed ego elegi vos. » Réponse qui donna bien à penser à tout le couvent.

Cet abbé Adrian, en son commencement, obtint bulle dudit pape Léon X en faveur de son abbaye, portant confirmation de tous les privilèges que les Souverains Pontifes avoient concédés à l'abbaye de la Chase-Dieu. Ladicte bulle fust expédiée à Rome, l'an de Nostre Seigneur 1518 et le 5ᵉ des kalendes de janvier, l'an 6 du pontificat dudit pape Léon X (1).

Il ne garda que six moys ladicte abbaye et y renonça pendant sa vie.

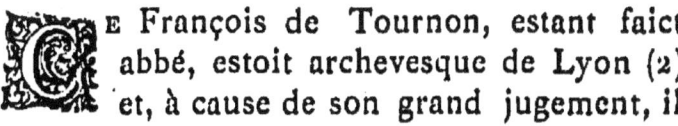

FRANÇOIS DE TOURNON, prestre cardinal du titre de Sainct-Pierre et de Sainct-Marcelin, 37ᵉ abbé.

E François de Tournon, estant faict abbé, estoit archevesque de Lyon (2) et, à cause de son grand jugement, il

---

(1) Le 28 décembre 1518. — (2) Au moment (1519) où François de Tournon fut pourvu de l'abbaye de La

gouvernoit les enfans de France et tout le royaume. Voyant donc que les commendes prenoient un grand pied dans la France, et jugeant que le zélle des abbés commendataires ne seroit point tant porté à la conservation du bien de la Religion, comme acroistre et augmenter leur revenu abbatial, en diminuant le nombre des religieux pour augmenter davantage leur plat, il fust d'avis de donner au couvent certains prieurés (1), non tant pour se rédimer du pain et du vin qu'il debvoit fère deslivrer journèlement aux religieux, comme pour les asseurer dans la conservation et entretien du nombre qu'ils debvoient estre, et aussy pour n'estre point molestés et malmenés desdits abbés commendataires, n'ayant rien à fère avec eux pour raison de leur nourriture.

Il obtint des lettres patentes du roy François I, en faveur du monastère de la Chase-Dieu. Lesdictes lettres furent expédiées à Saint-Just sur Lyon, le 5 de septembre 1542 et du règne dudit François le 28ᵈ (2).

Ce mesme abbé obtint bulle du pape Clé-

Chaise-Dieu, il était archevêque d'Embrun, et ce n'est qu'en 1551 qu'il fut nommé à l'archevêché de Lyon, après avoir successivement occupé les sièges de Bourges (1525-1537) et d'Auch (1538-1551). — (1) Notamment celui d'Orsonnette qui fut uni à la mense conventuelle, par bulle du pape Paul IV, donnée à Rome, Saint-Pierre, le 26 mai 1556 (*Gallia christ.*, t. II, col. 348). — (2) Ces lettres « ordonnaient l'enregistrement et l'exécution » du bref de Clément VII, analysé dans le paragraphe suivant (*Catalogue des actes de François Iᵉʳ*, ouvr. cité, t. IV, p. 370, n° 12738).

ment VII portant que nuls prieurs, tant séculiers que réguliers, de toutes les despandances de ladicte abbaye, ne manqueront pas de se trouver au chapitre général de Sainct-Robert, sinon qu'ils fussent détenus de quelque grande maladie ou occupés par de grandes affaires et, en ce cas, veut ledit pape qu'ils envoyent un procureur qui prestera serment en plain chapitre de l'infirmité et empeschement du prieur qui l'aura envoyé. Par ladicte bulle est confirmé le vieux office, selon l'uzage du monastère de la Chase-Dieu, tant des missels, bréviaires que livres de chants, lequel office sera prins et observé aux despandances dudit monastère comme dans icelluy. Ladicte bulle a esté expédiée dans Sainct-Pierre de Rome, l'année 1529, aux kalendes d'octobre, l'an 6ᵉ de son pontificat (1).

Il fist fère un habit complet pour servir à la messe, de toille d'or, avec des orfrais portant ses armes (3). Mais en l'année 1562 que les huguenots entrèrent dans ladicte abbaye, tous

---

(1) Le 1ᵉʳ octobre 1529. Antérieurement à cette bulle et par mandement donné à Avignon, le 10 octobre 1526, Guillaume, cardinal-prêtre de Saint-Vital et commissaire apostolique, avait prescrit aux titulaires des nombreux prieurés possédés par la Chaise-Dieu « dans les diverses parties du monde, » de s'acquitter des redevances en argent et en nature qu'ils étaient tenus de servir à ladite abbaye (Arch. départ. de la Haute-Loire, série H, fonds de La Chaise-Dieu, liasse privilèges). —
(2) *Ecu parti : au 1, semé de fleurs de lis, et au 2, un lion rampant* (*Chroniques de E. Médicis*, édit. Chassaing, t. I, p. 386).

ces ornements furent desrobés, excepté une chappe et une dalmatique qui se voyent encore aujourd'huy dans ladicte abbaye, comme la platine de l'aigle, où sont représentées encore ses armes pour l'avoir faict fère. En ceste année susdicte, à ceste fois, lesdits huguenots desrobèrent le corps glorieux de sainct Robert, avec sa chasse : l'on ne peut jamais sçavoir où il estoit devenu. Plusieurs ornements d'esglise furent pillés, les autels desmolis et, particulièrement, le tombeau du pape Clément VI, ainsi qu'il paroist aujourd'huy, que les huguenots vouloient rompre, n'eust esté un seigneur de Sainct-Just (1), voisin de ladicte abbaye, qui empescha ce mal, non porté de zélle, ains pour s'en prévaloir, voulant fère porter la table et dessus dudit tombeau en sa maison et chasteau de Saïnct-Just, pour la fère mettre dans son jardin. Cedit seigneur de Saïnct-Just estoit de la religion. Ce fust le 1er d'aoust que les huguenots entrèrent dans ladicte abbaye et y demeurèrent jusques au quinziesme dudit moys et an susdits, qu'estoit le jour de l'Assomption de Nostre-Dame, auquel jour, du despuis, se faict procession générale après vespres, outre celle du matin, en action de grace de la deslivrance de telles furies.

Ce grand cerveau, recognoissant la France estre grandement despeuplée de gens de let-

(1) Antoine d'Allègre, baron de Meilhaud, l'un des chefs du parti protestant en Velay et Auvergne, tué en duel, en 1573, à l'âge de 43 ans (La Chesnaye-Desbois, *ouvr. cité*, 2e édit., t. I, p. 154).

tres, fist bastir un collège en sa baronnie de Tournon, et pour dotter cedit collège, il luy donna le prieuré d'Andance (1), avec le consentement du corps de ses religieux de son abbaye de la Chase-Dieu, comme relevant d'icelle, toutefois chargeant le principal d'iceluy (qui estoit Jean Pélisson) de nourrir et entretenir quatre religieux boursiers de ladicte abbaye, l'espace de cinq ans, succédant à ceux-là autres cinq et continuant tousjours comme cela, et à sa nomination ou de son grand vicquère. La bulle d'union dudit prieuré d'Andance audit collège fust passée l'an 1542 (2), et 18 ans après les Jésuistes commencèrent de se fère cognoistre et furent mis dans ledit collège par mondit seigneur le cardinal de Tournon, abbé de la Chase-Dieu (3), qui obligea lesdits Jésuistes d'observer tout ce qui estoit porté par ladicte bulle d'union, et encoré ce qu'il augmenta de plus, en faveur desdits quatre religieux escholiers de ladicte abbaye, par la transaction qu'il passa avec eux, en l'an 1560. Laquelle lesdits Jésuistes, soixante ans après, taschèrent insensiblement, un point après l'autre, de suppri-

(1) Par acte du mois de mars 1542, confirmé par lettres de François Ier, données à Fontainebleau, le 4 février 1544 (Massip, *Le collège de Tournon*, 1890, p. 10). — (2) Cette bulle, du pape Paul III, est du 28 février 1542 (Arch. nation., S 3302). — (3) Ce fut en vertu d'un acte notarié passé à Orléans, le 6 janvier 1561, que le cardinal de Tournon céda ce collège aux Jésuites (A. Mazon, *Le cardinal de Tournon*, publié dans la *Revue du Vivarais*, t. XVI, p. 162). La transaction citée par Dom Gardon ne peut donc pas être de l'année 1560.

mer, soit en refusant les vestiaires portés par icelle à chasque religieux, soit en service et médicaments en cas de maladie, ou pour avoir faict sortir lesdits quatre escholiers religieux de l'enceinte dudit collège, pour les mettre dehors, à leur grand préjudice, contre la teneur de la bulle d'union et transaction passée avec lesdits Jésuistes, que, en l'année 1629, je fis confirmer par messieurs de la chambre des requestes au parlement de Tholoze et condampner lesdits Jésuistes à remettre lesdits escholiers religieux dans l'enceinte dudit collège, basti par mondit seigneur, comme aussy de leur payer les vestiaires et fournir les médicaments en temps de maladie et tout autant qu'ils en auroient de besoin. J'oblins quatre jugements desdits sieurs des requestes, trois en audiance et un par escript, mais non sans grand peyne, à cause des grandes chycanes que le procureur général desdits Jésuistes de la province de Tholoze, me fesoit naystre tous les jours. Ils furent grandement blasmés au soustien de ceste cause, pour n'estre ny honneste ny soustenable, estant blasmés de tous les messieurs de ladicte chambre et de tous autres qui en avoient cognoissance. Ledit jugement par escript fust prononcé le 27 aoust l'an susdit (1).

Ce fust ce abbé qui fist bastir ces croisières et cabines tout proche du logis abbatial, avec

(1) Ce conflit se termina seulement, le 25 juin 1657, par un accord qui « déchargeait le collège de ses obligations » envers l'abbaye. Cet accord fut confirmé, le 8 novembre suivant, par le cardinal Mazarin, abbé com-

ceste belle arcade qui donne chemin pour aller vers la muraille de l'abbaye.

François de Tournon tint le gouvernement de ladicte abbaye 44 ans. Il mourut le 22ᵉ d'apvril de l'année 1562 (1); son corps repose dans l'esglise des Jésuistes, en son collège de Tournon (2).

---

mendataire de La Chaise-Dieu, qui s'engagea en outre à « le faire homologuer par le Parlement ou par le Grand Conseil et ratifier par le Souverain Pontife » (Massip, *ouvr. cité*, p. 91). — (1) A Saint-Germain-en-Laye. — (2) Dans sa notice sur François de Tournon, dom Gardon omet de dire qu'en 1541 ce célèbre cardinal avait résigné, sous réserve de l'administration, l'abbaye de La Chaise-Dieu, en faveur de son neveu, Charles de Tournon, fils de son frère Just Iᵉʳ et de Jeanne de Vissac. Ce Charles de Tournon fut tour à tour archidiacre, prévôt et évêque de Viviers, fonctions dans lesquelles il n'entra en jouissance que le 15 avril 1544, bien que l'évêque Claude de Tournon, son oncle en ligne bâtarde, ait démissionné à son profit, le 26 novembre 1523. Mais étant trop jeune pour gouverner son diocèse, il dut en abandonner la gestion à son prédécesseur et, à la mort de celui-ci (1ᵉʳ mai 1542) prendre, comme suffragant, Simon du Puy, évêque de Damas. Il avait été aussi pourvu, en cour de Rome, le 10 août 1524, du prieuré du Port-Dieu, diocèse de Limoges, en remplacement de Charles de Saint-Nectaire, démissionnaire. Il mourut en 1552, et son abbatiat à La Chaise-Dieu, aussi éphémère qu'impersonnel, ne mérite qu'une simple mention (Le Laboureur, *ouvr. cité*, t. II, p. 605, *Gallia christ.*, t. XVI, col. 583, Arch. dép. de la Haute-Loire, série H, fonds de La Chaise-Dieu, liasse diocèse de Limoges).

HENRY D'ANGOULESME, 38e abbé.

Ce Henry d'Angoulesme estoit grand prieur de France de l'ordre de Sainct Jean de Jhérusalem. Soubs cet abbé n'arriva que toutes sortes de malheurs et de désordres dans l'abbaye. Les vicquères que ces abbés commendataires establissoient pour le régime de l'abbaye, usurpoient jurisdiction régulière sur les religieux, estant des maistres absolus, le prieur-mage n'estant rien, ne pouvant exercer nulle jurisdiction régulière. Ces vicquères fesoient les prieurs qui, estant puis en après leurs créatures, n'osoient sonner mot. Les religieux estoient tyrannisés, sous apparence de pietté et de discipline régulière, et comme dit sainct Bernard : « Summa pietas sæpe summa impietas. » Cela estoit bien exercé dans ceste abbaye qui, du despuis l'intrusion de ces abbés commendataires, a esté plustost combattue des siens propres que des estrangers, bien qu'au commencement du règne de ce abbé, et le premier jour d'aoust 1562, ainsi que j'ay faict veoir cy-devant au rang de François de Tournon (1), les huguenots entrèrent dans le monastère et y firent mille ravages et voleries. En l'an 1565, Hector Poyret, prieur-mage et

(1) Voir plus haut, p. 200.

official, fust destitué par une bonne partie des religieux, ce qui donna beaucoup d'affères à ladicte abbaye, l'ayant pensée ruiner. Ledit Hector Poyret, se voulant maintenir, fist assigner le couvent à Riom, où allant, il fust furieusement battu tout proche d'une croix qui est au dessus de Sarra, qui, du despuis, a esté appellée la Croix du prieur-mage, et ce par les monopoles que les officiers de ladicte abbaye avoient conspirés contre luy et particulièrement l'hostelier de Guillaumanches (1), à qui ledit prieur-mage demandoit le bras de sainct André, que ledit hostelier, à la venue des huguenots, avoit saisi pour le sauver et garentir. Lequel bras ne s'est veu du despuis, ledit hostelier ayant esté soubsonné de l'avoir faict perdre pour s'enrichir (2). C'estoit une pièce qui avoit esté donnée par Grégoire XI, d'un prix inestimable, qui avoit esté jugée par François I passant par ladicte abbaye, l'an 1533, estre suffisante pour payer sa rençon s'il estoit détenu prisonnier. Ce hostelier de Guillaumanches estoit homme de peu de zélle et de religion. L'énormité de cet acte mérite bien que son nom soit immortalisé. Les autres officiers avoient

(1) Jean de Guillaumanche, hôtelier de l'abbaye, en 1551, qui résigna en cours de Rome, le 30 mai 1599, au profit de Claude de Choumouroux (Arch. départ. de la Haute-Loire, série H, fonds de La Chaise-Dieu, inventaire du xviiie siècle, fol. 935). — (2) Ce bras, destiné à contenir un os du bras de sainct André, apôtre, fut remplacé, en 1667, par un autre bras « d'argent blanc, pesant onze marcs » (*id.* inventaire de 1700 de la sacristie, *loc. cit.*, p. 4).

prins d'autres reliques, tous à l'intention de les guarantir seulement et, néantmoins, il n'y en a eu que quelques uns qui ayent rendu ce qu'ils avoient prins (1). Ce fust à ce coup que la chasse de sainct Robert fust perdue et son corps bruslé, lequel fust trouvé par les huguenots vers les cordes des grosses cloches, où les religieux l'avoient caché pour le sauver. Mais un sorcier huguenot l'aller trouver là, lequel devint en après enragé.

Ce fust encore à ce coup et soubs le règne de cet abbé que les huguenots rompirent le

(1) En prévison du sac de leur abbaye, les moines de La Chaise-Dieu avaient transporté, dans le prieuré presque inexpugnable de Chanteuges, les reliques de saint Robert, leur fondateur, moins le corps qui fut effectivement brûlé, comme le dit dom Gardon. Ils purent ainsi sauver sa tête, garnie de cheveux « rouges, » son bâton pastoral en ivoire, un os de son bras, trois de ses bagues, sa dalmatique et sa tasse de bois, ainsi que les éperons du comte de Toulouse dont il a été précédemment question (p. 11). En 1729, au moment où dom Jacques Boyer écrivait sa lettre précitée (p. 190), à laquelle nous empruntons ces intéressants détails, il n'existait plus que deux bagues, dont l'une était passée au pouce du bras contenant l'os du bras de saint Robert et l'autre, que l'on voit encore de nos jours, était employée pour la guérison des maux d'yeux : quant à la troisième, elle avait disparu dans un incendie, ainsi que nous l'apprend l'inventaire de la sacristie de la Chaise-Dieu, de l'année 1700 *(loc. cit.)*. Suivant le même Boyer, la tasse du vénérable saint était fort en honneur parmi les fébricitants, qui s'en servaient « pour boire l'eau de la fontaine de saint Robert, qui est dans la tour de Clément VI, où est aussi le trésor des reliques et celui des chartres de l'abbaye. »

tombeau de Clément VI, qui est ensevelly au milieu du chœur. Ces mesmes ennemis de Dieu et de l'Esglise rompirent la figure dudit pape Clément, qui estoit au milieu du grand portail de l'esglise que ledit pape a faict bastir, ayant à chascun de ses costés trois cardinaux, qui fesoient le nombre de six, et tous de ses parents et de mesme pierre que sa figure qui estoit d'albastre blanc. Les arcades du mesme portail furent aussi presque toutes desmembrées et fracassées; il en reste encore quelques figures entières, mais pour les sept figures en reliefs qui estoient dans des niches, elles furent mises toutes en pièces et n'en reste aucune mémoire. Dieu suscita, pour tirer vengeance de telles impiettés, le gouverneur de la province, M. de Randan (1), qui envoya des gens de guerre dans l'abbaye pour en chasser lesdits huguenots, lesquels furent si vivement poursuivis qu'ils furent contraincts de se saisir tretons de la tour du revestiaire, pour leur servir de citadelle. Mais on les suyvit de si près et jusques en haut de ladicte tour, qu'ils n'eurent rien de meilleur que de se précipiter du haut en bas ou de se laisser tuer.

Le prieur-mage Poyret, poursuyvant tousjours son affère, estant revenu en santé, car on croyoit de l'avoir tué et le laissa-t-on à ceste croix cy-devant mentionnée pour mort, fist

(1) Jean-Louis de La Rochefoucauld, comte de Randan, gouverneur d'Auvergne, tué au siège d'Issoire, le 10 mars 1590 (La Chesnaye-Desbois, *ouvr. cité*, 2ᵉ édit., t. XII, p. 211).

donner arrest à Paris, l'an 1569, contre les officiers et tout le couvent, avec réintégration en sa charge de premier prieur et restitution de la pantion et autres droicts et esmoluments que lesdits religieux luy debvoient, à cause de sa charge de prieur, ledit arrest portant encore que ladicte abbaye de la Chase-Dieu seroit réformée. Et à cet effet, en l'année 1573, furent les réformateurs envoyés de la part de la cour en ladicte abbaye pour icelle réformer, d'où s'en suyvit le procès-verbal qui est aujourd'huy dans les archives de ladicte abbaye, où il y a de très beaux documents et ordonnances. Tout cella causa de grande despans au couvent qu'il en pensa estre ruiné, et longtemps après il en souffrit une grande perte. Ligues estoient grandes entre les religieux qui estoient pour lors peu intelligens, lesquels du despuis n'ont pas laissé de l'estre tousjours, bien qu'il n'y ayt eu parmy lesdits religieux plus de capacité, ainsi que je feray veoir en son temps.

En l'année 1574 et au commencement d'icelle, les huguenots passèrent comme un feu dans la France et y firent néantmoins beaucoup de maux : ils furent encore de rechef dans ceste ville. Les religieux, pour se fortifier et se deffendre des ennemys, mirent garnizon dans ladicte abbaye. Un vicquère, du non de Myet (1), fist abattre mal à propos la

(1) Amable de Myet, vicaire général de l'abbé de La Chaise-Dieu (Ch. Jacotin de Rosières, *Procès-verbal de l'incendie de l'abbaye de La Chaise-Dieu en 1574*, p. 7).

chapelle de Sainct-Robert, qui est dans la grand esglise, qui ne nuisoit en aucune façon et au grand mescontentement du peuple, de plus la chapelle de la Trinité et la chapelle de Bourbon, de laquelle ne reste aucun vestige, estant dans le cimetière des convers, et pour en fère les fortifications de la pierre qui en provenoit. Fust encore, en ce mesme temps, faict quelques gabions sur certaines piles de la grand esglise, qui furent rasées à fleur de la muraille de ladicte esglise, lesquelles du despuis l'on n'a pas faict remettre en leur première forme, comme les autres. Ceste guerre causa telle disette et pauvreté dans la province que les religieux ne pouvoyent point jouyr de leurs revenus, télement qu'ils furent comme contraincts, en ceste mesme année, de vendre plusieurs reliquaires, calices d'argent doré et entre autres choses fust vendu le chef de saincte Ursule (1), le bras de sainct Martin,

---

(1) Qui avoit esté donné par un religieux, nommé Guy de la Barge, qui, pour le fère, donna 200 moutons d'or (*Note de l'auteur*). La vente des reliques dont se plaint dom Gardon est contredite par l'inventaire de la sacristie de La Chaise-Dieu (*loc. cit.*), puisqu'on trouve en 1700, dans ce document, la mention (p. 4) « d'une partie notable du chef de sainte Ursule, » enfermée dans un « reliquaire fait d'une muscade d'Inde, dans quelques cercles et de lames d'argent, » et (p. 1) du « crane de saint Benoit, » enchassé dans un « chef d'argent doré ciselé,... à la mitre duquel, il y a quatre grosses pierres fines, 2 par devant et 2 par derrière. » Cette dernière relique est même citée par notre auteur, dans sa notice sur l'abbé Louis de Valois, qu'on trouvera à la fin de ce volume.

deux belles et grandes mytres assorties de grande quantité de perles, deux crosses et autres joyaux. Le chef de nostre patron sainct Benoist aussy fust vendu dans Lyon. Il se perdit en ce temps-là plusieurs pierres prétieuses, de grand valeur, à l'occasion du feu. Les religieux de ce temps-là se pouvoyent bien garder de vendre tant de ces reliquaires et calices, comme ils firent, et principalement les chefs de sainct Benoist et de saincte Ursule, mais ceux qui gouvernoient de ce temps-là représentoient la pauvreté de la maison estre plus grande qu'elle n'estoit, afin qu'estant employés aux ventes de ces rares pièces, ils peussent se prévaloir de quelque chose pour leur particulier, la fidélité n'estant pas bien gardée, ainsi qu'on descouvrit après.

Au commencement de la susdite année 1574, le prieur-mage Poyret retrancha l'office de Nostre-Dame, qui avoit acoustumé de se dire tous les jours de trois leçons, selon l'usage des heures dudit monastère. L'office de mort qui se souloit dire aussy tout entier, despuis les sextes de douze leçons en bas, fust réduit à un nocturne, comme aussy fust retranché les prières et suffrages des saincts, qu'on souloit dire à laudes et à vespres; les prières se souloient dire à toutes les heures de l'office, ainsi qu'on le peut voir par le bréviaire à l'usage du monastère de la Chase-Dieu. Les quinze psaumes qui se souloient dire avant matines, tous les jours, comme aussy les cinq psaumes qui se disoient après matines, furent par ledit Poyret retranchés.

En ceste mesme année et en ce mesme temps, le couvent fust contrainct de fère des grands frais et despances pour les fortifications du monastère. Il luy fallut achepter des armes et fère provision de munitions de guerre, pour se défendre contre les huguenots. C'estoit à l'abbé Henry d'Angoulesme de fère fère toutes ces réparations, mais il estoit porté par ceux qui gouvernoient, qui fesoient plus d'estat de son amytié que du bien du monastère, pour l'espérance qu'ils avoient d'en retirer quelque profit et d'estre maintenus en leurs charges, comme tousjours du despuis ces commendes l'on a faict, flattant ces abbés commendataires l'on se procuroit tousjours quelque dignité dans l'abbaye, car tels abbés ne vouloient que de gens faicts comme cela, qui les laissassent sans leur rien demander.

En la mesme année 1574 et le 3e d'aoust, à l'heure de 3 ou 4 heures du matin, se brula le dortoir du monastère. Deux enfans de chœur furent aussy brulés et les autres passèrent par les fers d'une fenestre grillée et se sauvèrent. Il se brula à ce coup plusieurs chambres joignantes audit dortoir, comme celle des hostes, des enfans de chœur, du prieur second, du prieur-mage. Le feu estoit si violent qu'il sauta au couvert de l'esglise du collège, qui fust en bref tout consommé, comme aussy le clochier de ladicte esglise avec les deux cloches qui s'y trouvèrent, qui se fondirent tout à faict, tant le feu estoit grand et véhément, et sans bon secours qu'il y eut, la plus grande partie de l'abbaye s'en alloit, et craignoit-on grandement de la grande esglise qui n'en estoit pas loin. Ce fust pour lors de ce grand feu que plusieurs choses, comme pierre prétieuses, furent desrobées (1).

Je ne dirai pas combien ce mauvais temps corrompit la dicipline religieuse dans ce monastère et dans quelle liberté se jettèrent les religieux d'icelle. Néantmoins il y eut, l'année d'après 1575, un Jacques de la Roche-Morgon qui fust faict vicquère général, qui estoit homme de bon sens et vertueux, qui voyant la décadence de ceste abbaye, exorta les religieux de vouloir vivre en parfaicte communauté et soubs les règles de leur patron sainct Benoist. Et pour cet effect, il fist venir ce grand docteur Maldonat (2), espagnole, pour les y disposer par ses doctes remonstrances. Enfin, il se fist une petite assemblée de six ou sept qui résolurent de garder la règle de sainct Benoist, de laquelle ils avoient faict proffession, et de vivre à l'advenir en communauté, sans vouloir rien avoir de propre. Mais cella ne dura que seize moys, à l'occasion que ledit Jacques de la Roche, qui estoit encore aumosnier, ne pouvoit point estre assidu dans le monastère, pour estre trop diverty aux affères que sa charge de grand vicquère général luy

---

(1) Cf. au sujet de cet incendie : Ch. Jacotin de Rosières, *Procès-verbal de l'incendie de l'abbaye de La Chaise-Dieu en 1574.* — (2) Jean Maldonat, théologien célèbre par ses prédications et ses démêlés avec la faculté de Paris, au sujet du dogme de l'Immaculée-Conception.

fesoyt naistre tous les jours. Et ainsi ne pouvant point avoir l'œil sur ce petit commencement de réforme, qui estoit grandement contrequarré de la plus grande partie des religieux, qui en estoient jaloux et marris, ceste petite congrégation s'esvanouit et se dissout. Les religieux d'icelle, par animosité, furent envoyés au dehors parmy les cloistreries par les prieurs, qui estoient mal affectionnés aux bons religieux, comme j'ay tousjours remarqué despuis que je suis dans cedit monastère. Jacques de la Roche, comme homme de grande vertu, considérant à part soy les dangers qu'il y avoit de se sauver dans un cloistre si desréglé, print résolution de quitter cedit monastère, pour s'en aller entre les mains de messieurs de Feuillans, à Feuillans tout proche de Tholoze (1), pour là vivre religieusement, ainsi qu'il fist très sainctement, comme je le feray veoir lorsque je parleray de luy en son rang des hommes illustres en saincteté qui sont sortis de ceste abbaye de la Chase-Dieu.

Cet abbé Henry d'Angoulesme tint l'abbaye 24 ans. Il fust tué par Philippe Altoviti (2), se

---

(1) Abbaye cistercienne de Notre-Dame de Feuillants.
— (2) Baron de Castellane. Le manuscrit porte Alchinity et D. Branche (*ouvr. cité*, p. 288) Alviotti. A ces deux versions, nous préférons celle plus autorisée du père Anselme (*Histoire généalogique..*, 7ᵉ édit., t. VII, p. 933), qui le nomme Altoviti, en indiquant, conformément à l'opinion de D. Branche et de la *Gallia christ.* (t. II, col. 349), qu'Henri d'Angoulême ne périt pas dans un duel avec son adversaire, mais fut assassiné par lui, le 2 juin 1586.

poignardant l'un et l'autre, tous deux demeurèrent sur les carreaux, l'an 1586. Ce desplorable espectacle arriva en la ville d'Aix en Provence.

En l'année 1572, cet abbé obtint lettres du roy Charles IX en sa faveur, pour la conservation des biens, terres, seigneuries et autres lieux sur lesquels ledit abbé prétend des droicts et devoirs appartenants à l'abbé de la Chase-Dieu (1).

╬╬╬╬╬╬╬╬╬╬╬╬╬╬╬╬╬╬╬╬╬╬╬╬

CHARLES D'ORLÉANS, 39ᵉ abbé.

Henry d'Angoulesme estant mort, tout le couvent, « sede vacante, » en l'année 1586 et le 20 de juin, fist Guillaume de Myet, prieur de Saincte-Gemme, et Annet de la Rochebrian, chamarier, vicquères généraux. En ce mesme jour, fust déterminé en chapitre général que le vendredi suyvant l'on procéderoit à l'élection d'un abbé, les religieux ayant tousjours ce désir de se conserver en l'élection de leur abbé. Et pour cet effect, fust

(1) Henry d'Angoulême avait précédemment obtenu du roi Charles IX des lettres données à Paris, le 14 février 1564, confirmant le bref de Clément VII, du 1ᵉʳ octobre 1529, et les lettres de François Iᵉʳ, du 5 septembre 1542, cités plus haut (p. 199), sur l'administration de l'abbaye de La Chaise-Dieu et des prieurés qui en dépendaient (Arch. départ. de la Haute-Loire, série H, fonds de La Chaise-Dieu, liasse privilèges).

esleu pour abbé Pierre de Frétat, prieur-mage, le 27 dudit moys et an, après avoir gardé toutes les cérémonies à ce requises, ainsi qu'on avoit anciennement acoustumé d'observer à l'élection des autres abbés, comme il est inséré dans le Bullaire. En ceste élection estoient scrutateurs Christophe Milion, Charles Ardier et Claude Privat. Ceste élection ne réussit point d'autant que le roy Henry III, son oncle, donna l'abbaye à messire Charles d'Orléans. Pierre de Frétat se voulant conserver dans son élection, fust pour ceste cause trouver le roy, afin de supplier Sa Majesté de laisser libre l'élection de leur abbé au couvent et monastère de la Chase-Dieu, ensuytte des privilèges des papes et des roys. Et c'estoit pendant que ledit roy Henry III tenoit ses Estats en la ville de Blois (1) que ledit Pierre de Frétat le fust trouver, mais en vain, car le roy ne volut point approuver son élection, sinon qu'il eust le moyen de récompanser sondit nepveu Charles d'Orléans. Et parce qu'il s'agissoit d'une bonne somme que ledit couvent n'avoit pas moyen de fournir pour avoir eu des années grandement diséteuses, outre les grandes affères que le monastère avoit endurées à cause des guerres, ny aussy que ledit prieur de Frétat, en son particulier, ne pouvoit donner le contentement que le roy désiroit estre faict à sondit neveu, pour le récompanser. Ledit Charles d'Orléans jouyt de l'abbaye et

---

(1) Du 16 octobre 1588 au 17 janvier 1589.

vint à la Chase-Dieu, au moys de mars l'an
1587, prendre possession. Les religieux se voulant tousjours conserver l'élection de leur abbé, et considérant que les guerres civiles les favorisoient, firent autre élection et nommèrent M. d'Urfé, évesque de Sainct-Flour (1), pour abbé, estimant qu'il avoit les reins plus forts pour se maintenir que ledit Pierre de Frétat. Cella fist naistre des ligues entre les religieux, les uns soutenant le parti de Charles d'Orléans et les autres celuy de M. d'Urfé, ce qui causa deux ou trois trahisons dans l'abbaye, y mettant tantost une garnison de la part de Charles d'Orléans, tantost une autre du s^r d'Urfé, les unes chassant les autres. Les religieux se monopolaient tantost pour favoriser celuy-ci, tantost celuy-là. Ceux qui tenoient le parti de Charles d'Orléans chassèrent dehors Pierre de Frétat, grand prieur de ladicte abbaye, soubs prétexte qu'il fesoit contre ledit Charles d'Orléans, et néantmoins ce n'estoit que de passion et malveillance que les officiers, ou certains d'iceux, avec quelques prieurs luy portoient : ce qui causa un grand procès que ledit Pierre de Frétat intenta contre tout le couvent, bien que ce ne fust que quelques particuliers qui néantmoins se couvroient du nom

---

(1) Antoine d'Urfé était seulement moine profès de l'abbaye de La Chaise-Dieu, lorsqu'il en fut élu abbé le 16 juin 1589. Ce ne fut qu'après février 1592 qu'il fut nommé à l'évêché de Saint-Flour (*Gallia christ.*, t. I, col. 349 et 420).

du couvent, lequel après avoir assez plaidé fust condempné de remettre ledit Pierre de Frétat en sa dignité et charge suppérieure, l'indempnisant de tous despens, dommages et intérests qu'il avoit soufferts pour avoir esté tenu absent dudit monastère et abbaye. Il fust dit par l'arrest, qui fust donné en l'année 1588, que ledit couvent rembourseroit audit Pierre de Frétat la mesme pantion, ordres et esmoluments que sa qualitté de suppérieur luy donnoit, despuis le temps qu'on luy avoit refusé la porte dudit monastère jusques à son restablissement. Revenant donc de Paris, ledit Pierre de Frétat s'en alla rafraichir au prieuré de Sainct-Dier, où il estoit sacristain. Là, pendant son séjour, il fust vizité par un homme de peu, qui luy fesant présant de gasteau pestri avec du beurre et des œufs, luy fist aussy, à mesme temps, présant de la mort par le poison qui estoit au dedans ; ce qui fust bientost vérifié, car le bon et vertueux Pierre de Frétat, dans peu de temps après, rendit l'esprit et mourut malheureusement. Par là [se voit] l'animosité et meschanceté de certains religieux que je n'ose nommer, pour y en avoir encores en vye, et les autres estant décédés despuis peu d'années, une bonne partie desquels sont morts assez misérablement et pauvrement.

Ce Charles d'Orléans estoit bastard de Charles IX (1). Il jouyt paisiblement et en paix du revenu de l'abbaye, jusques à ce que les

---

(1) Et de Marie Touchet.

ligues vinrent contre Henry IV, du parti duquel il se rangea. Ce que considérant les religieux et désireux de rentrer dans leur élection d'abbé, ils firent ce Pierre de Frétat et puis après le s^r d'Urfé, avec le consentement dudit Pierre de Frétat. Et parce que tout cela estoit pendant les grands troubles de la Ligue, les religieux estoient contraincts de se fère garder dans l'abbaye toutes les nuicts, ce qui leur occasionna de mettre dans ladicte abbaye, afin de mieux vacquer à leur office, un gentilhomme voisin, nommé d'Ayssac (1), avec une compaignie de gens d'armes, s'assurant de sa fidélité, laquelle leur donna bientost subject de penser au contrère, car en l'an 1589, ledit d'Ayssac, estant desplaisant de l'élection d'Anthoine d'Urfé, désirant que lesdits religieux fissent élection de M. de Sainct-André, prieur d'Arlanc, son parent, il les trahit et les jetta ignominieusement hors leur monastère, après avoir pillé les religieux qui avoient quelque chose, tèlement qu'à la place des religieux, il y mist des soldats. Ce traistre fist ce coup lorsque ledit Anthoine d'Urfé sortit de l'abbaye pour aller prendre possession du prieuré de Chantejoul, accompagné de son frère, gouverneur du Forez (2). En leur retour en ladicte abbaye, ledit d'Ayssac leur ferma la porte de ladicte abbaye.

Anthoine d'Urfé, comme estant de grande

---

(1) D. Branche (*ouvr. cité*, p. 292) le nomme Vissac.
— (2) Jacques II d'Urfé dit *Paillard*.

maison, avec la force et crédit de ses frères, qui estoient puissants, et aussy par l'industrie et invention des religieux, qui estoient desjà dehors, et particulièrement d'un Guillaume Boyer, homme de jugement et de courage, reprint l'abbaye par eschalade, à plaine minuict. Ledit Boyer tout le premier monta et, suyvi de quelques autres, s'en alla jetter dans le corps de garde, pour se saisir des armes, où se fist à mesme temps deux meurtres de ceux de la garnison. Anthoine d'Urfé, se voyant le maistre, chassa tout dehors et particulièrement d'Ayssac qui l'avoit trahi, luy permettant encore de sortir sain et sauve, avec tous ses meubles et coffres, lequel néantmoins méritoit d'estre mal traicté à cause de sa perfidie.

Ledit Anthoine d'Urphé, se sentant ainsi asseuré, mist bonne garnison dans l'abbaye, et parce qu'il fesoit contribuer les habitants de la ville de la Chase-Dieu à la despance de ladicte garnison, lesdits habitants complottèrent une autre trahison. Tèlement que ledit Anthoine d'Urfé estant allé fère quelque voyage (lesdits habitans estoient complices de la faction), un Frangons et Sébastien Marcland, comme capitaines, conduisirent une grande partie des habitants de la ville, lesquels corrompirent un religieux de ladicte abbaye, pour plus facilement mettre à fin leur mauvaise entreprise. Ce religieux s'appelloit Charles Ardier, lequel desrobba les clefs des portes de l'esglise pour y fermer les religieux pendant qu'ils disoient vespres, ce qui fust faict. Vespres achevées, ces capitaines Frangons et Marcland, avec tous leurs adhérans, se saysirent des religieux les plus dangereux et riches, ne leur permettant point d'aller à leurs chambres quérir leurs petites nécessités, mais les conduisirent ignominieusement comme prisonniers en leurs maisons à la ville. Les pauvres religieux se voyant ainsi malmenés de ceux qui leur debvoient honneur et service, furent contraincts d'aller chercher leur vie par leurs prieurés, comme ils purent. Vray est que ces perfides laissèrent dans l'abbaye les plus vieux et les plus jeunes, qui estoient les enfans de chœur, seulement. Ces habitans s'estant ainsi saizis de ladicte abbaye n'en volurent point sortir qu'au préalable les religieux ne leur fissent rençon de vingt mille livres. Laquelle somme les pauvres religieux furent contraincts d'emprompter, pour sortir ces traitres. Le couvent du despuis fust très incommodé et demeura dans la disette et pauvretté quelques quinze années. L'intérest de laquelle somme il luy fallut payer avec le principal.

Ces habitans pour couvrir leur meschancetté envoyèrent vers Charles d'Orléans quelques uns de ceste mutine troupe, pour l'asseurer qu'ils avoient reprins l'abbaye, tant seulement pour la luy conserver et l'en rendre le légitime maistre. Laquelle il conserva du despuis jusqu'à ce qu'ils se maria, et lors il la remist à Nicolas de Neufville, conseiller au Parlement de Paris, seulement jusques à ce qu'il auroit des enfans et pour se payer des interests d'une grosse somme d'argent qu'il luy debvoit (1).

NICOLAS DE NEUFVILLE, 40ᵉ abbé.

CE abbé estoit conseiller clerc au parlement de Paris (2). Il eut l'abbaye en jouyssance pour certaine somme que Charles d'Orléans luy debvoit, jusques à ce qu'il luy payeroit son principal. Il y eut, soubs son règne, une grande ignorance qui avoit acommencé encore du devant dans ladicte abbaye. Les guerres empeschoient que les reli-

---

(1) Charles d'Orléans, plus connu sous le nom de Charles de Valois, fut nommé abbé commendataire de La Chaise-Dieu, en 1586, à l'âge de 13 ans. Il s'adonna surtout à la carrière des armes et, quoique pourvu de plusieurs bénéfices ecclésiastiques, épousa, par contrat du 6 mai 1591, Charlotte de Montmorency, fille aînée du connétable Henri Iᵉʳ, qui lui donna trois enfants, dont le second, Louis, devint à son tour abbé de La Chaise-Dieu. Charles de Valois résigna cette abbaye, eu 1597, subit du 1ᵉʳ février 1605 au 26 juin 1616, une longue détention « pour intrigues de cour, » se remaria, le 25 février 1644, avec Françoise de Nargonne et mourut le 24 septembre 1650 (P. Anselme, *ouvr. cité*, t. I, p. 203). — (2) Il fut aussi abbé de Fontenelles, de Lagny et de Chezy, et chanoine de la Sainte-Chapelle de Paris. C'était un fils naturel d'autre Nicolas de Neufville, seigneur de Villeroy, secrétaire et ministre d'État (La Chesnaye-Desbois, *ouvr. cité*, 2ᵉ éd., t. X, p. 727).

gieux ne peussent estudier, ce qui causa dans ladicte abbaye de grandes usurpations tant des abbés commendataires, vicquères que officiers : tous usurpoient au destriment des pauvres religieux et couvent. Les vicquères de ces abbés commendataires se mesloient entièrement des choses régulières, comme s'ils eussent esté eux-mesmes réguliers, et bien souvent ils n'estoient que prestres séculiers. Ils donnoient la profession, envoyoient et rappelloient des cloistriers, donnoient les dimissoires pour aller aux ordres. Et tout cella estoit supporté par les prieurs à qui appartenoit de fère telles choses. Mais à cause que ces prieurs claustraux estoient faicts et esleus par ces abbés commendataires, ou leurs vicquères, ils permettoient toute usurpation contre droict et justice. Ces prieurs se réputans comme créatures de tels abus, ils n'osoient leur desplaire en aucune façon. Les officiers mesme avoient prins telle jurisdiction et ascendant sur les pauvres religieux, qu'ils estoient poussés de telle vanité que d'oser dire qu'ils estoient leurs suppérieurs, conjoinctement avec les prieurs. Ils se mesloient de régir et gouverner les biens du couvent, ainsi que bon leur sembloit, sans que les pauvres religieux eussent aucune cognoissance de leurs biens, aussy se fesoit-il de pauvres mesnages : le couvent n'avoit jamais rien de reste. Les religieux estoient tenus comme esclaves, tant de jurisdiction ces officiers s'estoient usurpés. Ils n'osoient pas mesme leur demander ce qu'ils leur debvoient à raison de leur office, car tous cesdits officiers sont tributaires au couvent. Et néantmoins, ne donnoient ausdits religieux que ce qu'il leur plaisoit, qui n'estoit presque rien au respect de ce qu'il leur estoit deub. Toutes choses estoient cachées aux religieux, qui ne pouvoient pas mesme avoir cognoissance des charges des officiers, pour leur pouvoir demander légitimement ce à quoy ils estoient obligés. Je ne veux pas dire les tyrannies que les prieurs dissimulés et flatteurs en leur charge, pour applaudir aux commendataires et aux officiers, usoient à l'endroict des pauvres religieux, qui estoient traités en esclaves et forçats de gallères, et sous apparence de pietté et de suppériorité, ils commettoient mille impiettés.

Ce abbé passa transaction avec le couvent, pour raison du nombre des religieux que ledit couvent debvoit nourrir, qui estoit de 50, modérant celui de François de Tournon, qui estoit de 80. Le couvent avoit faict tout plain de pertes, à cause des guerres, et les décimes estoient grandement accrues et augmentées.

J'eus la place de religieux de ce abbé, en l'année 1598, et fus conduit aagé de dix à onze ans à ladicte abbaye de Chase-Dieu, en la mesme année, et y arrivai le jour des Innocens (1), à l'heure de 5 à 6 heures du soir, et en l'année d'après 1599, je receu l'habit le 14 mars.

Charles d'Orléans ou nostre Nicolas de Neufville tinrent l'abbaye 23 ans, sans y

---

(1) Le 28 décembre.

avoir faict fère aucune réparation, pas plus que leur prédécesseur Henry d'Angoulesme.

Soubs ce abbé fust faict le crucifix de saincte croix, non par ce abbé mais par un dom Jean Bonnefoy, garde cloistre, en l'an 1603.

LOUYS DE VALOIS, 41ᵉ abbé.

Ce Louys de Valois estoit fils de Charles d'Orléans, jadis comte d'Auvergne et maintenant duc d'Angoulesme (1). Ce abbé entra en possession de l'abbaye, par la rémission que luy en fist Nicolas de Neuville, le 27 novembre de l'an 1609 (2). Outre ceste abbaye il possédoit l'évesché d'Agde, en Languedoc, qu'il quitta pour se marier (3), à cause

---

(1) Et ancien abbé de La Chaise-Dieu (voir plus haut, p. 222). — (2) En 1608, d'après la *Gallia christ.* (t. II, col. 350). — (3) Louis de Valois, né à Clermont, en 1596, était âgé de 13 ans, lorsqu'il fut pourvu de l'abbaye de La Chaise-Dieu, et de 15 ans, quand il fut nommé évêque d'Agde. Il épousa, le 8 février 1629, Henriette de La Guiche, fille de Philibert, grand-maître de l'artillerie de France, devint colonel-général de la cavalerie française, avec le gouvernement de Provence, en 1637, et mourut à Paris le 13 novembre 1653, laissant quatre enfants légitimes et un fils bâtard, connu sous le nom de chevalier d'Angoulême (P. Anselme, *ouvr. cité*, t. I, p. 203).

de la mort de son frère le comte d'Alais (1), qui tomba malade au siège de Montpellier, que le roy Louys XIII avoit assiégé en l'an 1622 (2), et en son quartier qui estoit au pont de Lavérune, à une lieue de Montpellier ; de là il fust transporté, par l'ordre de M. de Montmorency (3), à Pézenas, où il mourut. Ce qui fust cause que nostre Louys de Valois quitta, par la suasion de son père, la résolution d'estre d'esglise, afin de pouvoir conserver la tige de sa maison. Il jouyt néantmoins de ceste abbaye jusques en l'année 1629, qu'il la remist, se voulant marier, à Armand Jean du Plessis, cardinal de Richelieu.

Soubs ce abbé, il n'y a eu que désordres et confusion entre les religieux, à faulte de n'avoir eu de suppérieurs capables de leur charge. Il y a eu un grand procès entre le couvent et les officiers d'iceluy, pour raison de l'administration du bien temporel dudit couvent. Ce procès dura despuis l'an 1618 jusques en l'an 1625, premier de julhet, que l'arrest sur ce différant fust donné à Paris contre lesdits officiers, par la sollicitation de dom Armand Roux, procureur dudit couvent. Pour les officiers estoit scindic dom Pierre Charrier, cha-

---

(1) François de Valois, comte d'Alais, mort sans postérité, le 19 septembre 1622 (*id.* t. I, p. 203). — (2) En septembre-octobre 1622, mais sans succès (*Hist... de Languedoc*, édit. Privat, t. XI, p. 976). — (3) Henri II de Montmorency, amiral et maréchal de France, gouverneur du Languedoc, décapité à Toulouse, le 30 octobre 1632 (Moréri, *ouvr. cité*).

marier dudit couvent (1); c'estoit celuy qui animoit tous les autres officiers pour plaider et comme le plus violent et ambitieux. Ce fust le plus matté et humilié, en entendant l'arrest du parlement de Paris estre prononcé contre luy, par lequel il fust dit que le règlement des pères réformateurs, faict en l'année 1573 (2), seroit observé de poinct en poinct, par lequel règlement il estoit porté que ledit couvent pouvoit eslire ceux que bon luy sembleroit pour régir et gouverner son bien. Deux choses obligèrent les religieux à désirer de prendre cognoissance de leur temporel : l'une fust le mauvais mesnage du recepveur de la maison, qui prenoit tout le revenu de la maison et qui payoit la pantion desdits religieux à lambeaux et comme leur fesant encore grace, quand il leur donnoit quelque chose en déduction de leur quartier. Ce recepveur estoit espaulé, n'estant desdits officiers, comme un Arthaud Julien, prieur second, qui bien souvent mangeoit de bons morceaux avec le recepveur, nommé Pironon, qui demeura, pendant douze ans, sans rendre un compte final. Et ce ne fust pas sans grande violence qu'on le sortit de ceste charge, après luy avoir faict rendre un

---

(1) Pierre Charrier, docteur de la faculté de Valence, avait pris possession de l'office de chambrier-mage de La Chaise-Dieu, le 8 mai 1600, en remplacement de feu Annet de La Rochebriant; il mourut en 1641 (Inventaire des archives de La Chaise-Dieu, du xviii° siècle, *loc. cit.*, fol. 977 v° et 978). — (2) Voir plus haut, p. 209.

compte final, que les premiers deslégués du couvent en l'administration poursuivirent, pendant six mois, contre tous les obstacles des officiers et nommément dudit Arthaud Julien, prieur second, qui le pourtoit à tous restes et contre sa conscience. Le mauvais mesnage de cet Anthoine Pironon, recepveur, parust non tant à sa confusion, car il estoit assez bon homme, que des officiers et dudit Arthaud Julien. Il fust donc reliquatère de 4,000 francs, sans qu'on esplucha de trop près toutes choses. Je ne dirai rien plus dessus ceste affère, bien qu'il y aye assez de matière. L'autre subject qui occasionna les religieux d'estre nommés pour le régime du temporel de leur couvent, fust la vanité des officiers qui les mesprisoient si outrageusement qu'il sembloit que les simples religieux n'estoient que leurs halebardiers au chœur, eux n'allant qu'à la grand messe, vespres et complies et à matines les jours de bonnes festes, et encore assez rarement, disant que les affères de la maison les en dispensoient. De plus, quand les religieux demandoient quelque chose pour survenir à leurs nécessités, ces officiers y procédoient avec autant de façon et de mespris, comme s'ils eussent baillé du leur ou à leurs valets. Je ne doibs passer plus avant sur ce poinct, parce que « recrudescit vulnus. »

Cedit différant fust remis par la pluralité des religieux, mais non par les plus sensés, avant que d'en fère donner un arrest, à M. le duc d'Angoulesme, père de nostre Louys de Valois, qui, en son retour du siège de Montpellier, estant arrivé à Lyon avec le roy Louys XIII, fist sçavoir ausdits religieux qu'il les vouloit mettre d'accord avec les officiers du couvent. Mais comme ce Pierre Charrier, scindic des officiers, prévalust envers ledit seigneur d'Angoulesme et que la sentence dudit seigneur d'Angoulesme fust conforme à celle que ledit Pierre Charrier en fist luy-mesme dresser, les religieux eurent des lettres royaux et se firent relever en parlement, où ils gaignèrent leur procès contre lesdits officiers. Le prieur second tenoit le parti desdits officiers et intervint en ladicte cause, mais il ne trouva aucun advocat qui osa plaider son intervention. Ce fust ce mesme Arthaud Julien, prieur second, qui cauteleusement fust trouver mondit seigneur d'Angoulesme à Lyon, pour aller plaider pour lesdits officiers, et si néantmoins, il avoit esté envoyé par tout le couvent vers madame d'Urfé (1), à la Bastie, pour certaines affères que ledit couvent avoit avec ladite dame, pour raison de l'union du prieuré de Montverdun, lequel enfila son chemin à Lyon, pour aller fère ce bon office au couvent.

Pendant lequel procès en la cour, les officiers qui voyoient qu'ils n'auroient pas du meilleur firent en sorte de persuader nostre Louys de Valois, qui estoit pour lors à Paris, de fère un voyage en son abbaye de la Chase-Dieu,

---

(1) Marie de Neufville, femme de Jacques II d'Urfé dit *Paillard*, bailli du Forez (Moréri, *ouvr. cité*).

et que, soubs apparence de venir fère ses adcenses, il pourroit user de son autorité abbatiale, pour intimider les religieux qui fleschiroient volontiers à ses désirs, n'y ayant que bien peu qui volussent plaider cedit différant. Nostre Pierre Charrier luy fist accroire qu'il n'y avoit que quelques mutins qui se fussent redduits à cella, et que presque tous les religieux estoient des ignorants et des gens de peu d'esprit. Ce qui donna certainement de la croyance audit abbé Louys de Valois, qui estant dans son abbaye fust bien trompé, car il vit le contrère que Pierre Charrier luy avoit dit, et remarqua bien qu'il y avoit des religieux aussy bien faicts qu'il en eu jamais veus. C'est la vérité qu'en ce temps-là il y avoit cinquante religieux, tous cappables d'entretenir ce bon prince Louys de Valois, qui sceut bien recognoistre la cappacité desdits religieux, disant souvent à ses domestiques qu'il n'estoit pas de ces religieux ce qu'on luy avoit faict espérer et croire dans Paris. Néatmoins cet abbé estoit si bon que, pour contenter la passion violente des officiers et particulièrement de Pierre Charrier, chambrier, qui estoit ceste porte-boyte de Pandore, il fist tous ses efforts pour obtenir ausdits officiers leur contentement. Mais les religieux tenant bon et ne voulant lascher de leur droict poursuivirent si vivement ladicte affère à Paris, qu'il s'en donna un arrest en l'an 1625, le premier de julhet, tellement que ce bon abbé, feignant d'estre fasché contre lesdits religieux, s'en retourna à Paris, où il loua la constance et l'esprit de ses religieux, disant qu'ils n'estoient pas tels qu'on les luy avoit despaints.

En l'an 1619, le couvent fist fère le rettable du grand autel à maistre Gilbert Ribairoux, menuisier à Clairmont. Ce rettable cousta 600 escus pour la main ou pour le port du boys. Les trois tableaux dudit rettable coustèrent 900 livres et furent faicts par le plus excellent paintre qui fust dans Lyon, nommé Horace Le Blanc (1). Le boys fust doré et azuré par un autre paintre de Sainct-Chamon, cella cousta un coupple de 100 escus. A ce mesme temps, pour donner jour ausdits tableaux, le couvent fist reculer l'autel de trois pas. Ce reculement cousta 200 escus, puis, en l'année 1625, il fust consacré par Mgr l'évesque du Puy, Just de Serres.

L'année 1619, la foudre tomba sur le grand clocher, brisa seulement les tuiles et passa par le trou de la voulte qui descend à plomb dans l'esglise, et puis passa par la grande porte de ladicte esglise, où elle rencontra dom Jean Roux qui, à cause du temps nébuleux et obscur, s'estoit placé contre ladicte porte pour veoir dire son office du matin, entre six et sept heures que la foudre tomba, luy passant par le sein et luy sortit par son haut de chausse, après luy avoir bruslé tout le poil des parties honteuses.

(1) Élève du célèbre peintre italien, Jean Lanfranc, fut nommé peintre de Lyon, sa ville natale, où il mourut. Siret, dans son *Dictionnaire des peintres* (3ᵉ édit., t. I, p. 533), le fait vivre, par erreur, aux VIIIᵉ siècle.

Il tomba comme mort sur le pavé, sans autre danger.

En l'année 1623, tomba un gabion, tout proche de la montée du portal de la tour, par la force des vents, auquel l'on pouvoit avoir remédié, si la vigilance des prieurs et suppérieurs eut esté plus grande. Et en l'an suyvant 1624, le couvent fist bastir une belle tour, au lieu dudit gabion, telle qu'elle paroist aujourd'huy. L'abbé et les officiers y conxribùèrent de ce qu'ils debvoient, jouxte les termes du « Domino. »

Un frère, Jean Rigaud, convers, donna au revestiaire deux chappes, deux dalmatiques, avec la chasuble de satin à fond blanc, tout parsemé de fleurs, avec clinquans d'or, en l'année 1625, et, en l'année 1627, il donna, pour fère l'habit complet, autres deux chappes et deux dalmatiques, de la mesme estoffe que les premières, avec le mesme assortiment, et, en l'année 1628, le mesme frère Jean Rigaud fist fère un devant d'autel et garniture de pupitre des Evangiles, aussy de mesme estoffe. Voilà qui est à remarquer pour un pauvre frère convers, qui a plus faict et donné à l'esglise que tous les officiers ensemble que j'aye veu, pendant trente ans que j'aye demeuré dans ledit monastère de la Chase-Dieu, vèoir mesme plus que les trois derniers abbés commendataires, qui n'ont que tousjours eu soin de leur revenu, sans fère aucune réparation dans leur abbaye, et comme « comedetères » (1), ils n'ont

(1) Traduction fantaisiste du mot de basse latinité « comedentarius, » qui veut dire mangeur, en vue

que tousjours engraissé leur plat et mangé le revenu de ceste pauvre maison.

A Paris, en l'année 1625, fust faict la relique du chef de sainct Benoist (1), à la sollicitation de dom Estienne Faure, réfecturier, qui entreprist d'y mettre du sien 600 livres, et ne pouvant plus, le couvent fust obligé d'y mettre 600 escus de plus, qui, pour cet effect, n'y voulut rien espargner, pour en fère fère celuy-là qui se voit aujourd'huy, qui arriva dans ledit monastère le 20ᵉ apvril, et le 24ᵉ dudit moys, jour et feste de nostre patron sainct Robert, il fust porté sur un brancart à la procession. J'eus ce bonheur d'estre un des deux qui l'apporta le premier, en ce jour-là ; le chef fust faict par le plus célèbre orfeuvre de Paris, nommé Cranyer.

En ceste mesme année 1625, le couvent eut procès contre nostre Pierre Charrier, chambrier, pour raison de ses charges et vestiaires deubs aux religieux, par devant les R. R. pères définiteurs de l'ordre que ledit Charrier ne vouloit point recognoistre, et pour ceste cause, il se pourta pour appellant en la Cour, laquelle le renvoya devant ses légitimes suppérieurs, avec despans. Ce procès, ressortissant aux commissaires du Pape, fust plaidé jusques en l'année 1630, que les religieux furent contraincts d'accorder avec ledit Charrier, chambrier, à cause de l'avantage qu'il avoit eu

---

d'une pointe malicieuse contre les abbés commendataires. — (1) Voir plus haut, p. 210.

contre ledit couvent, pour raison de certaine faute que le scindic du chapitre, nommé dom Armand Roux, avoit faicte, si que ce chambrier eut dudit couvent tout ce qu'il voulut, et fist une nouvelle transaction du tout avantageuse pour soy et, entre autres choses, luy fust accordé douze sestiers de blé, qui n'estoient que deubs au tailleur et courdonnier, qui fesoient les habits et souliers des religieux. Et parce que ledit couvent avoit convenu, avec ledit Charrier, des espèces qu'il pouvoit debvoir en argent, sans avoir apprécié la façon des habits, seulement les estoffes, il appert évidemment que lesdits douze sestiers de blé luy ont esté accordés injustement, par violence et pour terminer ceste mauvaise affère qui alloit ruiner ledit couvent, à cause des surprinses et faveurs qu'il avoit eus des depputés du Pape et, nommément, de l'abbé d'Esbreuil (1), qui condempna très iniquement ledit couvent. Je pourrois bien parler pertinemment de tout ce qui s'est passé en cet accommodement, d'autant que j'estois depputé du chapitre pour fère ledit accord, que j'abandonnoi de closre pour me veoir contrecarrer des religieux mesme et, nommément, des suppérieurs qui disputoient pour ledit Charrier, chambrier. Puis, à cause que c'est au temps présant, je ne peux ny ne

(1) Charles Charretier de Rouvignac, vicaire-général de Louis de Valois, abbé de La Chaise-Dieu (*Gallia christ.*, t. II, col. 350 et 371), qui condamna l'abbaye, par sentence du 6 décembre 1628 (Inventaire.. de La Chaise-Dieu, du xviii° siècle, *loc. cit.*, fol. 980 v°).

doibs dire tout ce qui seroit nécessaire en cestedicte affère, pour fère paroistre les excès de meschanceté que ledit Charrier usa contre ledit couvent qui, pour se mettre en paix, fist par accord tout ce que ledit Pierre Charrier voulut. Sa mémoire mérite d'estre éternisée, non pour le bien, ains pour le mal. Je laisseroi à fère plus amplement le narré de tout ce qui s'est passé en ce procès et des violences dudit Charrier à quelque autre qui viendra après moy, d'autant qu'on ne peut dire, sans encourir hayne, les vérités pendant la vie de celluy que l'ont veut descrire et deschiffrer : je remets donc cella à fère à quelque autre.

Dom Estienne Faure, réfecturier, duquel j'ay encore parlé au chef de sainct Benoist, croissant tousjours de zélle et de dévotion, bien qu'agé de quatre-vingts ans, fist fère à Paris le reliquaire où repose le bras de sainct Robert (1) et au mesme maistre qui fist le chef de sainct Benoist, lequel, pour bien tirer la main qui est au dessus dudit bras et afin que ce fust une œuvre parfaicte, se porta dans la salle du Palais, pour rencontrer un homme qui eut la main bien faicte. Entre tous, il fist rencontre d'un secrettère qui l'avoit très belle, lequel permist à ce maistre orfeuvre, nommé Cranier, de la lever avec de l'argile, pour, puis après, servir de patron et modélle à celle qu'il debvoit fère. Ce fust en l'année 1627 que ce reliquaire fust faict et donné par le susdit

(1) Voir plus haut, p. 207.

Faure qui, tout le premier, le voulut porter en la première procession qui se fist.

Tous les religieux, capitulèrement assemblés, prinrent résolution, l'an 1627, de quitter le vieux office de l'usage de leur monastère de la Chase-Dieu, pour prendre le nouveau refformé de sainct Benoist. Et, pour cet effect, il fust nommé, en ladicte assemblée, dix religieux pour acommencer de dire ledit office nouveau dans l'esglise du Collége, le premier dimanche de l'Avent de ladicte année (1). Je fus un des dix pour pourveoir au règlement et bon ordre dudit nouveau office. Le couvent, pour cet effect, fist venir les livres de chant, missels et bréviaires de Paris, depuis l'an 1625. Le 22 décembre fust introduict ledit nouveau office dans le grand chœur, où tous les religieux furent unis pour ne fère qu'un mesme office. Toutefois ce changement d'office ne fust point au gré de tous et particulièrement d'Arthaud Julien, prieur second, qui, pour ne sçavoir que sa vieille rottine, apréhendoit la nouveauté d'iceluy. Nostre Louys de Valois fist un grand effort en l'achat des livres de chant, parce qu'il en paya la moytié. Voilà tous les présants que le monastère a eus de ces trois derniers abbés, plustost comedetères que commendataires.

Cet abbé donna son consentement pour l'union du prieuré de Saint-Pierre le Vieux à la mense conventuelle par dom Imbert Falut, aagé de 25 à 26 ans, en l'année 1627, mais la

---

(1) Le 28 novembre.

bulle du pape ne s'estant pas trouvée fulminée soubs cet abbé, il fallut tascher d'avoir un nouveau consentement du subséquent abbé (1).

※※※※※※※※※※※※※※

ARMAND JEAN DU PLESSIS, cardinal DE RICHELIEU, 42ᵉ abbé.

Dom Amable de Frétat, prieur-tiers, prit possession de l'abbaye pour le cardinal, l'an 1629 et le mardy dixiesme de julhet.

Il eut ceste abbaye par la démission que luy en fist Louys de Valois, soubs rétention de pantion de huit mille livres.

Concordat passé entre le cardinal de Richelieu, abbé de la Chaise-Dieu, et le supérieur général de la congrégation de Sainct-Maur (2).

A tous ceux qui ces présentes lettres verront, Louis Seguier, chevalier, baron de Sainct-Brisson, seigneur de Ruaux et de Sainct-Fir-

(1) La bulle du pape Urbain VIII, prononçant l'union du prieuré de Saint-Pierre-le-Vieux à la mense conventuelle de La Chaise-Dieu, est de l'année 1628; elle fut fulminée « en l'officialité de Mende, » le 16 avril 1633 (Inventaire des archives de La Chaise-Dieu, de 1720, loc. cit., fol. 215). — (2) Le texte de ce concordat, analysé par D. Branche (ouvr. cité, p. 304), a été ajouté, par le copiste Crouzet, à la suite du manuscrit de dom Gardon, d'après une expédition, du 31 juillet 1782, conservée aux Archives Nationales (L 1188).

main, conseiller du Roy, gentilhomme ordinaire de sa Chambre et garde de la prévôté de Paris, salut. Savoir faisons que par devant Charles Richer et Pierre Parque, notaires, gardes notes du Roy, nostre sire, en son Châtelet de Paris, soussignés, fut présent monseigneur l'éminentissime Armand, cardinal, duc de Richelieu et de Fronsac, pair de France, abbé de l'abbaye de la Chaise-Dieu en Auvergne, lequel, continuant ses soins pour le bien et rétablissement de l'observance et discipline régulière dans les abbayes dont Dieu lui a donné la charge et l'administration, a reconnu, par l'heureux succès qu'il en a vu et voit de jour en jour, que la divine Majesté témoigne avoir agréable ses services et pieux employs, et ne voulant priver d'un si grand bien ladite abbaye de la Chaise-Dieu, pour laquelle il a une particulière inclination, comme étant une des plus recommendables de l'ordre, et qui a plus fleuri en ce royaume en piété et saincteté, jusqu'aux siècles derniers que le malheur des guerres et autres accidents du temps y ont apporté de l'altération, ledit seigneur a jugé à propos de prendre les mesmes moyens dont il s'est servi pour la réformation de ses autres abbayes, qui est d'y établir les pères de la congrégation de Sainct-Benoit, autrement dite de Clugny et de Sainct-Maur, que par la singulière piété son Éminence a procuré dans ce royaume, et ce faisant, unir et agréger ladite abbaye à ladite congrégation. A cet effet, ledit seigneur, pour lui et ses successeurs abbés, d'une part, et révérend père dom Grégoire Tarisse, supérieur général de ladite congrégation, tant en son nom que d'icelle congrégation, d'autre part, ont fait les traités et conventions qui s'ensuivent :

1º Ladite abbaye de la Chaise-Dieu demeurera, ci-après et dès à présent, unie et incorporée à ladite congrégation de Sainct-Benoit, dite de Clugny et de Sainct-Maur, pour estre régie et gouvernée par les chapitres généraux et supérieurs d'icelle, sans que pour cela les droits du Roy, en ce qui regarde la nomination, ni ceux de mondit seigneur le cardinal et des abbés, ses successeurs, soient aucunement diminués ni changés, tant pour ce qui concerne la collation des bénéfices dépendants de ladite abbaye que pour le revenu et autres prérogatives annexées à la dignité abbatiale.

2º Les pères de ladite congrégation de Sainct-Benoist s'établiront dans ladite abbaye en tel nombre qu'ils jugeront nécessaire, et du moins, autant qu'il y aura de places vacantes pour célébrer honorablement, avec lesdits anciens, le service divin et faire les autresdites charges ; à cet effet, lesdits pères auront la direction du chœur, et l'office sera fait selon l'usage du bréviaire monastique, cérémonial et chants reçus et gardés dans les monastères de ladite congrégation, à quoi lesdits anciens seront tenus de se conformer, et à cet effet, les supérieurs et anciens de ladite congrégation feront les signes et cérémonies au chœur et partout ailleurs, tant pour le service divin que pour les observances régulières, seront même obligés de dire et célébrer les grandes messes et officier tant ès jours ordinaires que solemnels.

3° Les anciens religieux tiendront partout les premières places, fors et excepté quand le supérieur et autres desdits pères officieront, revêtus en chappes; toute l'administration néanmoins de l'église sera à la disposition des pères de ladite congrégation, et à cet effect, leur seront baillés par inventaire tous les meubles, livres et ornements, calices, croix, chandeliers, encensoirs, saintes reliques, argenterie, linge, tapisseries et autres choses servant à l'usage de l'église et sacristie.

4° En conséquence de laquelle union et agrégation, les pères de ladite congrégation pourront établir toutes fois et quantes qu'il leur plaira en ladite abbaye un noviciat, y recevoir des novices, leur donner l'habit, les admettre à profession, sans que par ci-après aucun y puisse être admis au noviciat ou à la profession que par lesdits pères et pour y vivre selon leurs constitutions et généralement faire, gérer et ordonner toutes choses utiles et nécessaires concernant l'observance et la discipline régulière, et à cette fin, leur seront délaissés tous les lieux réguliers et autres dont la communauté a acoutumé de jouir.

5° Et d'autant que quelque ancien dortoir est en ruine et qu'il n'y a aucun lieu pour faire les infirmeries, chambres communes, chambres d'hôtes et autres nécessaires pour la communauté de l'étroite observance, mondit seigneur a laissé ausdits pères son logis abbatial, comme il se comporte et estend, avec toutes les appartenances et dépendances, pour en jouir jusqu'à ce que les lieux réguliers soient réparés et en état d'y faire leur résidence, par ainsi ceux qui l'occupent à présent seront tenus de se loger ailleurs.

6° Sera au choix desdits anciens religieux d'embrasser l'étroite observance de ladite congrégation, faisant une année de probation avec lesdits pères, s'ils en sont jugés capables, ou de demeurer en l'état qu'ils sont à présent, sous le gouvernement et obéissance d'un supérieur du corps desdits anciens, l'institution et destitution duquel demeurera à mondit seigneur, lequel supérieur ainsi pourvu veillera sur les mœurs desdits anciens, à ce qu'ils vivent sans scandale et avec édification, sans néanmoins les pouvoir obliger à plus grandes austérités qu'à celles qu'ils ont professées. Surtout ils demeureront sujets à l'assistance du service divin, du moins à la grand messe et à vêpres, en sorte que ceux qui y manqueront, sans légitime excuse, seront marqués comme absents du monastère et leurs pensions, pendant ledit temps, seront appliquées à la décoration de l'église.

7° Et pour le regard des novices non profès, qui sont ou dans ladite abbaye ou dans le collège de Tournon chez les pères Jésuites, eu égard aux services qu'ils ont pu rendre cy-devant et pour leur donner moyen de se rendre capables d'entrer en ladite congrégation, seront envoyés aux études jusqu'à ce qu'ils aient achevé la rhétorique, aux dépens du couvent qui donnera, à ceux qui n'occuperont les places de boursiers chez lesdits pères Jésuites de Tournon, à chacun cent cinquante livres, tous les ans, et au mesme temps qu'aucuns desdits novices non profès auront fait leur rhétorique, comme dit est, ils seront reçus au noviciat dans ladite congrégation, et après l'année de probation, y feront profession, s'ils en sont capables, et au cas qu'ils ne voulussent prendre la réforme, seront renvoyés chez leurs parents et le monastère de la Chaise-Dieu en demeurera déchargé.

8º Et d'autant que pour parvenir à remettre l'observance en son entier, la principale chose et la plus nécessaire est de rétablir le nombre de religieux qui doit estre dans ladite abbaye et de remplir, autant que faire se pourra, les places vuides dans les prieurés ausquels, faute de religieux, le service se trouve ou délaissé ou fort mal fait, pour à quoi remédier, seront envoyés, aux places vacantes, du moins six religieux, du nombre des anciens, qui sont à présent résidants en ladite abbaye de la Chaise-Dieu, lesquels obédienciers et ceux qui sont déjà en divers lieux pourront revenir en ladite abbaye de la Chaise-Dieu, si bon leur semble, au bout de trois ans à compter du jour qu'ils y ont été ou seront ci-après envoyés, à condition que les autres anciens iront remplir leurs places èsdits prieurés, pour pareil temps, et ainsi continuer les uns après les autres, successivement. Néanmoins, à cause de l'antiquité et vieillesse de plusieurs, mondit seigneur a dispensé desdites obédiences ceux qui se trouvent à présent avoir pris l'habit de la religion, passé quarante ans. Et au regard de la communauté de la Chaise-Dieu, elle sera composée de cinquante religieux, qui est le nombre porté par les derniers règlements, duquel nombre lesdits anciens font la plus grande partie, et pour le reste des places qui se trouveront vaquer jusqu'à la concurrence dudit nombre de cinquante, elles seront remplies par lesdits pères pour rétablir l'observance régulière, comme dit est.

9° Les places desdits anciens, qui sont compris dans ledit nombre de cinquante, venant à vaquer par mort, profession dans ladite congrégation ou translation dans d'autres monastères de l'ordre, pour y posséder offices claustraux ou bénéfices, demeureront au profit desdits pères, pour accroitre d'autant leur nombre, sans que ceux qui sont en obédience aux dépendances de ladite abbaye les puissent venir occuper. Et pareillement, s'il advient le décès d'aucun desdites obédiences èsdites dépendances, ceux qui sont compris, comme dit est, dans le nombre de cinquante en ladite abbaye, ne pourront estre contraints d'aller remplir lesdites places, sinon les jeunes profès qui étudient encore à présent au collège de Tournon, lesquels seront tenus de demeurer èsdites obédiences toute leur vie, sans pouvoir prétendre droit, comme les autres anciens, pour les faire subroger ou envoyer en leurs places de temps en temps, jaçait que les autres obédienciers, comme dit est, le puissent faire.

10° Les noms, qualités et titres des offices claustraux de ladite abbaye et des sacristies des prieurés qui sont unis à la manse conventuelle, avec les fruits, revenus, profits et émoluments, maisons, appartenances et dépendances demeureront aux particuliers qui les possèdent à présent, en faisant les charges, sans toutefois les pouvoir résigner, demeurant lesdits offices unis à la communauté desdits pères réformés, vacation advenant par mort, résignation ou autrement.

11° Tous les biens et revenus appartenants à la manse conventuelle de la Chaise-Dieu seront communs entre lesdits pères et lesdits anciens, et seront servis sur le pied de cinquante places, dont lesdits pères recevront pour autant de religieux qu'ils occuperont de places et lesdits anciens pareillement pour autant de places qu'ils en rempliront, ainsi qu'il est spécifié ci-dessus. Et pour faire toutes les recettes et toutes les mises, charges ordinaires et extraordinaires sur ledit revenu, seront établis deux procureurs, l'un par lesdits anciens et l'autre par lesdits pères, lesquels rendront compte de la recette et de la mise, tous les ans, en la présence des députés de l'un et l'autre corps.

12° Tout le revenu du couvent étant ainsi commun entre lesdits pères et lesdits anciens, toutes les affaires seront déterminées conjointement, par ensemble et capitulairement, à la pluralité des voix, comme pour faire passer les baux, faire réparations, pourvoir aux cures, aux offices de justice, institutions et destitutions des médecins, chirurgiens, apothicaires, agents des affaires et autres, et généralement pour faire tout ce que besoin sera au nom de la communauté. En conséquence de quoi, tous les titres et papiers concernants les biens et revenus, appartenances et dépendances de ladite manse conventuelle seront mis sous deux clefs, dont l'une sera gardée par le supérieur des anciens et l'autre par le supérieur desdits pères.

13° Les pères jouiront, à la concurrence des places qu'ils occuperont, de toutes les choses dues par les religieux officiers, comme par les chambrier, infirmier et autres. Pour cet effect, choisiront quelque lieu propre pour faire leurs infirmeries, soit dans l'étendue du logis abbatial ou ailleurs, où leurs malades seront pansés, nourris et médicamentés de toutes choses dues et nécessaires, aux despens dudit sieur infirmier et autres qui y peuvent estre obligés, et l'ancienne infirmerie sera réservée pour lesdits anciens quand ils seront aussi malades, s'ils s'en veulent servir, lesquels seront pareillement servis et médicamentés par les mêmes qui y sont obligés.

14° Arrivant le décès d'aucun desdits anciens religieux dans ladite abbaye, les pères seront tenus de faire leurs obsèques et de dire et célébrer les offices et autant de messes dans ledit monastère, comme ils feraient pour l'un des leurs.

15° Et en faveur de la réforme, mondit seigneur consent que les cotes-mortes des anciens religieux qui viendraient à décéder, tant dedans que dehors ladite abbaye, demeurent et appartiennent ausdits pères, pour être employées aux choses plus nécessaires de la communauté et à la décoration de l'église et sacristie.

16° Et attendu que lesdits pères feront et représenteront dorénavant le corps de la communauté, vivans ès lieux réguliers et en commun, outre le linge, vaisselle, ustensiles et autres meubles qui se trouveront estre destinés pour le commun et qui seront délaissés ausdits pères, mondit seigneur consent, et en tant que de besoin serait, veut et entend qu'ils reçoivent et touchent tous les deniers dus d'arrérages à la communauté des religieux sur leur manse, pour estre employés partie à la construction des cellules qu'il conviendra de faire dans ledit logis abbatial, à faute de dortoir, et le surplus à l'ameublement de la sacristie, desdites cellules, du réfectoire, cuisine, hôtelleries, infirmeries et autres accommodements nécessaires pour l'établissement de la réforme, n'étant point raisonnable que lesdits arrérages lui proviennent pour la plupart des places vacantes, depuis plusieurs années, tournent au profit desdits anciens religieux, mais plutôt pour les nécessités communes, maintien de la discipline régulière et réparation des édifices de ladite abbaye, desquels deniers et de l'emploi d'iceux seront lesdits pères de la congrégation tenus rendre compte audit seigneur cardinal, toutes fois qu'il lui plaira.

17° Et au regard des livres de la bibliothèque, ils seront mis au pouvoir desdits pères, à condition qu'ils en accommoderont lesdits anciens, quand ils en auront besoin, sous leur récépissé, et en les rapportant leur en sera baillé d'autres aux mêmes conditions.

Ce que dessus ainsi accordé entre mondit seigneur le cardinal et ledit révérend père Tarisse, supérieur susdit, et promis respectivement entretenir, observer et accomplir, et pour en consentir et requérir l'homologation en toutes cours où besoin sera, mondit seigneur le cardinal et ledit révérend père Tarisse ont constitué leur procureur le porteur d'icelui, lui en donnant le pouvoir.

En témoins de ce, nous, à la relation desdits notaires, avons fait mettre le scel de ladite prévôté à cesdites présentes, qui furent faites et passées à Paris, en l'hôtel de mondit seigneur le cardinal, le dernier avril 1640, avant midi. Son Éminence a signé, avec ledit révérend père Tarisse, la minute des présentes demeurée audit Parque, notaire, et soussignés Richer et Parque, avec paraphes.

Catalogue des illustres religieux qui sont sortis de la très insigne abbaye de la Chase-Dieu.

CESTE abbaye a produit, de tous temps, plusieurs personnes illustres, car outre ceste entresuytte d'abbés, sont sortis plusieurs enfants de la famille de sainct Robert qui ont esté eslevés en diverses prélatures dans l'Esglise de Dieu. Et jaçoit que je pourrois icy entasser plusieurs choses pour prouver la saincteté qu'on gardoit en ceste abbaye ; je me contenteroi seulement, en confirmation de mon dire, de représanter au lecteur un nombre de personnes illustres et saincts qui se sont formés en ce lieu, qui est une preuve la plus forte qu'on sçauroit trouver pour illustrer un monastère. Les voicy donc :

Sainct Hugo quitta son évesché de Grenoble, l'an 1087, après l'avoir gardé deux ans (1), pour se venir réfugier dans le monastère de la Chase-Dieu, afin de rechercher un plus humble et asseuré estat, où il y avoit grand nombre de serviteurs de Dieu et de saincts personnages, par l'exemple desquels Hugo se rendit grandement parfaict. Ce sont les paroles de Guido,

(1) Saint Hugues de Châteauneuf fut élu évêque de Grenoble, en 1080, et c'est en 1082 qu'il abandonna momentanément son évêché, pour se faire moine de La Chaise-Dieu (*Gallia christ.*, t. XVI, col. 230-31, et U. Chevalier, *ouvr. cité*).

5° prieur de la Grande-Chartreuse, lorsqu'il raconte la vie dudit sainct, lequel après avoir faict son année d'approbation et rendu ses vœux à la fin d'icelle. Grégoire VII, à l'instance des habitans de Grenoble, luy fist commendement de reprendre sondit évesché, où estant de retour, il tacha de conserver en sa maison, autant qu'il luy estoit possible, le bien qu'il avoit appris dans le monastère. Ce fust cet évesque et religieux de la Chase-Dieu qui, trois ans après son retour en sondit évesché, eut la vision de sainct Bruno et de ses six compagnons et qui, tout le premier, fust le bienfaiteur des R. P. Chartreux. Il faut veoir sa vie faicte par Guido, 5° prieur de la Grande-Chartreuse, laquelle est dans le tome de Ribadeneira.

Pierre fust tiré du monastère de la Chase-Dieu pour aller régir l'évesché de Viviers, comme nous apprenons de nos archives, puis sa vertu croissant tousjours, il fust appellé à l'archevesché de Lyon, comme nous voyons dans une espitre que Pierre le Vénérable, abbé de Clugny, luy escrit, qui est la 2° du livre II, où il loue la puretté de son esprit. Le mesme Pierre le Vénérable luy escrit encore une autre espitre, qui est la 18° du II° livre, par laquelle ledit Pierre le Vénérable tesmoigne la joye qu'il a d'avoir eu pour voisin nostre Pierre à Lyon, pour le bien, dit-il, qu'il recevra de sa douce conversation et, à cet effect, il le prie, par la mesme espitre, de luy donner certain jour et lieu, pour le venir trouver. Et pour tesmoignage de l'estime qu'il fesoit de luy et de l'amour qu'il luy pourtoit, il luy envoye une bague d'or (1). Voillà nostre Pierre, religieux de l'abbaye de la Chase-Dieu, qui tire un grand tesmoignage de sa probité et vertu par les escrits d'un autre Pierre, de grande estime envers les Papes et les Roys, comme aussy du grand sainct Bernard, premier abbé de Clervaux, qui, escrivant au pape Innocent II, faict cette mention de nostre Pierre en ces paroles : « Dominus de cœlo prospexit super matrem nostram Lugdunensem, qui decedenti piæ memoriæ Petro, archiepiscopo, virum optimum, etc. »

Ce Pierre estoit bourguignon de nation. Il fust appellé à l'évesché de Viviers, par le pape Honoré II, et à l'archevesché de Lyon, par Innocent II, l'an 1131. Baronius, en son tome XII, dit qu'il mourut l'an 1136, estant légat en Antioche (2) et Syrie. Jacques Severt dit que ce Pierre fust à Rome et qu'il mourut le 4 des kalendes de juin, après avoir faict bastir plusieurs esglises (3).

Jarento fust abbé de Sainct-Benigne de Dijon et, après, selon quelques uns, il fust faict évesque de Langres (4) : c'est ce que je

(1) Ces analyses des deux lettres de Pierre le Vénérable sont accompagnées de citations latines empruntées à ces lettres. — (2) Le texte porte, fautivement, « Acone. » — (3) D'après H. du Tems (*ouvr. cité*, t. IV, p.363), l'archevêque Pierre mourut empoisonné à Saint-Jean-d'Acre, au mois de mai 1139. — (4) Jarenton n'a jamais été évêque de Langres, mais seulement abbé de Saint-Benigne de Dijon, de 1077 jusqu'à sa mort sur-

n'ay pas encore trouvé ; bien il est vray qu'estant abbé de Sainct Benigne de Dijon, il y eut Robert, 53e évesque de Langres (1), qui concéda à l'abbé Jarento certaines esglises qui estoient dans sa division, afin qu'il les possédat paisiblement. Voicy les mots de la carte : « Cum ab ecclesia Lingonensi abbatia Divionensis fundata fuit, dedit ecclesias de Maymont et d'Espagnat, etc. » (2).

Un Estienne fust appellé du monastère de la Chase-Dieu, pour aller gouverner les religieux de l'abbaye d'Issoire (3). Je n'ay pas encore sceu ses progrès.

Pierre de Pontgibaut fust abbé de Sainct-Alyre de Clairmont, en Auvergne (4), ainsi qu'il luy fust prophétizé par l'abbé Seguin, comme j'ay faict veoir en son rang (5).

Aldebert, de moine de la Chase-Dieu, fust abbé de Déols (6). Jean Chanu, de Bourges, dit, en parlant de nostre Aldebert, qu'il estoit religieux de l'ordre de Sainct-Benoist, sans dire de quelle abbaye; mais il se vérifie, par les manuscripts de l'abbaye de la Chase-Dieu,

venue en 1112 ou 1113. — (1) Le 54e selon H. du Tems (*ouvr. cité*, t. IV, p. 509). — (2) D'après la *Chronique de l'abbaye de Saint-Benigne de Dijon*..., publiée par l'abbé E. Bougaud et J. Garnier, 1875 (p. 203), il s'agit des églises de Mesmont et d'Epagny, dans le département de la Côte-d'Or (communication de M. Claudon, archiviste de la Côte-d'Or).— (3) Voir plus haut, p. 44, au sujet de ce prétendu abbé de Saint-Austremoine d'Issoire. — (4) Entre 1080 environ et 1106 (*Gallia christ.*, t. II, col. 324). — (5) Voir plus haut, p. 28. — (6) Le manuscrit porte, à tort, Dôle.

qu'il estoit de ceste maison. Estant donc abbé de Déols, monastère de mesme ordre, il fust créé archevesque de Bourges. Il gouverna ledit archevesché 4 ans, 8 mois et 16 jours. Alors il fist de grands biens à son abbaye de Déols. Il fust faict archevesque soubs Urbain II, Henry IV estant empereur et Philippe I roy de France. Ce mesme autheur dit qu'Aldebert fust le 60e archevesque de Bourges et qu'il fust créé l'an 1093 et mourut l'an 1098, dans la quatriesme année complète et révolue. Claude Robert, en sa Gaule chrestienne, parlant d'Aldebert, dit qu'estant abbé de Déols, il assista au concile de Clairmont, l'an 1095, et qu'il siégea 4 ans et 6 jours, au rapport d'Ordericus, libre VIII (1). Mais il faut croire que c'estoit en qualité d'archevesque et non pas d'abbé de Déols, parce que Jean Chanu auroit manqué, comme il appert dessus. Je ne veois pas qu'il faille tant déférer à Chanu, au préjudice de ces deux autres auteurs.

Tous ceux-cy ont esté personnes de doctrine et de vertu, lesquels, à cause de leur intégrité et prudence, ont esté appellés de l'abbaye de la Chase-Dieu pour aller gouverner ces esglises

(1) L'œuvre de ce bénédictin a pour titre *Orderici Vitalis angligenæ, cœnobii Uticensis monachi, historiæ ecclesiasticæ libri tresdecim*. Dans l'édition publiée par A. Le Prevost, en 1845, on trouve seulement en note (t. III, p. 446), qu'Audebert fut archevêque de Bourges de 1092 ou 1093 à 1096, conformément aux indications fournies par la *Gallia christ.* (t. II, col. 44-45), mais le texte lui-même ne relate pas les faits rapportés par dom Gardon.

susdictes, et tout en mesme temps ont esté contemporains, dans le mesme monastère, et assistèrent à l'élection de l'abbé Estienne, comme j'ay faict veoir en son rang (1).

« In terrario claustri, » il se trouve un cardinal Guillaume, moine de la Chase-Dieu, qui donna au monastère douze marcs d'argent, pour une fondation qui se faict encore tous les ans, le 9 d'aoust. Il se voit encore dans le mesme terrier du cloistre un Jean, religieux, avoir esté évesque de Grenoble, pour lequel il y a une fondation le 4 janvier (2). De ces deux-cy je n'en ay trouvé autre chose.

Il y a un autre Guillaume, cardinal prestre du tiltre de Sainct-Clément, et c'est celuy qui a faict fondation, le 23 de juin, pour laquelle il a donné dix livres annuellement, pour achapter les souliers des religieux, qui se donnent tous les ans, à la feste de sainct Jean-Baptiste. Il mourut le trentiesme d'octobre.

Guillaume de la Roue, qui estoit prieur de la Chaumette (3), fut esleu évesque du Puy, et trois ans après son élection, il fust confirmé par Urbain IV, qui le sacra dans Rome, le 22 février 1263. Il estoit de la maison des ba-

---

(1) Voir plus haut, p. 44. — (2) Il ne peut être ici question que de Jean de Sassenage, ancien prieur de Saint-Robert de Cornillon, prieuré dépendant de La Chaise-Dieu, qui occupa le siège épiscopal de Grenoble, de la fin de l'année 1163 au 12 janvier 1220, date de sa mort (U. Chevalier, *ouvr. cité*). — (3) La *Gallia christ.* (t. II, col. 718), dit La Chaux : en réalité c'est La Chaulme qu'il faut lire.

rons de la Roue, laquelle subsiste pour le jourd'huy avec grande splendeur (1). C'est ce Guillaume qui mit sur le roc d'Espaly le fondement d'un fort chasteau, despuis parachevé par Jean de Bourbon et abbattu en ces dernières guerres civiles. Il acquit à l'évesché du Puy la ville de Monistrol, moyennant le prix de 1,360 livres (2). Il donna, avant son trespas, au couvent 150 livres pour une fondation, que la maison de Sainct-Robert du Puy doibt payer et dont le revenu se prend sur Marminhac. Il mourut le 9 aoust l'an 1282 et voulut estre ensevelly dans l'abbaye de La Chase-Dieu. Je n'ay pas encore sceu le lieu de son tombeau.

Un Robert fust faict abbé de la Grace, au diocèse de Carcassonne (3).

Un autre, nommé Renaud, fust faict abbé de Sainct-Cyprien de Poitiers extra muros (4). Voicy comme en parle Gaufridus, moine, en la vie de sainct Bernard de Pontieu : « Hic sancti

---

(1) Il était fils d'Armand II de La Roue, chevalier, seigneur d'Aubrigoux, et de Jeanne de La Rochelambert (Arch. dép. de la Loire, bibliothèque Chaleyer, n° 627). — (2) De Guigon, seigneur de Saint-Didier, en 1270 (Arch. départ. de la Haute-Loire, G 1, fol. 133 v°). — (3) Faute de renseignements précis, il est impossible d'identifier ce personnage, car il existe deux abbés de Notre-Dame de La Grasse du nom de Robert : le premier, élu le 5 mai 1086 et mort en 1108, et le second, nommé en 1163 et décédé vers 1165 (*Histoire... de Languedoc*, édit. Privat, t. IV, p. 478-485). — (4) Renaud, disciple de saint Robert, fondateur de La Chaise-Dieu, abbé de Saint-Cyprien-lès-Poitiers entre 1069 et 1100 environ (*Gallia christ.*, t. II, col. 1233-34).

Roberti, fundatoris illius monasterii quod Casæ Dei dicitur, discipulus fuerat. » Cellà se voit aussy dans les nottes de Pierre le Vénérable, abbé de Clugny « et præsertim lib. II observationum martyrologium sanctorum ordinis, mense Aprilis, his verbis : venerandus abbas in cœnobio Sancti Cypriani urbis Pictaviensis pius et doctus. » Ce fust cet abbé qui receut, pendant son gouvernement en ladicte abbaye, le susdit saint Bernard de Pontieu, au rapport de Hugues Ménard.

Environ l'an 1315, fust faict religieux du monastère de la Chase-Dieu Pierre Roger, de Malmont, au diocèse de Limoges, lequel, après avoir demeuré quelque temps dans ledit monastère, pour y apprendre la vertu et l'exercice de ce qui estoit nécessaire à la proffession religieuse, fust envoyé par ses suppérieurs à Paris, pour y apprendre les sciences, où il profita si avant qu'il prit ses degrés de docteur au collège de la Sorbonne, aagé de 30 ans (1). Dès lors, il commença de se rendre si recommendable, par sa doctrine et éloquence, qu'il fesoit bien paroistre ce qu'il debvoit estre. Il estoit très libéral, clément et humain. De retour qu'il fust en son monastère de la Chase-Dieu, il fust pourveu du prieuré de Sainct-Pantaléon, diocèse de Limoges (2), puis, par Jean XXII, de celuy de Sainct-Bauzille près Nismes. En après, il fust appellé par les religieux de l'abbaye de

---

(1) Il était né en 1291. — (2) Le texte porte, fautivement, diocèse de « Sainct-Flour. »

Fécant en Normandie, pour estre leur prieur et, tost après, fust esleu abbé en la mesme abbaye de Fécant (1). Sa cappacité et vertu esclairant tousjours de plus en plus, il fust tiré de son abbaye pour aller régir l'évesché d'Arras (2) et, en après, l'archevesché de Sens (3). En l'an 1330 (4), il fust encore appellé pour régir l'archevesché de Rouen. Après avoir esté faict cardinal du tiltre de Saincts-Nérée et Achilée par Benoist XII, en l'année 1337, lequel, estant décédé le 25 apvril 1342 (5), nostre Pierre Roger fust, à cause de sa grande et profonde doctrine et pietté religieuse, assis à la chaire de sainct Pierre. Les cérémonies de son couronnement furent parachevés le 19 du moys de may de la mesme année, en l'esglise des Frères Prescheurs d'Avignon : auquel sacre assistèrent le comte de Beaufort et son frère Guillaume (6). Ça esté ce pape qui a acquis la ville d'Avignon de Jeanne, fille de Charles (7), roy de Sicile. Il mourut en Avignon le 6 décembre l'an 1352 et, de là, son corps fut translaté au monastère de la Chase-Dieu et ensevelly au milieu du chœur, dans un tombeau de marbre noir parfaictement élaboré et poly :

(1) En 1326. — (2) En 1328. — (3) En décembre 1329. — (4) Le manuscrit indique, à tort, 1340. — (5) Le texte donne la date erronnée du « 5 de may. » — (6) Le comte de Beaufort était, à cette époque, Guillaume Ier, frère aîné de Clément VI. Il ne peut donc être question de « son frère » Guillaume, mais bien de son fils, connu sous le nom de Guillaume II. — (7) Le texte dit, par erreur, « Robert. »

toute sa généalogie estoit en l'entour, en marbre blanc. Il ne régna que dix ans, 6 moys et 18 jours (1).

Jean Chanu et Jacques Severt tiennent que ce Pierre Roger est sorti de Malmont, et d'autres auteurs disent qu'il estoit du lieu de Rosier, du diocèse de Limoges (2). Et c'est l'opinion la plus vraye, et entre autres auteurs, est un Abraham Bzovius.

Il se racontoit, par tradition, dans le monastère de la Chase-Dieu, que nostre Pierre Roger, revenant des estudes de Paris pour se retirer dans son monastère, fust volé et mis à nud par des voleurs qu'il rencontra dans les boys de Randan en Auvergne, et que se voyant ainsi réduit à telle extrémité, il eut refuge au prieur de Thuret, nommé Estienne Aldebrand, qui le reçeut fort humainement et qui le secourut charitablement en sa pauvreté, luy fesant administrer des habits et des moyens pour se conduire en son monastère de la Chase-Dieu. Le bon frère Pierre Roger se voyant comblé de la charité dudit Estienne Aldebrand, prieur, luy dit en son despart : « Mon père, quand sera-ce que je me pourrai revencher du bénéfice que j'aye receu de vous ? » Le bon prieur, comme prophétizant, respond : « Lorsque vous serez le Souverain Pontife, vous me rendrez la revenche. » Ce qui arriva en l'année 1342 que ledit Pierre Roger fust créé pape ; mais, pour

---

(1) Voir plus haut, p. 150. — (2) Clément VI est né au château de Maumont, près de Rosiers-d'Egletons.

cella il ne mit pas en oubliance le bienfaict dudict prieur de Thuret, qu'il envoya quérir en Avignon, pour estre son chambellan. En après, l'archevesché de Tholoze vaccant, il en pourveut Estienne Aldebrand (1), lequel, pour recognoissance d'un tel bien, fist bastir une chapelle dans l'esglise de Sainct-Alyre de Clairmont, où il voulut estre ensevelly, et là, en ladicte chapelle, il fonda une messe, tous les jours, pour soy et pour le pape Clément VI. Vray est que l'on a tousjours doubté de ceste histoire, comme n'en ayant aucuns mémoires dans l'abbaye de la Chase-Dieu. Il est certain, néantmoins, que dans ladicte chapelle où Aldebrand est ensevelly, ladicte histoire est exprimée en vers latins, qui sont si mal polis et si mal adjencés, que je n'ay voulu les mettre icy et sur lesquels je n'ay jamais adjouté grand foy, sinon que despuis que j'ay leu la mesme chose dans deux auteurs dignes de foy, que je veux mettre icy tout du long. Le premier, Abraham Bzovius qui, outre ce, confirme ce que j'aye dit cy-dessus de Pierre Roger, dit Clément VI. En voicy les propres mots :

« Natus Clemens apud vicum Rosetum, Lemovicensis diocesis, patre Guillermo, ante pubertatis annos religioni divi Benedicti apud Casam Dei, in præaltis ac vicinis Arvernorum jugis, se addixerat. Lutetiam ad studia capescenda missus, quod esset perspicaci ingenio tanta aviditate philosophiam et theologiam am-

(1) En 1350.

plexus ut paucos superiores habuerit. Petrarca
liberatissimum pontificem appellabat. Joanni
XXII propter incomparabilem scientiam gra-
tissimus, Sancti Baudilii apud Nemausum cœnobio prioris cum dignitate prælatus fuit, ex
inde abbas Fiscanensis in Normandia, postea
Atrebatensis episcopus, mox regii scrinii et si-
gilli præfectus, postea Senonensis, deinde Rothomagensis archiepiscopus et a Benedicto XII
cardinalis creatus, gradum sibi per virtutes ad
eam dignitatem fecit. Pontificatum illi aliquis
sive prædixisse, sive ominasse fertur. Cum
enim Lutetiæ Parisiorum doctoris theologi
nomine et laurea donatus ad monasterium Casæ Dei revertens, in itinere apud Arvernos in
saltu Randanio in latrones incidisset, et ab
illis viatico et veste spoliatus, præter indusium
lineum et vitam incolumem, nihil aliud, Tu-
retum, ad Stephanum Aldebrandum qui ecclc-
siasticum beneficium modici redditus obtine-
bat, attulisset, atque ab eo miserante spoliati
monachi casum benigne habitus veste et ne-
cessariis donatus : « Ecquando acceptum beneficium ego refferre potero ? » interogasset.
Aldebrandus respondit : « Tum cum eris ro-
manus Pontifex, tum par pari referes. » Re-
nunciatus Pontifex, memor veteris officii, Avi-
nionem Aldebrandum evocatum, primo cubi-
cularium, mox Tholosanum antistitem esse
jussit : cum paulo ante, ipsa festivitate Pente-
costes, XIV kal. junii, Avenione in basilica
Prædicatorum, Joanne primogenito regis Gal-
liarum, et cardinalibus, episcopis, clero et

populo præsentibus, a Neapolæone Ursino, etc.

L'autre auteur qui confirme encore cecy est « Alphonsi Ciaconii Beacensis, ordinis Prædicatorum et pænitentiarii apostolici » (1).

Je suis bien trompé si Catel ou Savaron ne rapportent ceste histoire. Il faut veoir chez Bosquet la vie de ce pape in *Historia Pontifum Summorum oriendorum ex Gallia*, et impressa Parisiis, in-8.

Trithème au second livre, « capite 133, » et au livre IV⁰, « capite 18, » le met au nombre des hommes illustres. Voicy ce qu'il en dit :

« Clemens papa sextus, Petrus Rogerii ante vocatus, patria Lemovicensi, primo abbas Fiscanensis, deinde episcopus Atrebatensis, postea Senonensis et paulo post Rothomagensis archiepiscopus, sedit post Benedictum duodecimum annis decem, mensibus sex et diebus decem et octo. Vir doctissimus et excellens declamator, moribusque perhumanus et in omnes liberalis ; qui multa ingenii monumenta reliquit. Moritur anno Domini 1352. »

Pierre Bringier, à cause de sa vertu et grande doctrine, mérita d'estre grand prieur de l'abbaye. « Sermones elegantissimos condidit, qui a multis in prætio habentur. Collationes multas in diversis materiis aliaque plurima scripsit. » François I, passant par l'abbaye de

---

(1) Dans son ouvrage intitulé *Vitæ et res gestæ pontificum romanorum et cardinalium*, 1630, et dont l'extrait donné par dom Gardon reproduit fidèlement le précédent récit d'Abraham Bzovius.

la Chase-Dieu (1), luy donna privilège de fère imprimer certains escripts qu'il avoit faicts sur la théologie, qui sont encore dans le chasteau de Chantejoul, escripts de sa propre main. Il arrangua ledit François I, en son entrée dans ladicte abbaye. Ladicte arrangue est dans le livre escript de sa main, qui est dans la tour du thrésor, maintenant il est dans la bibliothèque. Ce Pierre Bringier estoit encore prieur de Nonette (2), lequel il unit à la table conventuelle, recognoissant que les particularités aux bénéfices ne causoient que du mal dans les religions. Il mourut au lieu de Nonette, et puis fust translaté dans l'abbaye et fust ensevelly dans la chapelle des Apostres, tout au devant de l'autel.

(1) L'itinéraire de François Ier, établi d'après le *Catalogue* de ses actes (*ouvr. cité*, t. II, p. 473), permet d'assigner la venue de ce roi à La Chaise-Dieu, entre le 14 et le 18 juillet 1533. — (2) Pierre Bringier, prieur-mage de La Chaise-Dieu, dès le 30 mars 1537 (Archives départementales de la Haute-Loire, série H, fonds de La Chaise-Dieu, liasse Montferrand), était prieur d'Orsonnette et non de Nonette, ainsi que le démontrent plusieurs actes compris entre les années 1544 et 1562, dates auxquelles le prieuré de Nonette avait pour titulaire Georges de Saint-Nectaire, chanoine de l'église de Lyon. Une curieuse sentence de Jean Fabre, lieutenant-général pour le Roi à Nonette, du 18 février 1549, consacra son droit de « livrezon de nouveau marié, » consistant dans l'obligation, pour chaque mariage célébré à Orsonnette, de lui délivrer un pain blanc, « appelé vulgairement chazeraint, » une quarte de bon vin, un « plat de chèr des nopces et ung plat de poutaige » (Ibid., liasses Nonette et Orsonnette).

Ordericus Vitalis, lib. IV, *Historiæ ecclesiasticæ* (1), faict mention d'un grand et vertueux religieux, nommé Guarnerius. Voicy ses mots : « Venerabilis Guarnerius de Monte Maurilionis, frater Hildeberti, archiepiscopi Bituricensis, miles insignis. Cum adhuc in mundo esset, ad Sanctum Jacobum peregrinatus est. In ipso itinere eum quidam pauper stipem proposcit, qui cum ad manus pecuniam non haberet, ei pretiosas et elegantes chirothecas dedit. Reversus in cœnobio Casæ Dei mundo nuntium remisit. Ibi ferme quadraginta annos Deo militavit. Interim cuidam pio monacho angelus apparuit eique nonnulla facienda injunxit, et monacho quærenti cujus auctoritate id preciperet, respondit : « Ille me misit ad te et hæc tibi mandavit quem Martinus parte clamydis suæ vestivit et cui Guarnerius chirothecas suas donavit. » Vixit anno millesimo nonagesimo quarto. » Ceste mesme année, mourut l'abbé Seguin, quatriesme abbé.

Jacques de la Roche-Morgon estoit homme de bon sçavoir et d'une plus grande vertu, qui est le principal. Il estoit aumosnier de céans (2) et grand vicquère d'Henry d'Angoulesme, grand prieur de France. Voyant que

---

(1) M. A. Le Prevost a publié, en 1845, une édition critique de l'œuvre de ce bénédictin, sous le titre de : *Orderici Vitalis angligenæ cœnobii uticensis monachi historiæ ecclesiæ libri tredecim.* Son texte (t. III, p. 446-47) diffère essentiellement de celui de dom Gardon.
— (2) Il était aumônier à la date du 10 décembre 1569 et résigna ses fonctions, le 7 juillet 1580, en faveur de

son salut n'estoit point asseuré dans un cloistre desréglé, et après s'estre forcé d'establir quelque petit commencement de réforme dans l'abbaye de la Chase-Dieu, laquelle ne peut pas prendre grande force pour les longues absences qu'il luy convenoit fère pour s'acquitter de sa charge de vicquère, qui estoit fort grande. Elle prist fin après séze moys qu'il eut institué et tiré à soy sept ou huit religieux, ainsi que j'ay faict veoir au rang dudit Henry d'Angoulesme (1). Ceste réforme commença au moys de mars de l'année 1575. Nostre Jacques de la Roche estoit homme assez riche et puissant, mais avec tout cela il ne laissa pas de quitter librement tout son train et toutes ses commodités pour s'en aller à Tholoze, afin d'embrasser la vie grandement austère que m⁽ʳ⁾ de Feuillans avoit instituée. Ayant prins l'habit, sans le fère sçavoir à aucun de la Chase-Dieu, il fist paroistre le manque qu'il fesoit dans ladicte abbaye, tant en sa charge de grand vicquère qu'à celle-là d'ausmonier. M⁽ʳ⁾ le grand prieur de France ayant sceu que ce personnage ne le servoit plus en son abbaye de la Chase-Dieu, l'envoya quérir en Provence, où il demeuroit pour lors, pour tascher de le retirer de son sainct exercice et de demeurer avec m⁽ʳ⁾ de Feuillant, duquel il eut licence pour aller trouver ledit Henry d'An-

Christophe Million (Arch. départ. de la Haute-Loire, série H, fonds de La Chaise-Dieu, inventaire du xviii⁽ᵉ⁾ siècle, fol. 1108 et 1114). — (1) Voir plus haut, p. 213.

goulesme, qui luy fist offre de luy fère avoir une abbaye, s'il vouloit se retirer de sa proposition. Le vertueux Jacques de la Roche, mesprisant les dignités et commodités de ce monde, le remercia fort humblement, luy fesant offre néantmoins qu'il retourneroit en son abbaye de la Chase-Dieu, pour y mettre ses affères en estat; ce qu'il fist, et après y avoir demeuré quelque temps, s'en retourna à Tholoze, à la petite observance, aux fauxbourgs de Sainct-Michel, où il avoit laissé son habit de Feuillant, lorsqu'il alla trouver ledit Henry d'Angoulesme, accompaigné de son lacquais, qui s'appelloit Anthoine du Rif, lequel n'eut pas le courage de se fère Feuillant, tant austère estoit ceste forme de vie. Je luy ay entendu dire que, plusieurs fois, son bon maistre, Jacques de la Roche, s'en allant prescher à Muret et autres lieux à l'entour de Tholoze, l'avoit chargé sur ses espaules pour luy passer les rivières, ne voulant point que son serviteur fist l'office, luy disant qu'il estoit desjà pied nud et qu'il n'auroit pas la peyne de se deschausser. Cet Anthoine du Rif, voulant quitter son maistre, luy demanda récompense, lequel, pour toute récompense, le fist recevoir en ladicte abbaye de la Chase-Dieu pour frère lay et, pour ce fère, en escrivit à un Millon, à qui il avoit donné son bénéfice d'aumosnier (1) et

(1) Christophe Million, en faveur duquel Jacques de La Roche avait résigné (voir plus haut, p. 252) et qui se démit lui-même de ses fonctions d'aumônier, en

le fist mettre en sadicte place de vicquère général par m^r le grand prieur de France.

Estant religieux à la Chase-Dieu, il fesoit paroistre le zélle de sa dévotion en ses austérités et prédications qu'il fesoit en divers lieux, et voyoit-on qu'il promettoit quelque chose de plus grand.

En l'an 1580, en septembre, m^r de Feuillant luy donna l'habit de Feuillant et, en novembre de la mesme année, ledit m^r de Feuillant l'envoya prescher l'Avent, à Muret, où il érigea une compagnie de Pénitens bleus, quoiqu'il ne fust que moine de patience et non proffès.

En l'année 1584, à la sollicitation du président Duranti (1) et autres de la ville de Tholoze, m^r de Feuillant l'envoya à Rome accompaigné d'un autre religieux, nommé dom Jean Balade, qu'on a appellé du despuis de Sainct-Maur, tholosain, pour informer Sa Saincteté de sa réforme et la luy fère approuver contre le vouloir de m^r de Cisteaux qui ne cessoit de les inquietter, comme aussy pour viziter les esglises de Sainct-Pierre et de Sainct-Paul et, au retour, Notre-Dame de Lorette.

En apvril 1585, dom Jacques de la Roche et son compagnon arrivèrent à Rome, peu à

cour de Rome, le 28 novembre 1600, au profit de Jacques de Vinols (Arch. départ. de la Haute-Loire, série H, fonds de La Chaise-Dieu, inventaire du XVIIIe siècle, fol. 1108). — (1) Jean-Étienne Duranti, premier président au parlement de Toulouse, massacré par les ligueurs, en 1589.

près la mort de Grégoire XIII (1). Ils furent loger aux Capucins et puis à Saincte-Victoire contre l'arc de Tivoly, auprès duquel estoient logées dix filles, vestues en religieuses de Cisteaux, qu'ils firent réformer par la sollicitation du cardinal Rusticucci (2), protecteur de l'Ordre, du tiltre de Saincte-Susanne, et leur donnèrent pour abbesse une de leurs religieuses qu'ils tirèrent du monastère de Saincte-Cécille, qui est de l'ordre de Sainct-Benoist, et ils en eurent la conduitte.

Mr de Feuillant ayant receu lettre du Pape et de plusieurs des cardinaux, tant italiens que françois, afin d'avoir davantage de ses religieux à Rome, à cause de la bonne édification qu'y donnoient ceux qu'il y avoit desjà envoyés, qui estoient nostre Jacques de la Roche et son compaignon, y envoya de nouveau dom Nicolas, de Carcassonne, homme de fort bel esprit, dom Philibert et deux autres, instituant nostre Jacques de la Roche suppéricur du monastère. Ils furent loger en la petite esglise de Sainct-Bernard près de la colonne Trajane.

En janvier 1587, dom Jacques de la Roche mourut, en grande opinion de saincteté, à Narni, sur le chemin de Rome à Lorette, environ à six lieues de Rome, et y fust enterré. Pour le guarir d'une longue maladie, durant laquelle on luy conseilla un breuvage où il

---

(1) Survenue le 10 avril 1585. — (2) Le manuscrit porte, à tort, « Rusticitio. »

debvoit entrer une pière fort prétieuse et qui se trouvoit difficilement, un cardinal qui en pourtoit une dans une bague la fist mettre en poudre, pour la fère prendre au malade. Après sa mort, on couppa tous ses vestements, qu'on conservoit comme reliques. On n'a jamais voulu laisser sortir son corps de Narni. Dom Jean de Sainct-Maur, qui avoit esté son compaignon de voyage, gouverna, comme ancien, en sa place et, peu de temps après, à sçavoir le 5 may (1), ceste réforme fust confirmée par le bref de Sixte V. En voicy les mots : « Religiosos viros qui divino Spiritu afflati, etc., » portant inhibition et deffences aux suppérieurs de l'ordre de Cisteaux, de ne plus contraindre ces vertueux religieux à quitter leur grande austérité. C'est ce que j'ay recueilli des marques de dom Pierre de Sainct-Romuald, escriptes de sa main.

En l'année 1077, il y eut un religieux de la Chase-Dieu, nommé Guinamondus, très bon sculpteur de ce temps. Il fist une riche architecture dans le chevet de l'esglise de Sainct-Front, sur le sépulchre du sainct apostre (2). Iterius, appellé « canonicus Sancti Frontonis et cellerarius, » fournit aux frais de ceste fabrique. C'estoit soubs l'épiscopat de Guillaume de Montberon, évesque de Périgord (3).

Il se trouve, dans l'ancien nécrologe de

(1) De l'année 1586 (Migne, *Dictionnaire des abbayes*). — (2) Qu'il ornementa de belles mosaïques (*Gallia christ.*, t. II, col. 1460). — (3) De 1059 à 1081 (*ibid.*).

l'abbaye de Sainct-Sernin de Tholoze, que l'abbaye de la Chase-Dieu y avoit esté associée par trois anniversaires, dont le premier estoit le 4 mars, le 2ᵉ le 26 apvril et le 10 novembre se fesoit le 3º. Les manuscripts que j'aye eu en main semblent monstrer assez de soy qu'il y a deux ou trois cens ans qu'ils sont institués.

Au livre intitulé « De antiquitate Benedictorum in Anglia, » en la dernière feuille, sur la fin de la première page, j'ay trouvé ces paroles : « Officium festivum in conventu quisquis sacerdos missam unam reliquit, vero dicant psalmos constitutos pro omnibus defunctis monachis Cluniacensibus et pro omnibus defunctis monachis Casæ Dei Arverniæ. » Cella est au traicté des conventions « inter monachos Cantuarienses et Cluniacenses et alios, tempore Stephani, abbatis Cluniacensis » (1).

Tu vois, amy lecteur, que ceste abbaye a produit, de tous temps, plusieurs personnes illustres, doctes et de grande vertu. Et nonobstant les guerres, elle conserve encore, pour le jourd'huy, bon nombre de possessions, rentes et vassaux ; elle a esté deux fois bruslée, deux fois saccagée, une fois par les Calvinistes, une autre fois par les traitres de la ville mesme. Nonobstant tout cella, elle est pour le jourd'huy si riche, si puissante et si belle, soit

(1) Ce « livre » est intitulé : *Apostolatus benedictorum in Anglia, sive disceptatio histor. de antiquitate ordinis congregationisque monachorum nigrorum S. Benedicti in regno Angliæ, auctore R. P. Cl. Reynero*, 1626.

qu'on considère ses rentes ou la fabrique et architecture de l'esglise, cloistre et autres pièces du monastère, soit qu'on voye l'embelissement de l'esglise et de la sacristie pourveue d'un grand nombre d'ornements de soye, d'or et d'argent et de si belles reliques bien enchassées. Ses grandes richesses, bien souvent, l'ont conduicte à la porte d'une totale ruine et perdition, tant elle a esté toujours enviée et l'est encore au moindre bruit de guerre qui soit dans le royaume. C'est une grande consolation que ceste abbaye, ores qu'elle ayt esté maltraictée des hérétiques, vendue par ses habitans et mal mesnagée des siens propres, soit néantmoins à présent en pied au bout de six cens ans qu'il y a qu'elle fust fondée. Les princes et les grands du monde l'envient pour en tirer les rentes et tondre les brebis. Il faut que le lecteur remarque que ceste abbaye de la Chase-Dieu conserva sa saincteté de vie et observance régulière, tant que les abbés furent esleus « de gremio conventus, » ce qui dura plusieurs siècles, signe évident qu'elle avoit esté bien establye par ce grand sainct Robert, et jusques en l'an 1518 que les commendes prinrent pied dans ceste abbaye, qui fist que la foiblesse humaine et la lacheté des suppérieurs luy a faict beaucoup perdre de sa discipline religieuse. Véritablement c'est une chose admirable et merveilleuse qu'après de si grandes secousses que ceste abbaye a supportées, elle se puisse glorifier, en ce temps, d'estre la première et la plus illustre entre toutes celles du païs d'Auvergne et des premières du royaume.

Voillà donc, lecteur, ce que j'ay peu ramasser jusques à présant par illustrer ceste abbaye de fondation papale et royalle. Je ne doute point qu'il n'y en reste plus à dire qu'il n'y en a de dit ; à tout le moins sçay-je bien que j'aye eu assez de peyne en ce petit œuvre, que je laisse à polyr à un esprit mieux faict et plus deslié que le mien, m'estant seulement contenté d'en recueillir ce que j'ay peu, avant que le temps n'esfaça du tout ce qui restoit dans ceste illustre maison, et d'en esbaucher ces premiers traicts, pour un plus grand soulagement à celuy qui voudra entreprendre l'œuvre plus amplement. Le peu d'instruction que j'aye trouvé dans ceste abbaye, m'a donné la peyne d'aller au dehors apprendre ce que nous pouvions enseigner aux autres. Et j'ose accuser librement de négligence et nonchalance les suppérieurs et administrateurs de ceste maison, qui ont mieux aymé veoir leurs livres manuscripts pourrir et consommés par la vermine et poussière que de les conserver et en fère part au public et qui, enfin, les ont vendus à vil prix, se privant et leurs successeurs de la jouyssance des thrésors, desquels ils pouvoient estre seuls possesseurs, et qui, maintenant, ont besoin de mandier ailleurs la cognoissance des choses qu'ils pouvoient communiquer aux autres.

APPENDICE

APPENDICE

CHRONOLOGIE DES ABBÉS DE LA CHAISE-DIEU DE 1643 à 1790 (1)

Alphonse-Louis du Plessis de Richelieu succéda à son frère, le célèbre cardinal et dernier abbé de La Chaise-Dieu cité par dom Gardon, décédé à Paris, le 4 décembre 1642. Il fut pourvu de cette abbaye par bulle du pape Urbain VIII, donnée à Sainte-Marie-Majeure, le 1er août 1643, et en prit possession, par l'intermédiaire de Louis de Ville, official de Lyon, le 20 octobre suivant. Nommé d'abord à l'évêché de Luçon, qu'il quitta pour se faire religieux de l'ordre des Chartreux, il devint ensuite archevêque d'Arles et de Lyon et grand aumônier de France. Il mourut le 23 mars 1653, à Lyon, où il fut inhumé dans l'église de la Charité.

Jules Mazarin, homme d'État, cardinal et évêque de Metz, devint abbé de La Chaise-Dieu en

---

(1) Cette chronologie complémentaire a été dressée à l'aide du *Dictionnaire de la Noblesse* de La Chenaye-Desbois et de celui de Moréri, (*ouvr. cité*), de documents conservés dans les archives du département de la Haute-Loire et surtout des renseignements qui nous ont été gracieusement fournis par M. Paul Le Blanc.

vertu de bulles papales, confirmées par arrêt du Grand Conseil, du 10 octobre 1653, et de l'acquiescement de son mandataire, Gilbert Noiret, seigneur de Ranois, en date du 16 octobre suivant. Avant même d'être définitivement pourvu et à la date du 26 septembre 1653, il avait chargé le même Noiret de poursuivre impitoyablement « les prieurs et bénéficiers dépendants de l'abbaye de la Chaise-Dieu, pour la pention et redevances qu'ils doivent à monsieur l'abbé. » Ce fut seulement le 21 janvier 1656 qu'il entra en possession de son bénéfice, par l'intermédiaire de Giraud de Landes, seigneur de Bellenoue. Décédé le 9 mars 1661 (1), il fut enseveli dans l'oratoire du collège Mazarin.

François-Marie MANCINI, cardinal, neveu du précédent, fut nommé abbé de La Chaise-Dieu par Louis XIV, le 31 octobre 1661. Il entra en jouissance de son bénéfice, le 9 février 1663, mais sa nomination n'ayant été ratifiée par le pape Clément IX que le 2 décembre 1667, sa prise de possession ne devint définitive que le 2 mars 1668. Il se retira à Rome le 28 juin 1672, où il testa le lendemain.

Hyacinthe SERRONI, d'origine italienne, vint en France à la suite du cardinal Mazarin. Il naquit à Rome, le 3 août 1617, et fut pourvu par le pape Urbain VIII de l'abbaye de Saint-Nicolas de Rome à l'âge de 8 ans. Il prit l'habit de dominicain et fut successivement évêque d'Orange et de Mende et archevêque d'Albi. Il obtint l'abbaye de La Chaise-Dieu le 11 octobre 1672, et, pendant son abbatiat, fit des « des libéralitez considérables »

---

(1) La *Gallia christiana* (t. II, col. 350) dit, à tort, le 9 novembre.

à ses religieux. Le 15 juillet 1674, il consacra l'église de La Chaise-Dieu à SS. Vital et Agricol, martyrs, et à S. Robert. On lui doit aussi l'union à la mense conventuelle de ce monastère de la sacristie de Saint-Jean-le-Centenier, union qui fut convertie, par son successeur, le 4 novembre 1690, en une rente annuelle de 200 livres. Il mourut à Paris, le 7 janvier 1687, et fut inhumé « dans l'église des Jacobins du Noviciat, au faubourg Saint-Germain. »

Henri Ier Achille DE LA ROCHEFOUCAULD, fils de François, le célèbre auteur des *Maximes*, et d'Andrée de Vivonne, né le 8 décembre 1642. Il était déjà abbé de Notre-Dame de Fontfroide, diocèse de Narbonne, et de Beauport, diocèse de Saint-Brieuc, lorsqu'il fut nommé abbé de La Chaise-Dieu, le 20 janvier 1687. Sous son abbatiat, un incendie détruisit, le 24 avril 1695, une partie des bâtiments de l'abbaye. Il décéda le 19 mai 1698 et fut inhumé dans l'église de Saint-Germain-des-Prés, à Paris.

Henri II DE LA ROCHEFOUCAULD, oncle du précédent, né le 27 juillet 1634, abbé de Fontfroide, fut pourvu des abbayes de Celles-lès-Sens et de La Chaise-Dieu, le 15 août 1698. Il prit possession de cette dernière, par mandataire, le 28 mai 1699, et mourut le 16 décembre 1708.

François-Louis-Anne DE LORRAINE D'ARMAGNAC, né le 23 septembre 1680, était fils du connétable Louis de Lorraine. Il était abbé de Montier-en-Der, diocèse de Troyes, et fut nommé à l'abbaye de La Chaise-Dieu, par lettres royaux du 24 décembre 1708, confirmées par bulle du 19 février 1709. Il prit possession de son bénéfice, par procureur, le 13 juin 1710, et décéda le 19 octobre

1712, à Monaco, chez son beau-frère, le prince Antoine Grimaldi de Monaco.

Armand-Gaston DE ROHAN, fils de François, prince de Soubise, né le 14 juin 1674, abbé de Foigny, diocèse de Laon, et de Wast, diocèse d'Arras, grand-aumônier de France, prélat-commandeur de l'ordre du Saint-Esprit, membre des Académies française, des sciences et des inscriptions et belles-lettres, fut nommé abbé de La Chaise-Dieu, le 22 avril 1713, et mourut le 19 juillet 1749. En janvier 1720, il fit procéder au récolement des archives de son abbaye. L'acte notarié dressé à cette occasion relate les soustractions opérées par les moines de La Chaise-Dieu parmi les titres concernant la mense abbatiale et, notamment, les « revenus, devoirs et honneurs y attachés. » Il consigne aussi la disparition de nombreux documents, parmi lesquels le « bullaire, dans lequel estoient transcripts les privilèges des papes, des roys et des princes, » la pancarte, en parchemin, des offices claustraux et les registres des délibérations capitulaires.

Armand DE ROHAN-SOUBISE, petit-neveu du précédent, né le 1er décembre 1717, abbé de Saint-Epvre, abbé-prince de Murbach et de Lure, évêque de Ptolémaïde en Palestine, grand-aumônier de France, cardinal, évêque-prince de Strasbourg, membre de l'Académie française, fut pourvu de l'abbaye de La Chaise-Dieu, en 1749, et mourut, au château de Saverne, le 28 juin 1756.

Louis-René-Édouard DE ROHAN-GUÉMÉNÉ, né le 25 septembre 1734, abbé de Montmajour, évêque de Canope in partibus et de Strasbourg, membre de l'Académie française, commandeur des Ordres, succéda au précédent, en 1756, et fut le dernier abbé de La Chaise-Dieu. Pendant son abbatiat, cette abbaye fut pourvue d'un « Propre » particulier, en 1765 (1), le prieuré de Sainte-Croix de Savigneux fut uni, le 1ᵉʳ mars 1771, à l'office du sacristain, et, le 10 septembre 1771, on installa devant la façade de l'église une grille en fer, « tant pour l'ornement que pour empêcher les gens de venir faire leurs immondices. » Exilé momentanément dans son monastère, à la suite du célèbre procès du collier, il contribua, par sa présence d'esprit, à éteindre un incendie qui, le 6 juillet 1786, faillit consumer la ville de La Chaise-Dieu (2). Il s'associa, au moins par son silence, à la délibération malheureuse prise par son chapitre qui, dans un élan de patriotisme mal entendu, décida, le 24 octobre 1789, d'envoyer à l'hôtel des monnaies de Riom « l'argenterie de l'église, en ne réservant que le simple nécessaire, » afin de subvenir à la disette des finances du royaume. Ainsi commença l'œuvre de vandalisme que la Révolution devait achever, en jetant indifféremment dans le creuset du monnayeur les trésors d'orfévrerie que l'abbaye de La Chaise-Dieu avait pu arracher à l'incendie, au pillage et à d'inconscientes aliénations.

(1) Dont voici le titre : *Proprium ad usum pontificii et regalis monasterii S. Roberti de Caza Dei*, ord. S. Benedicti, *congregationis S. Mauri*, Claromon-Ferrandi, ex typogr. Lud. Petr. Boutaudon, 1765.

(2) Cf. *Grand incendie à la Chaize-Dieu*, publié par H. Mosnier dans les *Tablettes historiques du Velay* (t. V, p. 235 et suiv.).

ÉTUDE SIGILLOGRAPHIQUE
SUR L'ABBAYE DE LA CHAISE-DIEU

Le manuscrit de dom Gardon, en dehors des renseignements chronologiques et biographiques qu'il contient et qui le rendent précieux pour l'histoire de l'abbaye de La Chaise-Dieu, renferme diverses mentions dont quelques unes offrent un certain intérêt; au nombre de ces dernières figure une description détaillée des sceaux des abbés et du couvent, en usage vers le milieu du xive siècle :

« En ce temps là », est-il dit, « le sceau des abbés estoit une Nostre-Dame avec son petit Jésus et saint Robert au devant à genoux, luy baillant son bâton pastoral, et au dessoubs de ces images il y avoit trois moynes avec leur floc; celuy du couvent avoit pour marque un saint Robert seul et tout droit avec son floc. Voilla la distinction qu'il y avoit entre le sceau de l'abbé et celuy dudict couvent. (1) »

Comme complément à cette description, et pour en vérifier l'exactitude, il était utile de rechercher, parmi les documents conservés de nos jours dans

(1) V, page 147.

les différents dépôts d'archives, les sceaux se rapportant à l'abbaye de La Chaise-Dieu et d'en dresser l'inventaire. Ces recherches n'ont malheureusement pas donné le résultat qu'il y avait lieu d'espérer : bien qu'étant encore très riche, le fonds de La Chaise-Dieu, qui aurait pu fournir matière à une importante étude sigillographique, a subi, comme beaucoup d'autres, les atteintes du vandalisme et c'est à peine si nous avons pu retrouver une vingtaine de pièces, la plupart incomplètes ou en partie frustes, mais qui n'en constituent pas moins, telles qu'elles sont, de précieux jalons. Cette série comprend trois types différents du sceau de l'abbaye, onze sceaux d'abbés et sept se rapportant à divers offices claustraux (1).

Le plus ancien sceau de l'abbaye (1304) représente la façade d'une église fortifiée, peut-être celle de l'abbaye telle qu'elle existait à cette époque : de chaque côté de la flèche sont figurés le soleil et la lune; la légende JUSTE JUDICATE, disposée sur quatre lignes, occupe le champ du contre-sceau.

La description que fait dom Gardon du sceau des abbés se rapporte exactement à un sceau qui se trouve appendu à une charte du 7 décembre 1438, conservée aux Archives nationales : on y voit, en effet, la Vierge assise, couronnée, tenant l'enfant Jésus et recevant des mains de saint Robert, à genoux à sa droite, le bâton pastoral; au-dessous, dans une triple arcade, trois moines en prière, revêtus du froc; il porte comme légende

(1) Ces sceaux se répartissent entre les dépôts suivants : Archives nationales, 7; Bibliothèque nationale, 1; archives départementales de la Haute-Loire, 10; archives départementales du Puy-de-Dôme, 2; cabinet de M. Paul Le Blanc, à Brioude, 1.

s. conventus monasterii case dei (1). L'historien de La Chaise-Dieu a voulu parler sans doute du sceau de l'abbaye et non du sceau personnel des abbés; la présence, au bas de la même pièce, du sceau d'Hugues de l'Arc, au type abbatial, confirme cette hypothèse : il représente, dans une niche gothique, saint Robert debout, coiffé de la mitre et, dans une niche inférieure, l'abbé mitré et crossé, priant.

La représentation de saint Robert agenouillé aux pieds de la Vierge figurait déjà sur le contre-sceau commun aux abbés, de 1267 à 1307, dont il existe plusieurs exemplaires (2); toutefois on remarque une légère variante dans la disposition et l'attitude des personnages : c'est ainsi qu'au contre-sceau l'enfant Jésus est placé sur le genou droit de la Vierge qui tient un fleuron dans la main gauche, et c'est à lui que saint Robert remet le bâton pastoral. Ce bâton, sorte de bâton de justice dont la main refermée tient un rouleau de parchemin (3), a donné lieu à des équivoques de la part de Douët d'Arcq qui le prend tantôt pour un crucifix, dans

---

(1) V. inventaire, n° 2 et pl. I. — (2) V. inventaire, n°⁸ 6, 7, 8 et pl. III. — Antérieurement à l'année 1267, le contre-sceau des abbés figurait un buste de la Vierge couronné, avec la légende ave maria (v. inventaire, n°⁸ 4 et 5, et pl. III). Robert d'Auvergne, évêque d'Auvergne, se servait, en 1202, d'un contre-sceau exactement semblable, mais légèrement plus petit (V. P. de Bosredon, *Sigillographie de l'ancienne Auvergne*, n° 1186, et pl. XIV, n° 58 bis). — (3) Le rouleau de parchemin, figuré sur le bâton abbatial, fait peut-être allusion aux statuts de l'abbaye; dans le même ordre d'idées il est intéressant de relever ici la mention de dom Gardon relative aux « constitutions et accords faicts touchant les charges des abbés

le sceau de l'abbaye, tantôt pour un tau, au contresceau des abbés (1); nous le retrouvons plus tard dans le sceau de l'obédience (1651) et dans celui de l'abbaye (1708) où il broche en pal au centre de l'écu : celui-ci, d'une forme particulière et surmonté de la tiare et de la couronne royale, est écartelé de France et de Beaufort, armes que Louis XII octroya à l'abbaye, par lettres patentes de 1501 (2) et dont le dessin figure dans le manuscrit de dom Gardon.

Si l'on considère dans leur ensemble les sceaux des abbés de La Chaise-Dieu, d'après les quelques rares spécimens qui nous sont parvenus, on peut suivre les diverses modifications qu'a subi le type abbatial, du XIIIe au XVIe siècle. D'abord simple, jusqu'à Bertrand de Pauliat (1256), il s'orne d'une arcade avec Albert de La Molette (1267); Hugues de Chouvigny (1307) se détache sur un fond treillissé, puis l'arcade se change en niche à deux

---

et officiers du monastère », que, vers la fin du XIVe siècle, André Ayraud, alors abbé, « fit compiler et mettre par enssemble dans un rouleau de parchemin » qui fut appelé le « Domino » (p. 169). — (1) Douët d'Arcq, *Collection de sceaux*, n°s 8179 et 8606. — Dans le sceau d'Hugues de l'Arc, le bâton que saint Robert tient de la main droite est beaucoup plus long et pourrait être pris pour une crosse; mais la partie supérieure, qui est très nette, ne porte aucune trace de volute. — (2) « Louis XII, par lettres patentes de 1501, accorda que le monastère de la Chaise-Dieu porterait doresnavant pour ses armes : celles de France au 2e et 3e quartier, c'est-à-dire d'azur à 3 fleurs de lis d'or, mises en rang, écartelez au 1e et 4e de celles de Clément VI, qui sont : de Beaufort, c'est-à-dire d'argent à la bande d'azur, accompagnez de six roses de gueules. » Bibl. nat. ms. fr. 18681 (D. Tiolier : *Histoire de La Chaise-Dieu*, ch. XXXV). — Cf. D. Gardon, p. 190.

compartiments: un personnage debout, coiffé de la mitre, dans lequel il faut voir sans doute saint Robert, occupe la niche principale, tandis que l'abbé, mitré et crossé, est agenouillé dans une niche inférieure. Tel est le dessin des sceaux d'Hugues de l'Arc (1438) et de Jacques de Saint-Nectaire (1500) dont le second sceau (1496) offre une variante: les deux personnages sont figurés tête nue et saint Robert, assis, tient un livre.

Le dessin que dom Gardon donne comme étant celui du sceau du couvent, se retrouve sur le sceau du prieur (1256); il représente un religieux debout, la tête nue, revêtu d'un froc et tenant un livre (1). Un autre sceau, de l'année 1307, dont la légende a en partie disparu et qui semble à première vue provenir de la même matrice, est la copie exacte du précédent, tant pour le personnage que pour les lettres de la légende; Douët d'Arcq l'attribue à l'abbaye (2), se fiant sans doute au texte de l'acte auquel il est appendu. Mais, outre que le sceau du prieur a très bien pu être employé au lieu et place de celui du couvent, on distingue encore dans la légende les trois dernières lettres du mot PRIORIS. La mention de dom Gardon est intéressante à un double point de vue: elle permet d'identifier le religieux qui figure sur le sceau et montre la persistance du type. Un personnage debout, revêtu du froc, nimbé et crossé, occupe également le champ du sceau du prieur, de l'année 1675, mais il s'agit ici de saint Benoît.

(1) V. n° 16 et pl. VI. — (2) Douët d'Arcq, *op. cit.*, n° 8178. — On remarque dans la légende une particularité assez curieuse: les deux E de CASE DEI sont de forme différente, détail qui se retrouve dans les deux sceaux.

Les renseignements sigillographiques du genre de celui que nous fournit l'œuvre de dom Gardon sont malheureusement fort rares et il est utile de les relever avec soin; il convient d'y ajouter la mention suivante, extraite des statuts d'Aymoin de La Queuille, abbé de La Chaise-Dieu, du 5 février 1303 :

« XV — Quod sigillum conventus de Casa Dei minime extrabatur; sed per priorem majorem in arca bene clavata debeat custodiri, in qua sint duæ claves, quarum unam prior teneat, et aliam abbas habeat custodire.

XVI — Ut nulla littera sigilliteturs sigillo conventus, nisi vocatis prioribus claustri majoribus bajulis, si præsentes fuerent, de quorum consilio et assensu, vel majoris partis ipsorum talia habent expediri. » (1)

Il résulte de ce qui précède que le sceau du couvent était renfermé dans un coffret placé sous la garde du prieur mage ; ce coffret s'ouvrait à l'aide de deux clefs, dont l'une était entre les mains de l'abbé et l'autre du prieur. Aucun acte ne pouvait être scellé hors de la présence des prieurs claustraux et des bailes mages, mandés au préalable pour en délibérer: il était alors procédé suivant l'avis et consentement de la majorité d'entre eux.

(1) Arch. dép. de la Haute-Loire, H, La Chaise-Dieu, liasse abbé, copie du xviie siècle.

C. JACOTIN DE ROSIÈRES.

INVENTAIRE DES SCEAUX

DE L'ABBAYE DE LA CHAISE-DIEU

---

1   Abbaye de La Chaise-Dieu.
1304.

Sceau ogival, de 60? mill. — Arch. de la Haute-Loire ; H, La Chaise-Dieu, liasse infirmier.

La façade d'une église au clocher en flèche et accosté à dextre du soleil, à sénestre de la lune. — Il ne reste plus de la légende que .IGILLVM (sigillum).

Contre-sceau : Dans le champ, sur quatre lignes :

IVS — TE·IV — DICA — TE·
(Juste judicate.)

Vente par Catherine, veuve de Barthélemy Treulier, à Robert Chalaires, infirmier de l'abbaye de La Chaise-Dieu, d'une maison sise au dit lieu, moyennant 17 livres tournois. — La Chaise-Dieu, 24 mars 1304.

---

2   Abbaye de La Chaise-Dieu.
1438.

Sceau ogival, de 55 mill. — Arch. nat. ; S, 3299 (1).

Sur une terrasse : la Vierge assise, couronnée, tenant l'enfant Jésus, ayant à ses pieds, à dextre, saint Robert à genoux qui lui présente son bâton pastoral ; au-dessous, trois religieux priant.

✠ . . . . . . TUS : M . . . . €I ✱
   (Sigillum conventus monasterii Case Dei.)

Acquisition d'un pré, faite par l'abbaye. — 7 décembre 1438.

---

3   Abbaye de La Chaise-Dieu.
1708. (2)

Sceau ovale, de 53 mill. — Arch. de la Haute-Loire; H, La Chaise-Dieu, dioc. de Rodez.

Écu de fantaisie écartelé : au 1 et 4, trois fleurs de lys rangées en fasce ; au 2 et 3, une bande accompagnée de six roses en orle ; sur le tout, posé en pal, le bâton pastoral ; timbré d'une tiare surmontant deux clefs en sautoir, à dextre, et d'une couronne fermée, à sénestre.

❊✠❊ SIGILLVM·MONASTERII·S·ROBERTI· CASÆ DEI .

(1) Cf. Douët d'Arcq, *Collection de sceaux*, n° 8179. — Dans un but d'uniformité nous n'avons pas suivi les descriptions trop brèves et quelquefois fautives de l'auteur. — (2) Ce sceau était encore en usage à la fin du xviii° siècle. M. Paul Le Blanc en possède un exemplaire qui est plaqué au bas d'un acte notarié, de l'année 1782.

Présentation par Guy Buisson, prieur de La Chaise-Dieu, à Paul-Philippe de Lusignan, évêque de Rodez, de Jacques du Verdier, prêtre du dit diocèse, à la cure de La Croix, vacante par le décès de Jacques Fontalbac. — 18 mai 1708.

ABBÉS DE LA CHAISE-DIEU.

4   Géraud de Montclar.
     1231.

Sceau ogival, de 51 mill.— Arch. nat.; J, 309, n° 8 (1).

L'abbé debout, tête nue, crossé, tenant un livre.

✠ S· GERALDI · ABBATIS · CASE · DEI
(Sigillum Geraldi, abbatis Case-Dei.)

Contre-sceau : Un buste de femme de face, couronné.

… ..RIA
(Ave Maria.)

Appendu à une charte de l'an 1231.

5   Bertrand de Pauliat.
     1256.

Sceau ogival, de 48 mill. — Arch. nat. ; M, 256 (2).

Fragment de type d'abbé debout, crossé, tenant un livre.

· ….RANDI …… S : CASE D··
(Sigillum Bertrandi, abbatis Case Dei.)

(1) Cf. Douët d'Arcq, *op. cit.*, n° 8604. — (2) Cf. Douët d'Arcq, *op. cit.*, n° 8605.

CONTRE-SCEAU : Le même que le précédent.

Appendu à une charte de l'an 1256.

---

6   ALBERT DE LA MOLETTE.
1267.

Arch. du Puy-de-Dôme ; chapitre de Montferrand (1).

Dans une niche gothique, l'abbé debout, vu de face, tenant de la main droite une crosse et de la gauche un livre.

✠ SIGILLVM ..BERTI ....ABBATIS
    CASE DEI

CONTRE-SCEAU : L'abbé agenouillé devant la Vierge.

S' ..BERTI AVE MARIA
(Sigillum Arberti. Ave Maria.)

---

7   AYMOIN DE LA QUEUILLE.
1297.

Sceau ogival, de 55 mill. — Arch. du Puy-de-Dôme ; chapitre de Montferrand (2).

(1) Nous mentionnons ce sceau d'après la description qu'en fait Bosredon, dans sa *sigillographie de l'ancienne Auvergne* (n° 1425); entre autres omissions l'auteur ne donne ni sa forme, ni sa dimension. M. Rouchon, archiviste départemental du Puy-de-Dôme, qui a bien voulu, sur notre demande, rechercher cette pièce dans le fonds du chapitre de Montferrand, n'a pu l'y découvrir, ce qui porte à croire que la référence est fautive. Il y a tout lieu de supposer également que le contre-sceau est le même que les deux suivants et que la légende a été mal interprétée. — (2) Communiqué par M. Rouchon, archiviste départemental du Puy-de-Dôme.

Pl. I.

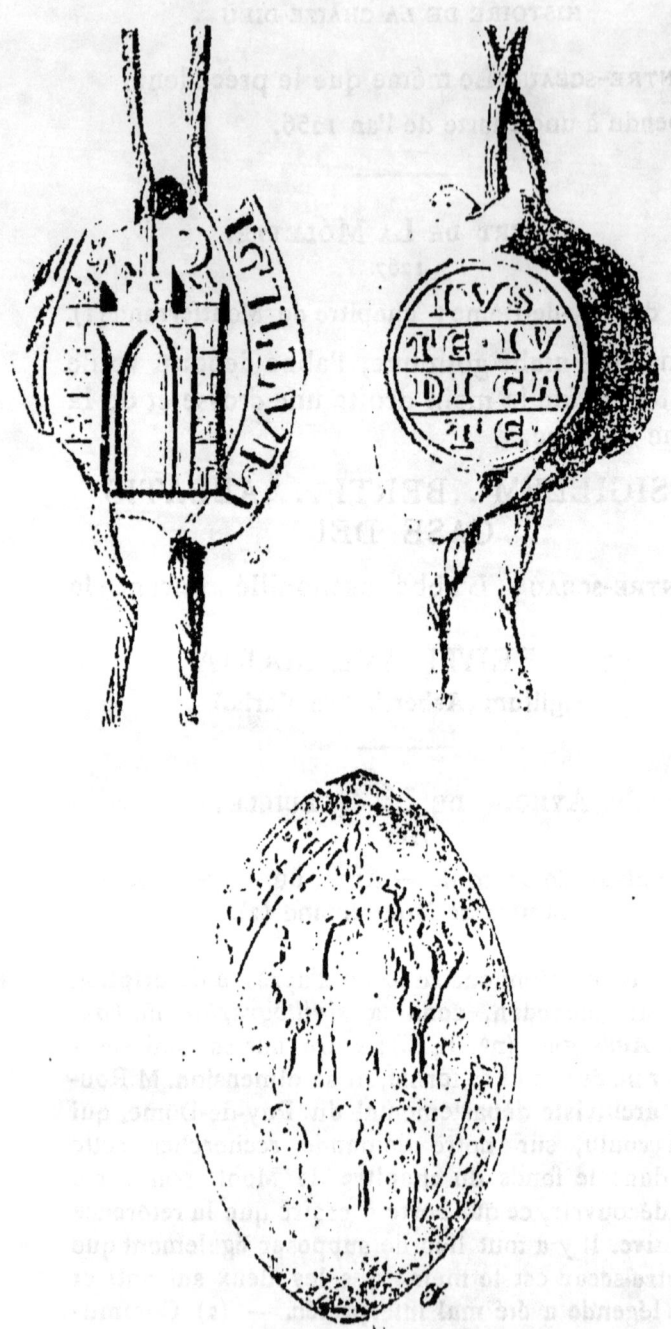

Nos 1 et 2. — Abbaye de La Chaise-Dieu, 1304 et 1438.

Pl. II.

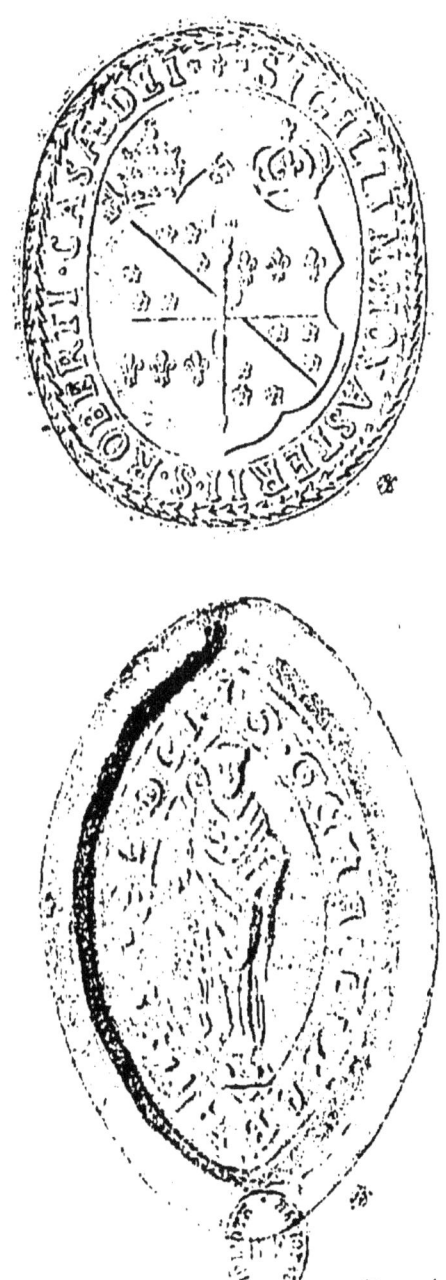

N° 3. — Abbaye de La Chaise-Dieu (1708).
N° 4. — Géraud de Montclar, abbé (1231).

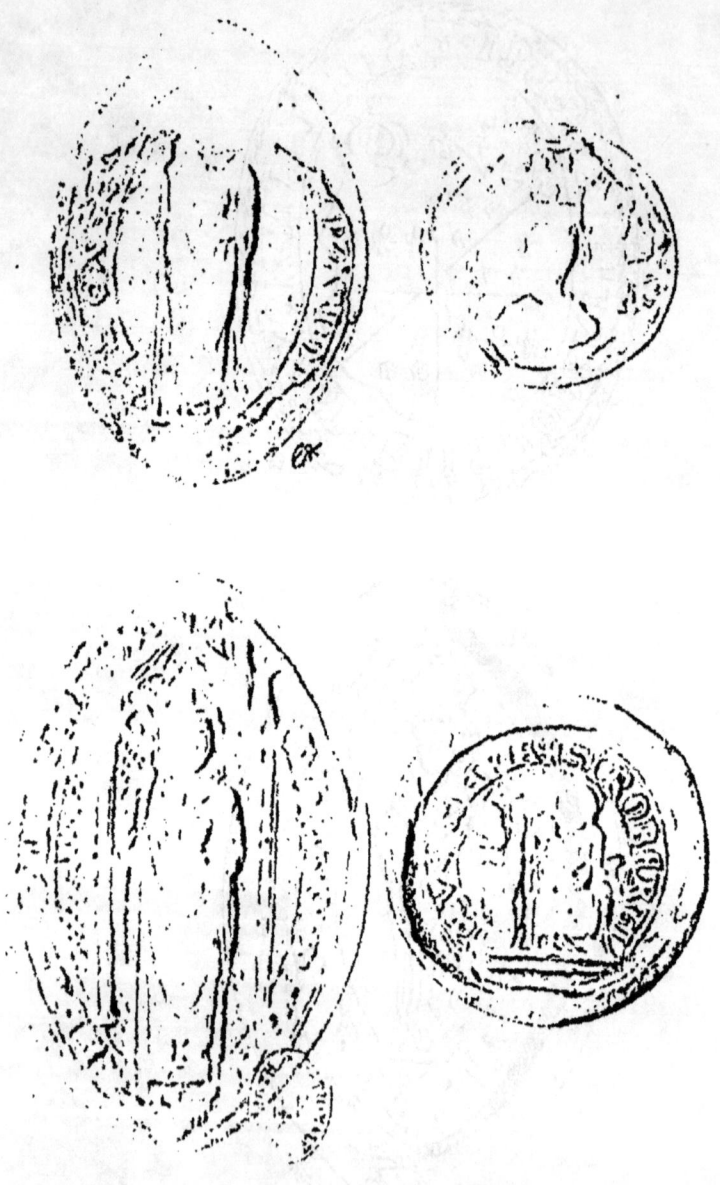

N° 5. — Bertrand de Pauliat, abbé (1256).
N° 8. — Hugues II de Chouvigny, abbé (1307).

Pl. IV.

Nos 10 et 11. — Jacques de Saint Nectaire, abbé
(1496 et 1500).

Pl. V.

N° 14. — Louis-René-Édouard de Rohan,
abbé commendataire (1787).

15. — Obédience de La Chaise-Dieu (1651).

Pl. VI.

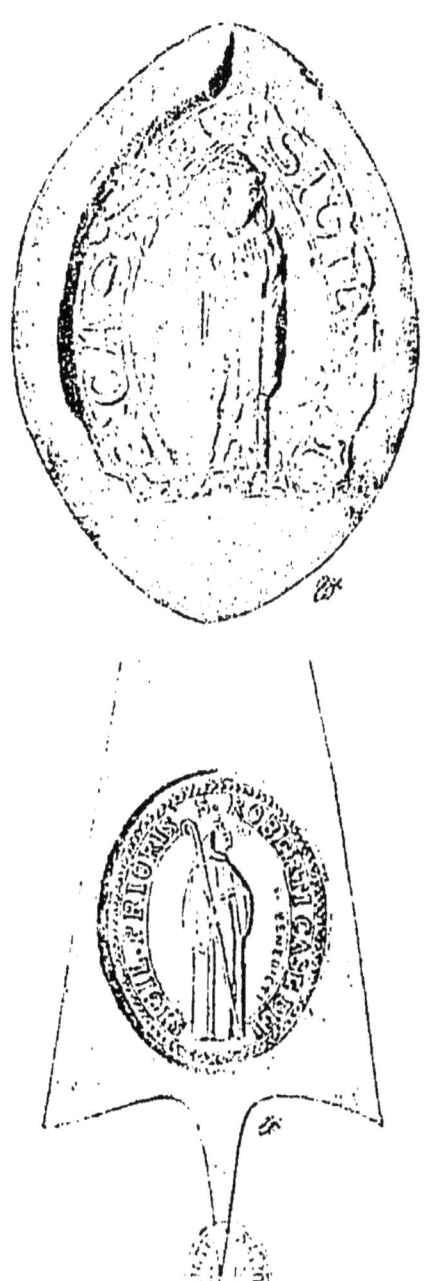

Nos 16 et 18. — Le Prieur de La Chaise-Dieu
(1256 et 1675).

Pl. VII.

N° 19. — Michel des Serpents, vicaire général (1492).

N° 20. — Le Vicaire général de François de Tournon (1529).

N° 21. — Antoine de Myet, infirmier et vicaire général (1662).

Sous une arcade gothique, l'abbé debout, mitré, tenant un livre.

SIGILLVM· .....NI·ABBATIS·CA.. ...
(Sigillum Aymuini (?), abbatis Case Dei.)

CONTRE-SCEAU : Fragment du type de saint Robert agenouillé aux pieds de la Vierge et lui présentant son bâton pastoral (V. le n° suivant).

Accord entre le prieur de Montferrand et la collégiale du même lieu, sur les droits que le prieur prétendait avoir sur ladite collégiale. — 19 octobre 1297.

---

8   HUGUES II DE CHOUVIGNY DE BLOT.
               1307.

Sceau ogival, de 55 mill. — Arch. nat. ; J, 164, n° 47 (1).

Sous une arcade gothique et sur champ fretté : l'abbé debout, mitré, crossé, tenant un livre.

⁖ S hVGO DI GRA ABBATIS CASE DI
(Sigillum Hugonis, Dei Gratia abbatis Case Dei.)

CONTRE-SCEAU : La Vierge assise, en voile, nimbée, tenant l'enfant Jésus nimbé et un fleuron, ayant à ses pieds, à dextre, saint Robert à genoux qui lui présente son bâton pastoral.

✠ SI ROBERTI AVE MARIA
(Sigillum Roberti. Ave Maria.)

Appendu à une promesse de dire des messes pour Charles de Valois. — 7 avril 1307.

(1) Cf. Douët d'Arcq, *op. cit.*, n° 8606. — L'auteur donne par erreur la légende suivante:

   S HVGONIS ABBATIS CASE DI

Un autre exemplaire de ce sceau, de l'année 1317, est également signalé par lui sous le n° 8607.

9   HUGUES III DE L'ARC.
1438.

Sceau ogival, de 70 ? mill. — Arch. nat.; S, 3299 (1).

Dans une niche gothique : saint Robert debout, mitré, tenant de la main droite le bâton pastoral ; au-dessous, l'abbé mitré, crossé, priant, accosté de deux écus au lion, écartelés d'un bandé de six pièces.

𝖘𝖎𝖌𝖎𝖑𝖑.. ....𝖇.... 𝖈𝖆.. .𝖊𝖎

(Sigillum.........., abbatis Case Dei.)

Voyez le n° 2.

---

10   JACQUES DE SAINT-NECTAIRE.
1496.

Sceau rond, de 41 mill. — Arch. de la Haute-Loire ; H, La Chaise-Dieu, prieuré de Teilhède.

Dans une niche d'architecture : un personnage assis (saint Robert), tête nue, tenant un livre ; de chaque côté, un écu portant une fasce fuselée de cinq pièces (2), posé devant une crosse ; au-dessous, un priant crossé.

𝖘 𝖎𝖆𝖈𝖔𝖇𝖎 𝖉𝖊 𝖘𝖙𝖔 𝖓𝖊𝖙𝖊𝖗𝖎𝖔 𝖆𝖇𝖆𝖙𝖎𝖘 𝖈𝖆𝖟. 𝖉𝖊𝖎

(Sigillum Jacobi de Sancto Neterio,
abatis Caze Dei.)

Autorisation d'édifier une chapelle dans l'église de Theilhède. — 25 avril 1496.

---

(1) Cf. Douët d'Arcq, *op. cit.*, n° 8608. — (2) Armes : d'azur à la fasce fuselée de cinq pièces d'argent.

11   Jacques de Saint-Nectaire.
                 1500.

Sceau ogival, de 74 mill. — Arch. de la Haute-Loire; H, La Chaise-Dieu, prieuré de Ségur.

Dans une niche gothique : un personnage debout (saint Robert), mitré, crossé de biais, bénissant ; au-dessous, un priant mitré et crossé, accosté de deux écus portant une fasce fuselée de cinq pièces, timbrés d'une crosse.

. iacobi + de + san... + necterio + .bbtis + ca.. ...
(Sigillum Jacobi de Sancto Necterio, abbatis Case Dei.)

Résignation par Jean Jouvenroux, entre les mains de Jacques de Saint-Nectaire, abbé de La Chaise-Dieu, du prieuré de Ségur, diocèse de Saint-Flour. — 4 juillet 1500.

---

12   Henri, chevalier d'Angoulême,
         Abbé commendataire. — 1568.

Sceau rond, de 51 mill. — Bibl. Nat; ms., pièces originales, t. 25972, n° 1825 (1).

Écu aux armes de France, brisées d'une barre et d'un lambel à trois pendants mouvants du chef, au chef de l'ordre de Saint-Jean-de-Jérusalem, entouré du chapelet de l'ordre. — Légende fruste (2).

---

(1) V. Bosredon, *op. cit.*, n° 1430. — (2) La Bibliothèque nationale possède deux autres sceaux de ce personnage, de 1567 et 1575, aux mêmes armes, mais sans légende (J. Roman : *Inventaire des sceaux de la collection des pièces originales du cabinet des titres*, n°˙ 320 et 321).

Certificat délivré par Henri, chevalier d'Angoulême, abbé de La Chaise-Dieu, et relatif à l'exemption des décimes à lui octroyés par le Roi. — 22 septembre 1568.

13   Louis de Valois,
Abbé commendataire. — 1616.

Sceau rond, de 48 mill. — Arch. de la Haute-Loire ; H, La Chaise-Dieu, liasse chambrier.

L'Écu de France au bâton péri en bande, à la bordure engrelée?, timbré d'une mitre et d'une crosse, entouré du collier de Saint-Michel? (1).

LO..... VA.LOIS ABBE·DE.. ...IZE DIEV

(Louis de Vallois, abbé de La Chaize-Dieu.)

Autorisation par André Valladier, abbé de Saint-Arnoul de Metz, agissant comme mandataire de Louis de Valois, abbé commendataire de La Chaise-Dieu, à Pierre Charrier, chambrier mage de ladite abbaye, de faire édifier une écurie et grenier près de « la grosse tour appellée la *tour rouge*, où se tient d'ordinaire le corps de garde en temps de guerre », et concession par le même de la jouissance du jardin attenant à la maison du chantre. — 24 février 1616.

14   Louis-René-Édouard de Rohan,
Cardinal, abbé commendataire. — 1787.

Cachet ovale, de 32 mill. — Cabinet de M. Paul Le Blanc, à Brioude.

Écu de fantaisie, écartelé : au 1 et 4, de l'évêché de Strasbourg ; au 2 et 3, du Langraviat d'Alsace.

(1) Le sceau étant en partie fruste, la bordure et le collier sont à peine visibles.

Sur le tout, écartelé : au 1 et 4, de Navarre ; au 2 et 3, d'Évreux. Sur le tout du tout, de Rohan parti de Bretagne ; couronné d'un bonnet d'électeur sous un chapeau de cardinal, devant la croix patriarcale et une épée avec une crosse en sautoir, sur un manteau fretté et doublé d'hermines. — Sans légende.

Certificat de l'abbé Vachier, curé de Sembadel, constatant que le sieur Benoît Vosy, dudit bourg, a été victime d'un incendie. — La Chaise-Dieu, 10 mai 1787.

OFFICES CLAUSTRAUX.

15   Obédience de La Chaise-Dieu.
1651.

Sceau ovale, de 53 mill. — Arch. de la Haute-Loire ; H, La Chaise-Dieu, prieuré de Saint-Préjet-d'Allier.

Ecu de fantaisie écartelé : au 1 et 4, trois fleurs de lys rangées en fasce ; au 2 et 3, une bande accompagnée de six roses en orle ; sur le tout, posé en pal, le bâton pastoral ; timbré d'une tiare surmontant deux clefs en sautoir, à dextre, et d'une couronne fermée, à sénestre.

✠ SIGILLUM ❀ OBEDIENTIÆ ❀
MONASTERII ❀ CASÆ DEI

Lettres d'obédience délivrées par Jean-Baptiste Mouly, prieur de La Chaise-Dieu, à Jean Vigouroux, lui conférant le prieuré de Saint-Préjet-d'Allier. — Abbaye de La Chaise-Dieu, 15 décembre 1651.

16   Le prieur de La Chaise-Dieu.
1256.

Sceau ogival, de 50? mill. — Arch. nat.; M, 256 (1).

Personnage debout (saint Robert), tête nue, tenant un livre de la main gauche; la droite ramenée sur la poitrine, la paume en dehors.

✠ SIGILLVM : P.....S : CASE DEI
(Sigillum prioris Case Dei.)

Appendu à un compromis entre le seigneur de Rochesavine et le prieur du même lieu.

---

17   Le prieur de La Chaise-Dieu.
1307.

Sceau ogival, de 50? mill. — Arch. nat.; J, 164, n° 47 (2).

Personnage debout (saint Robert), tête nue, tenant un livre de la main gauche; la droite ramenée sur la poitrine, la paume en dehors.

SIGI.... ....RIS : CASE DE.
(Sigillum prioris Case Dei.)

Voyez le n° 8.

---

18   Le prieur de La Chaise-Dieu.
1675.

Cachet ovale, de 30 mill. — Arch. de la Haute-Loire; G, fonds du séminaire.

Un religieux debout, tourné de trois quarts, tête nue et nimbé, tenant une crosse de la main droite.

(1) Cf. Douët d'Arcq, *op. cit.*, n° 9299. — (2) Cf. id., n° 8178.

Dans le champ : S·BENEDICT.. (Sanctus Benedictus).

SIGIL·PRIORIS S·ROBERTI CASE DEI

(Sigillum prioris Sancti Roberti Case Dei.)

---

19   Michel des Serpents,
Vicaire général de l'abbé de La Chaise-Dieu. — 1492.

Sceau ogival, de 61 mill. — Arch. de la Haute-Loire ; H, La Chaise-Dieu, dioc. de Rodez.

Sur un champ fretté, semé de points : un personnage debout, mitré, crossé, bénissant, en chasuble et gants ; au-dessous, un écu au lion (1).

☩ sigil : vicariatus ·: dni· abbatis : case dei

(Sigillum vicariatus domini abbatis Case Dei.)

Procès-verbal de la visite du prieuré de Montjaux, diocèse de Rodez, par Michel des Serpents, prieur de Paulhac et vicaire de l'abbé de La Chaise-Dieu. — 1ᵉʳ septembre 1492.

---

20 Le vicaire général de François de Tournon,
Archevêque de Bourges, abbé commendataire de La Chaise-Dieu. — 1529.

Sceau rond, de 39 mill. — Arch. de la Haute-Loire ; H, La Chaise-Dieu, prieuré du Port-Dieu.

Dans une rose gothique : l'écu semé de France parti d'un lion (2), devant une croix patriarcale.

---

(1) Armes : d'or au lion d'azur, couronné, lampassé et armé de gueules. — (2) Armes : de France parti de gueules au lion d'or.

✶ S·VICARI·FRAN·DE·TVR·ARCHI·BITVR·
ABBIS CASE DEI

Collation, par [Claude de Chouvigny de Blot] (1), vicaire général de l'abbé de La Chaise-Dieu, du prieuré du Port-Dieu, diocèse de Limoges, au profit de Robert de La Tour, religieux bénédictin, en remplacement de Robert Botaud, résignataire. — Abbaye de La Chaise-Dieu, 26 août 1529.

21   Antoine de Myet,
Infirmier et vicaire général de l'abbé de La Chaise-Dieu. — 1622.

Sceau ovale, de 33 mill. — Arch. de la Haute-Loire;
H, La Chaise-Dieu, dioc. de Rodez.

Ecu à la fasce chargée de trois roses et accompagnée de trois bustes de face?(2), timbré d'un bâton.

✠ INFIRMARIVS·CASÆ·DEI·D S

Lettres dimissoires données par Antoine de Myet, infirmier et vicaire général de La Chaise-Dieu, à Jean Tourette, prêtre, pour se rendre au prieuré de Lunac, diocèse de Rodez. — 26 avril 1622.

(1) Arch. de la Haute-Loire, H, La Chaise-Dieu, prieuré du Port-Dieu. — (2) Armes : d'azur, à la fasce d'argent, chargée de trois rosettes de gueules, accompagnée de trois demi-corps de fer de lance (d'Aubais : *Pièces fugitives*, t. II, p. 206).

ERRATA

Page 6, note, ligne 11. Au lieu de : Bardinie, lire : Burdigne.

Page 30, note, ligne 6. Au lieu de : Avignonnet, lire : Vignonnet.

Page 51, note, ligne 4. Au lieu de : Arconie, lire : Arcomie.

Page 151, ligne 15. Au lieu de : Jean I, lire : Jean II.

TABLE GÉNÉRALE

[*Les noms des départements suivants : Ardèche, Cantal, Haute-Loire, Lozère et Puy-de-Dôme sont indiquées par leurs initiales et les communes, s'il y a lieu, par le signe Cne.*]

Adalbert, évêque de Nîmes, 54.

Adelelme (Saint), abbé de La Chaise-Dieu, prieur de Burgos, 15-23, 42. Tombeau, 20.

Adreicts. Baron, 37. — *Les Adrets (Isère)*.

Adrien IV, pape, 55, 56, 58.

Agde. Évêque. V. Valois (Louis de). — *Hérault*.

Agen. Évêque. V. Hildebert. — *Lot-et-Garonne*.

Agnani, 61, 82, 85, 87, 88. Concile, 63. — *Italie*.

Agnès, comtesse de Toul, dame de Fontenay-Château, 94.

Agricol (Saint), 1, 2, 275. Fête, 147. Reliques, 2.

Aigrefeuille (Étienne d'), abbé de La Chaise-Dieu, 146-151. Tombeau, 151.
— (Pierre d'), abbé de La Chaise-Dieu, évêque de Clermont, 138-141.

Aix, 215. — *Bouches-du-Rhône*.

Alais. Abbé, 79. Comte. V. Valois (François de). — *Gard*.

Alatri, 74. — *Italie*.

Albernin, moine, 90.

Albert, abbé de Saint-Pierre-Latour du Puy, 3. — évêque de Rodez, 10, 11. — prieur de Privazat, 10.

Albi. Archevêque. V. Serroni (Hyacinthe). Diocèse, 23, 101. Évêque. V

Lorraine (Jean de). — *Tarn.*

Aldebert, abbé de Déols, archevêque de Bourges, 251, 252, 262.

Aldebran. V. Audebrand.

Alès. V. Alais.

Alexandre II, pape, 12, 27, 58. — III, pape, 55, 57-59, 61-63, 67. — IV, pape, 80, 81, 85-88.

Alexandrie. Patriarche, 104. — *Égypte.*

Allègre (Antoine d'), baron de Meilhaud, 201. — *H. L.*

Allemagne. Empereurs. V. Frédéric Ier, Henry IV.

Alpes, 107.

Alphonse, comte de Poitou, 76, 77, 91. — VI, roi de Castille, 17, 18, 20-22. — VII, roi de Castille, 17, 20. — VIII, roi de Castille, 17, 20, 22.

Altier. Église, 50. — *L.*

Altoviti (Pierre), baron de Castellane, 214.

Amboise (Jacques d'), évêque de Clermont, 194. — *Indre-et-Loire.*

Andance. Prieuré, 76, 202. — *A.*

André, moine, 46. — (Saint), 83. Reliques, 162, 186, 206.

Angers. Archidiacre. V. Marbodius. — *Maine-et-Loire.*

Anglars (Hugo d'), abbé de La Chaise-Dieu, 73. — *C.*

Angleterre, 16. Reine, 22, 23. V. Édith. Rois, 103. V. Édouard III.

Angoulême. Duc. V. Orléans (Charles d'). Évêque. V. Gérard. — (Chevalier d'), 225. — (Henry d'), grand prieur de Saint-Jean de Jérusalem, abbé de La Chaise-Dieu, 205-215, 262-264, 292. Sceau, 291. — *Charente.*

Aniane. Abbaye, 49, 50. — *Hérault.*

Anjou. Duc. V. Louis Ier. — *Province.*

Anne (Sainte). Fête, 147.

Antioche, 250. Patriarche, 104. — *Syrie.*

Apulie. V. Pouille.

Aragon, 115. Roi, 103. — *Espagne.*

Arc (Hugues de l'), abbé de La Chaise-Dieu, 100, 102-105, 128, 134. Sceau, 282, 283, 290. Tombeau, 104. — *Arc-sur-Tille (Côte-d'Or).*

Arcambal, évêque de Saint-Flour, 130. Sceau, 130.

Arconie. Église, 51. — *Ar-comie (L.)*.

Ardier (Charles), bénédictin, 216, 220.

Argental. Église du château, 6. — (Artaud d'), 6. — Cne *Bourg - Argental (Loire)*.

Aribioni (Pierre), maître des novices de La Chaise-Dieu, 169.

Arlanc. Prieur. V. Saint-André (De). — *P. de D.*

Arles. Archevêques. V. Du Plessis de Richelieu (Alphonse - Louis), Montredon (Raimond II de). — *Bouches-du-Rhône*.

Armand, 101.

Arras. Diocèse, 276. Évêque. V. Roger (Pierre). — *Pas-de-Calais*.

Assomption. Fête, 150, 151, 201.

Aubert, abbé de Saint-Alyre, 140.

Aubusson. Château, 23. — Cne *Mazerat - Aurouze (H. L.)*

Auch. Archevêque. V. Tournon (François de). — *Gers*.

Audebrand (Étienne), prieur de Thuret, archevêque de Toulouse, 144, 257-259. Tombeau, 258.

Audrai. V. Tillole (La).

Aulnat, 105. — *P. de D.*

Aurillac. Comte. V. Géraud. — *C.*

Austremond, chevalier, 3.

Authun. Abbaye Saint-Martin. Abbé, 93. — *Autun (Saône-et-Loire)*.

Auvergne, 35, 77, 162, 180, 201, 270. Clergé, 26. Comtes. V. Orléans (Charles d'), Robert II. Dauphin, 60. Ducs, 154, 170. Évêque, 26. Gouverneur. V. La Rochefoucauld (Jean-Louis de). — (Robert d'), évêque de Clermont, archevêque de Lyon, 76. Sceau, 281. — *Province*.

Avent, 83, 110, 236, 265.

Avignon, 30-32, 103, 126, 128-130, 135, 136, 141, 146, 149, 151-153, 157, 163, 169-172, 200, 256. Évêques, 140. V. Égide. Frères Prêcheurs : Église, 256, 259. — *Vaucluse*.

Avignonnet. V. Vignonnet.

Aycelin de Montaigu, femme d'Ébrard de Chalencon, 126.

Aymeric, abbé de La Chaise-Dieu, évêque de Clermont, 38-44, 82. Épitaphe, 42.

Ayraud (André), abbé de La Chaise-Dieu, 167-178, 282. Armes, 173. Sépulture, 174, 178.
Ayssac (D'), 219, 220.
Azerat, 126. — *H. L.*

Balade (Jean), dit de Saint-Maur, religieux, 265, 267.
Bâle. Diocèse, 94. — *Suisse.*
Barcelone. Doyen. V. Puymaurin (Pierre de). — *Espagne.*
Bardinié. V. Burdigne.
Baronius, 250.
Beaucaire, 104. Prieur. V. La Garde (Guillaume de). — *Gard.*
Beaudiner. Seigneurie, 57. — (Pons de), abbé de La Chaise-Dieu, 57-59. Tombeau, 59. — Cne Saint-André-des-Effengeas (*Ardèche*).
Beaufort (De). Armoiries, 282. Comtes. V. Guillaume. Famille, 138. — *Maine-et-Loire.*
Beaumont-lès-Valence. Prieur. V. Drodo. — *Drôme.*
Beaupommier. Église, 6. — Cne *Bulhon* (P. de D.).
Beauport. Abbé. V. La Rochefoucauld (Henri Ier Achille de). — Cne Kérity (*Côtes-du-Nord*).

Beauvais. Prieur de Saint-Loup. V. Ribe (Jean de). — *Oise.*
Belne, 151. — *Beaune (Côte-d'Or).*
Belonis (Beraldus), prieur mage de La Chaise-Dieu, 186.
Benoît XII, pape, 127, 130, 162, 259. — (Saint). Office, 100, 175. Règle, 6, 8, 9, 26, 111, 127, 213, 236, 283. Reliques, 186, 210, 211, 233, 235.
Bernard, 47, 48. — abbé de Montauban, 95, 98. — prieur de La Chaise-Dieu, évêque de Valence, 55. — (Saint), abbé de Clairvaux, 54, 55, 67, 205, 250. — (Saint) de Ponthieu, 254, 255.
Berry. Duc, 154. — *Province.*
Bertram, évêque de Metz, 66.
Bertrand, moine, 46. — (Baptiste), prêtre, 38, 39.
Besançon. Archevêque, 85-87. — *Doubs.*
Bessan. Monastère, 41. — *Hérault.*
Beulhon. V. Bulhon.
Blaise (Saint), 134.
Blesle. Monastère, 35. — *H. L.*
Blois. États généraux, 216. — *Loir-et-Cher.*

Blot (De). Maison, 185. — Saint-Rémy-de-Blot (*P. de D.*).

Boissonnelle (Guillaume de), abbé de La Chaise-Dieu, 76. Tombeau, 76. — Cne *Saint-Dier* (*P. de D.*).

Boniface VIII, pape, 99.

Bonnefoy (Jean), bénédictin, 225.

Bonnevaux. Abbaye, 72. — Cne *Marçay* (*Vienne*).

Bosquet, 260.

Botaud (Robert), prieur du Port-Dieu, 296.

Boulongne, 1. — *Bologne, Italie*.

Bourbon (Henry de), 80. — (Jean de), évêque du Puy, 254. — *Bourbon-l'Archembault* (*Allier*).

Bourg-Argental. Église, 6. — *L*.

Bourg-Dieu. V. Déols.

Bourges. Archevêques, 34, 69, 157. V. Aldebert, Léodegard, Pierre, Tournon (François de). Archiprêtres. V. Calcard, Guillaume. Diocèse, 79. Duc, 170. Habitants, 70. — *Cher*.

Bourgogne. Duc. V. Robert I*er*. — *Province*.

Boyer, 192. — (Guillaume), bénédictin, 220. — (Jacques), bénédictin, 190, 207.

Brantôme. Abbaye, 41. Abbés, 82. V. Nicolas. — *Dordogne*.

Bressons (Armand de), abbé de La Chaise-Dieu, 73-75. Tombeau 75. — (Étienne de), abbé de la Chaise-Dieu, 69-72. Tombeau, 69. — *Brezons* (*Cantal*).

Brigide (Sainte), 163.

Bringier (Pierre), prieur mage de La Chaise-Dieu, prieur d'Orsonnette, 48, 260, 261. Sépulture, 261.

Brion. Église, 51. — *L*.

Broc, doyen de la Chaise-Dieu, 102.

Bruno (Saint), prieur de la Grande-Chartreuse, 24, 25, 249.

Buisson (Guy), prieur de La Chaise-Dieu, 287.

Bulhon. Château, 11. Église, 6. Prieuré, 70. — *P. de D.*

Bullion. V. Bulhon.

Burdigne. Église, 6. — *Loire*.

Burgos, 18, 21, 42. Évêque. V. Sainte-Marie (Paul de). Hôpital, 18. Monastère Saint-Jean-Baptiste, 18-22, 107, 183, 184; prieurs. V. Adelelme (Saint), Étienne. — *Espagne*.

Bzovius (Abraham), 257, 258, 260.

Cabrespine. Prieurés, 159. Prieurs. V. Chalencon (Étienne de), Chandorat (Jean de). — Cne Coubissou (*Aveyron*).
Cahors. Diocèse, 23, 95. Évêché, 134. Territoire, 29, 40. — *Lot.*
Calcard, archidiacre de Bourges, 43.
Calixte II, pape, 36, 49.
Calvinistes. V. Huguenots.
Cambes. Prieuré, 43. — Cne Pujols (*Lot-et-Garonne*).
Canope. Évêque. V. Rohan-Guéméné (Louis - René-Édouard de). — *Égypte.*
Carcassonne. Diocèse, 254. — *Aude.*
Cardinaux. V. Du Plessis de Richelieu (Alphonse-Louis), Du Plessis de Richelieu (Armand-Jean), Eustache, Goufier de Boisy (Adrien), Guillaume, Hugues, Jacques, Jean, Mancini (François-Marie), Mazarin (Jules), Montefiore (Gentile de), Paltineri (Simon), Roger (Pierre), Rohan-Guéméné (Louis-René-Édouard de), Rohan-Soubise (Armand-de), Rusticucci, Savelli (Jacques).
Carême, 83.
Carennac, 27. — *Lot.*
Casellis. V. Chazeaux.
Castille, 107. Rois. V. Alphonse VI, Alphonse VII, Alphonse VIII, Jean II. — *Espagne.*
Castro de Urdiales, 20. — *Espagne.*
Catel (Guillaume), conseiller au parlement de Toulouse, 11, 143, 260.
Catherine, 285.
Cauriac (Barin de), prieur de Savigneux, 101.
Cave (Raynaud), orfèvre, 148.
Célestin III, pape, 69-71.
Celles-les-Sens. Abbé. V. La Rochefoucauld (Henri II de). — *A Sens (Yonne).*
Chaise-Dieu (La). Abbaye. *passim*; fondation, 4, 5. Abbés. V. Adelelme (Saint), Aigrefeuille (Étienne d'), Aigrefeuille (Pierre d'), Anglars (Hugo d'), Angoulême (Henri d'), Arc (Hugues de l'), Aymeric, Beaudiner (Pons II de), Boissonnelle (Guillaume de), Bressons (Armand de), Bressons (Étienne de), Chandorat (Jean de), Chauvigny (Hugo de),

Chauvigny (Raynaud de), Cusse (Dalmas de), Du Plessis (Alphonse-Louis), Du Plessis (Armand-Jean), Durand, Gautier (Guillaume III), Goufier de Boisy (Adrien), Isarin (Bertrand), La Molette (Albert de), Lantelme, La Queille (Aymon de), La Rochefoucauld (Henri II de), La Rochefoucauld (Henri-Achille de), Lorraine d'Armagnac (François-Louis de), Mancini (François-Marie), Mazarin (Jules), Mercœur (Étienne de), Montclar (Eblo de), Montclar (Gérald de), Montclar (Renaud de), Neufville (Nicolas de), Omale (Étienne d'), Orléans (Charles d'), Orme (Guillaume IV de l'), Pauliac (Bertrand de), Robert (Saint), Rohan (Armand-Gaston de), Rohan-Guéméné (Louis - René-Édouard de), Rohan-Soubise (Armand de), Saint-Nectaire (Jacques de), Seguin, Serroni (Hyacinthe), Torrent (Guillaume de), Tournon (Charles de), Tournon (François de), Tournon (Pons de), Urfé (Antoine d'), Valois (Louis de), Valon (Bernard de); élections, 102, 103, 197, 215-217; sceaux, 279, 280, 287-293; vicaires généraux, 233, 295. V. Charretier de Rouvignac (Charles), Chouvigny (Claude de), La Rochebriant (Annet de), La Roche-Morgon (Jacques de), Myet (Amable de), Myet (Antoine de), Myet (Guillaume de), Serpens (Michel des). Archives, 75, 140, 161, 169, 207, 209, 276. Armoiries, 189-192, 282. Aumôniers. V. La Roche-Morgon (Jacques de), Million (Christophe), Vinols (Jacques de). Bibliothèque, 247. Breviarium, 16, 100, 211. Célérier, 159. Chamariers, 164. V. Charrier (Pierre), Ganhe (André), La Rochebriant (Annet de). Chantre, 151, 292. Chapitre général, 95, 98, 106, 200, 215. Cloître, 132, 175, 189, 194, 269. Collège Grégorien, 161-163, 168. Dortoir, 23, 163, 212, 240, 246. Doyen. V. Broc. Église, 2, 8, 15, 144, 231, 269, 275, 277, 280; aigle, 183; bénitier, 69, 138;

chapelles des Anges, 166, des Apôtres, 261, de Bourbon, 210, des Confesseurs, 69, 98, de Notre-Dame, 60, 84, 94, 104, 162, 163, de Saint-Benoît, 175, de Saint-Robert, 210, de Saint-Sébastien, 162, de la Trinité, 210, des Vierges, 68, 75, de SS. Vital et Agricol, 1, 2, 35; chœur, 138, 174, 186; clocher, 231; cloches, 192, 207, 212; construction, 135; crucifix, 225; grand autel, 132, 185, 192, 193, 231; retable, 231; reliquaires, 162, 182; 186, 206, 207, 210, 211, 233, 235, 269; sacristie, 145, 188, 246; tapisseries, 188, 189; vicairies de Clément VI, 144-146, 164-166. Église Notre-Dame du Collège, 132, 134, 151, 212, 236. Fort, 178. Hôtelier, 99, 100. V. Chasteauneuf (Maurice de), Choumouroux (Claude de), Guillaumanche (Jean de). Hôtelier mage, 91. Incendies, 180, 207, 212, 213, 268, 275, 277. Infirmerie, 155, 156, 189, 193, 240, 245, 246; chapelle, 189; infirmiers, 58, 164.

V. Chalaires (Robert), Chauvigny (Raynaud de), Égide, Jouvenroux (Pierre), Myet (Antoine de), Vianer (Pierre). Ouvriers, 192. V. Macé (Guillaume). Pitancerie, 159. Pitanciers, 128, 141, 142, 144 151, 164, 187. V. Nielle (Pierre), Royrand (Adhémard). Prieurs, 176, 177, 212. V. Bernard, Buisson (Guy), Frétat (Amable de), Jarento, Julien (Arthaud), Mouly (Jean-Baptiste); sceaux, 294, 295. Prieurs claustraux, 161, 223, 284. V. Robert. Prieurs mages, 99, 102, 180, 181, 205, 212. V. Belonis (Beraldus), Bringier (Pierre), Frétat (Pierre de), La Faye (Bertrand de), Marchet (Guido), Marchet (Jean), Montgranat (Maurice de), Peyret (Hector), Roger (Astorge), Vianer (Pierre). Propre, 277. Receveur. V. Pironon (Antoine). Réfectorerie, 132, 186, 189, 246. Réfecturier. V. Faure (Estienne). Réforme, 209, 214, 227, 237-247. Sac, 200, 205, 207, 268. Sacristain, 99, 146, 161, 181, 277. Sceaux,

99, 130, 147, 173, 176, 279-296. Statuts, 95, 98, 99, 105-125, 142, 176, 179, 284. Tour rouge, 292. Tour de la Trésorerie, 132, 164, 186, 207, 208, 232, 261. — Cimetières, 136, 159, 174, 210. — Églises paroissiales, 129, 136. — Église Saint-Jean hors la ville, 189. — Leude du sel, 100, 159. — *H. L.*

Chalaires (Robert), infirmier de La Chaise-Dieu, 285.

Chalancon. V. Chalencon.

Chalencon (Ébrard de), seigneur de Chassignolles, 126. — (Étienne de), prieur de Cabrespines, 126. — *Cne Saint-André-de-Chalencon (H. L.).*

Chaliers. Prieuré, 159. — *C.*

Champagnac-le-Vieux. Foires, 195. Paroisse, 100. — *Champagnac (H. L.).*

Chandorat (Géraud de), seigneur de Mons, 105. — (Jean de), prieur de Cabrespines, abbé de La Chaise-Dieu, évêque du Puy, 105-134, 136, 141. Armes, 132. Sceau, 130. Tombeau, 132.

Chanonat, 126. — *P. de D.*

Chantejol, Chantejoul. V. Chanteuges.

Chanteuges, 178, 182. Chapelle, 189. Château, 261. Prieur, 76. Prieuré, 105, 207, 219. — *H. L.*

Chanu (Jean), 15, 37, 133, 139, 251, 252, 257.

Chaponay (Odon de), évêque de Valence, 67, 68. — *Isère.*

Charles IV, roi de France, 125. — V, roi de France, 154, 160, 170, 173. — VII, roi de France, 180. — IX, roi de France, 215, 218. — roi de Sicile, 256.

Charretier de Rouvignac (Charles), abbé d'Ébreuil, vicaire général de l'abbé de La Chaise-Dieu, 234.

Charrier (Pierre), chamarier de La Chaise-Dieu, 226, 227, 229, 230, 233-235, 292.

Chartreuse de Bonnefoi (La). Couvent, 172. Sceau, 173. — *Cne du Béage (A.).*

Chartreux, 172.

Chassignolles, Seigneur. V. Chalencon (Ébrard de). — *H. L.*

Chasteauneuf (Maurin de), hôtelier de La Chaise-Dieu, 130.

Chaumont. Prieur. V. Orme (Adhémar de). — *P. de D.*
Chaurihac, 84. — *Chauriat (P. de D.).*
Chauvigny. V. Chouvigny.
Chazeaux, 57. — *Cne de Saint-Alyre (P. de D.).*
Chezy-sur-Marne. Abbé. V. Neufville (Nicolas de). — *Aisne.*
Childéric, roi de France, 2.
Choumouroux (Claude de), hôtelier de La Chaise-Dieu, 206. — *Cne d'Yssingeaux (H. L.).*
Chouvigny (Claude de), vicaire général de l'abbé de La Chaise-Dieu. Sceau, 296. — (Hugues de), abbé de Menat et de La Chaise-Dieu 106, 178-184. Armes, 182, 183. Sceau, 282, 289. Sépulture, 182. — (Raynaud de), infirmier puis abbé de La Chaise-Dieu, 182, 184-187. Armes, 185. Sépulture, 185. — *Allier.*
Ciaconius (Alphonsus), 260.
Cîteaux. Ordre, 266, 267.
— *Cne Saint-Nicolas-les-Cîteaux (Côte-d'Or).*
Clairmont. V. Clermont-Ferrand.
Clairvaux. Abbé. V. Bernard (Saint). — *Cne Ville-sous-la-Ferté (Aube).*

Claromontensis. V. Clermont-Ferrand.
Clavelier, 91. — *Cne Saint-Sauveur (P. de D.).*
Clément IV, pape, 78, 88, 89. V. Folqueys (Guy). — V, pape, 103, 146, 163. — VI, pape, 104, 128-132, 135-139, 141, 143-149, 160, 162, 173, 174, 190, 255, 260. Sépulture, 146, 150, 201, 208, 256. — VII, pape, 169, 199, 200, 215. — IX, pape, 274.
Clérieu. Gouverneur. V. Poitiers (Guillaume de). — *Clérieux (Drôme).*
Clermont-Ferrand, 35, 38, 42, 99, 225. Comtes. V. Guillaume VII, Jean, Robert Dauphin. Conciles, 13, 15, 34, 35, 42, 50, 62, 63, 252. Diocèse, 30, 73, 97, 137, 168, 184, 197. Église cathédrale, 1, 14, 140; chapelle Saint-Nicolas, 14. Évêques, 69, 129. V. Aigrefeuille (Pierre d'), Amboise (Jacques d'), Auvergne (Robert d'), Aymeric, Durand, La Tour (Guy de), La Tour (Robert de), Namace (Saint), Pons, Rodez (Rencon de). — *P. de D.*
Clervaux. V. Clairvaux.

Clos (Jean), 71.
Clugny. V. Cluny.
Cluny. Abbaye, 12, 19, 26, 37, 40, 53, 238, 239. Abbés, 35, 197. V. Hugues (Saint), Pierre le Vénérable, Stephanus. — *Saône-et-Loire*.
Comps. V. La Vaudieu.
Conciles. V. Anagni, Clermont - Ferrand, Latran, Lyon, Puy (Le), Tours, Vienne.
Conrad, archevêque de Mayence, 66.
Constance, femme d'Alphonse VI, roi de Castille, 18, 19, 22.
Cotar, 21. — *Espagne*.
Coutances. Evêque. V. Goufier de Boisy. — *Manche*.
Cranyer, orfèvre de Paris, 233, 235.
Crémone, 49, 50. — *Italie*.
Croisades, 34, 36.
Cruas. Abbé. V. Raymond. Église, 56. — *A*.
Crussol. Château. Chapelle, 67. — *Cne Guillerand (A.)*.
Cusse (Dalmas de), abbé de La Chaise-Dieu, 68. Tombeau, 68. — *Cne Montclard (H. L.)*.

Dalet. Prieur. V. Jean. — *Dallet (P. de D.)*.

Dalmace, disciple de saint Robert, 1.
Damas. Évêque. V. Du Puy (Simon). — *Syrie*.
Déols. Abbé, 79. V. Aldebert. — *Indre*.
Diensis. Episcopus. V. Robertus. — *Die (Drôme)*.
Dijon. Abbaye de Saint-Benigne, 30. Abbé. V. Jarento. — *Côte-d'Or*.
Domale. V. Omale (D').
Douchanet. Église, 51. — *Cne Monistrol-d'Allier (H. L.)*.
Drodo, prieur de Beaumont, 102.
Droco, 133.
Du Bourg (Anthoine), 197.
Du Plessis de Richelieu (Alphonse-Louis) cardinal, évêque de Luçon, archevêque d'Arles et de Lyon, abbé de La Chaise-Dieu, 273. — (Armand-Jean), cardinal, abbé de La Chaise-Dieu, 226, 237-247, 273.
Du Puy (Jacques), garde du sceau royal de Montferrand, 50. — (Simon), évêque de Damas, 204.
Durand, abbé de La Chaise-Dieu, évêque de Clermont, 7-15, 17. — abbé de Mazan, 56.

Duranti (Jean-Étienne), premier président du parlement de Toulouse, 265.
Du Rif (Anthoine), 264.
Du Verdier (Jacques), prêtre, 287.

Ébreuil. Abbé. V. Charreretier de Rouvignac (Charles). — *Allier*.
Édith, veuve d'Édouard III, roi d'Angleterre, 23. Tombeau, 186.
Édouard III, roi d'Angleterre, 23.
Égide, évêque d'Avignon, 171. — infirmier de La Chaise-Dieu, 130.
Elne. Évêque. V. Omale (Étienne d'). — *Pyrénées-Orientales*.
Embrun. Archevêque. V. Tournon (François de). — *Hautes-Alpes*.
Épagny. Église, 251. — *Côte-d'Or*.
Esbreuil. V. Ébreuil.
Eschandelis. Prieuré, 56. — *Échandely (P. de D.)*.
Escoteil. Château, 24. — *Escotay, Cne Marlhes (L.)*
Espagnat. V. Épagny.
Espagne, 16, 19, 107, 115. Ère, 21. Rois, 19, 183.
Espaly. Château, 254. — *H. L.*

Estable. Église, 51. — *L.*
Estienne, disciple de saint Robert, 1, 30.
États généraux. V. Blois.
Étienne, abbé d'Issoire, 44, 251. — prieur de Burgos, 19, 21.
Eugène III, pape, 52-57, 67.
Engenius IV, papa, 184.
Eustache, cardinal, 99. Sceau, 99.
Évreux. Armes, 293. — *Eure*.

Fabre (Jean), lieutenant général de Nonette, 261.
Falut (Imbert), bénédictin, 236.
Faure (Estienne), réfecturier de La Chaise-Dieu, 233, 235, 236.
Faverney. Monastère, 85-87. Abbé. V. Pierre. Prieur, 96. — *Haute-Saône*.
Fécamp. Abbé. V. Roger (Pierre). — *Seine-Inférieure*.
Fernandez, 184.
Feuillants (Les). Abbaye, 214, 263-265. — *Cne La Bastide-des-Feuillants (Haute-Garonne)*.
Florac. Église, 51. — *L.*
Florence, 180. Florentins, 171, 172. Monnaies, 145. — *Italie*.
Foigny. Abbé. V. Rohan

(Armand-Gaston de). — Cne *La Bouteille (Aisne)*.

Folqueys (Guy), évêque du Puy, archevêque de Narbonne, 78, 88. V. Clément IV.

Fontaine-Château. Dame. V. Agnès. — *Fontaine (territoire de Belfort)*.

Fontainebleau, 202. — *Seine-et-Marne*.

Fontalbac (Jacques), curé de La Croix, 287.

Fontenelles. Abbé. V. Neufville (Nicolas de). — *Cne Venansault (Vendée)*.

Fontfroide. Abbés. V. La Rochefoucauld (Henri II de), La Rochefoucauld (Henri Ier Achille de). — *Cne Narbonne (Aude)*.

Forests. Comté, 71. Gouverneur. V. Urfé (Jacques II d'). — *Le Forez, province*.

Fournols. Église, 6, 51. — *L*.

France, 17, 18, 25, 201, 209, Abbés, 127. Clergé, 152. Ligue, 219. Rois, 103, 124, 131. V. Charles IV, Charles V, Charles VII, Charles IX, Childéric, François Ier, Henri Ier, Henri III, Henri IV, Jean II, Louis VII, Louis VIII, Louis IX, Louis XI, Louis XII, Louis XIII, Louis XIV, Philippe Ier, Philippe III, Philippe IV, Philippe VI.

François Ier, roi de France, 195, 196, 199, 202, 206, 215, 260, 261.

Frangons, capitaine, 220, 221.

Frascati, 62, 63. — *Italie*.

Frassinoro. Abbaye Saint-Pierre, 41, 78. Abbé, 79, 82. — *Italie*.

Fraxinet. V. Frassinoro.

Frédéric, 94. — Ier, empereur d'Allemagne, 62, 63, 66-68.

Frétat (Amable de), prieur de La Chaise-Dieu, 237. — (Pierre de), prieur de La Chaise-Dieu, sacristain de Saint-Dier, 216-219.

Fridericus imperator. V. Frédéric.

Gabriac. Église, 23. — *Aveyron*.

Gabriel (Saint). Fête, 147.

Gaillac. Abbaye de Saint-Michel, 26, 40, 101. Abbé, 82. Église, 23. Sacristain. V. Simon. Sécularisation, 101. — *Tarn*.

Ganhe (André), chamarier de La Chaise-Dieu, maître des novices, 165, 166, 175.

Gap. Évêque. V. Guillaume. — *Hautes-Alpes*.

Gaufrede, abbé de Saint-Maixent, 43.

Gaufridus, moine, 254.

Gautier, évêque de Maguelone, 126. — (Guillaume III), abbé de La Chaise-Dieu et de Saint-Médard de Soissons, 152-155.

Gemme (Sainte), 83.

Genève, 178. — *Suisse*.

Gérard, évêque d'Angoulême, 43. — (Dominique), dit de Lavène, moine, 11.

Géraud, comte d'Aurillac, 4.

Godefroi, évêque de Maguelone, 126.

Goudargues. Prieuré de Saint-Michel, 49, 50. — *Gard*.

Goufier de Boisy (Adrien), abbé de La Chaise-Dieu, évêque de Coutances, cardinal, 195-198.

Granc. V. Prioré (Le).

Grande-Chartreuse. Monastère, 25, 249. Prieurs. V. Bruno (Saint), Guigo.

Grégoire VII, pape, 25-27, 39, 58, 249. — IX, pape, 146, 147. — X, pape, 89, 90. — XI, pape, 132, 146, 150, 156-158, 160, 162-166, 168, 170, 206. Sépulture, 160, 161, 164, 170-172. — XIII, pape, 266. — (Saint), 83.

Grenoble. Diocèse, 102. Évêques. V. Hugo (Saint), Sassenage (Jean de). Habitants, 249. — *Isère*.

Grisac (Guillaume de), abbé de St-Marin de Pavie, 90.

Guido, archevêque de Narbonne. V. Folqueys (Guy). — archevêque de Vienne, 41. — évêque de Pavie, 90, 96.

Guigo, prieur de la Grande-Chartreuse, 7, 248, 249.

Guigon, seigneur de Saint-Didier, 254.

Guillaumanche (Jean de), hôtelier de La Chaise-Dieu, 206. — *Cne Malvières (H. L.)*.

Guillaume, archidiacre de Bourges, 43. — cardinal, 157, 200, 253. — comte de Beaufort, 256, 258. — VII, comte de Clermont, 60. — évêque de Gap, 66. — évêque de Mende, 50. — évêque de Paris, 77. — évêque de Saintes, 50. — prieur de Rongières, 89. — le jeune, dauphin d'Auvergne, 70.

Guinamondus, sculpteur, 267.

Guydo, évêque de Poitiers, 165.

Henri Ier, roi de France, 5, 7, 13, 77, 93, 99. — III, roi de France, 216. — IV, roi de France, 219.
Henry IV, empereur d'Allemagne, 252.
Hildebert, évêque d'Agen, 49, 57.
Hildebertus. V. Aldebert.
Honnoré. V. Honorius.
Honorius II, pape, 50, 250. — III, pape, 74, 75, 78. — IV, pape, 90, 96, 97.
Hospitaliers. V. Saint-Jean de Ségur.
Hucca, 107. — *Huesca (Espagne)*.
Hugo (Saint). V. Hugues (Saint).
Huguenots, 150, 200, 201, 205, 207-209, 212, 268.
Hugues, archevêque de Lyon, 25, 27. — cardinal, 85-87. — (Saint), abbé de Cluny, 13, 14, 34. — (Saint), évêque de Grenoble, 7, 24, 25, 248, 249.

Icterius, canonicus Sancti Frontonis, 267.
Innocent II, pape, 42, 49, 50, 250. — III, pape, 73. — IV, pape, 78-80, 88. — VI, pape, 151.
Isarin (Bertrand), abbé de La Chaise-Dieu, 60-63.
Isle-Barbe (L'). Monastère. Abbé, 71. — *Cne Saint-Rambert - l'Isle - Barbe (Rhône)*.
Issoire, 17. Abbé. V. Étienne. Siège, 208. — *P. de D.*
Italie, 115, 171.

Jacques, cardinal, 91. — roi de Majorque, 144.
Jahon. Pierre, 193. — *Cne Langeac (H. L)*.
Jaligny. Prieuré, 75. — *Allier*.
Jarento, prieur de La Chaise-Dieu, abbé de Saint-Benigne de Dijon, 44, 250, 251.
Javaugues, 126. Prieuré, 100. — *H. L.*
Jazeneuil. Églises, 43. — *Vienne*.
Jean, cardinal, 168. — comte de Clermont, 139. — XXII, pape, 40, 95, 125, 126, 134, 255 — prieur de Dalet, 46-48. — II, roi de Castille, 184. — II, roi de France, 146, 151, 191, 259. — (Saint). Fête, 155. — Baptiste (Saint). Fête, 253.

Jérusalem, 59. Porte dorée, 182. — *Palestine*.

Jésuites, 202, 203, 241, 242.

Josaphat, 59. — *Palestine*.

Jouvenroux (Jean), prieur de Ségur, 291. — (Pierre), infirmier de La Chaise-Dieu, prieur de Savigneux, 194-197. Armes, 194.

Jules II, pape, 194.

Julien (Arthaud), prieur de La Chaise-Dieu, 227-229, 236.

Jut (Jacques), 101.

La Barge (Guy de), bénédictin, 210. — *Cne Vollore-Ville (P. de D.)*.

La Bastie, 229. — *Cne Saint-Étienne-le-Molard (Loire)*.

La Chapelle de Saint-Fulcher. Prieuré, 43. — *La Chapelle-Faucher (Dordogne)*.

La Chaulme. Prieur. V. La Roue (Guillaume de). Prieuré, 168, 169, 175. — *P. de D.*

La Couture. Abbaye. V. Mans (Le).

La Croix. Curé. V. Fontalbac (Jacques). — *Aveyron*.

Lacula. V. La Queille.

La Fage-Saint-Julien. Église, 51. — *L.*

La Faye (Bertrand de), prieur mage de La Chaise-Dieu, 142.

La Fayette (Gilbert de), chancelier et maréchal de France, 180, 181. — *Cne Aix-la-Fayette(P. de D.)*.

La Garde (Guillaume de) prieur de Beaucaire, 103.

Lagny. Abbé. V. Neufville (Nicolas de). — *Seine-et-Marne*.

La Grace. Abbaye. Abbés. V. Robert, Roger (Nicolas). — *La Grasse (Aude)*.

La Guiche (Henriette de), 225. — (Philibert de), gouverneur de Provence, 225. — *Saône-et-Loire*.

La Molette (Albert de), abbé La Chaise-Dieu, 77, 84-96. Sceau, 282, 288. Tombeau, 93.

Landes (Giraud de), seigneur de Bellenoue, 274.

Lanfranc (Jean), peintre italien, 231.

Langogne (Durand), curé de Saint-Georges du Puy, 133. — (Jean), curé de Saint-Vosy du Puy, 133.

Langres. Évêque, 250, 251. — *Haute-Marne*.

Languedoc. Gouverneur. V. Montmorency (Henri II de). — *Province*.

Lantelme, abbé de la Chaise-Dieu, évêque de Valence, 54, 55, 63-68, 79. Tombeau, 66.
Laon. Diocèse, 276. — *Aisne.*
La Panouze. Église, 51. Prieuré, 147. — *L.*
La Queille (Aymon de), abbé de la Chaise-Dieu, 98-102, 284. Sceau, 288, 289. Tombeau, 100. — *Cne Rochefort-Montagne (P. de D.).*
La Rochebriant (Annet de), chamarier, vicaire général de l'abbé de la Chaise-Dieu, 215, 227. — *Cne Miremont (P. de D.).*
La Rochefoucauld (François de), 275. — (Henri II de), abbé de Fonfroide, de Celles-lès-Sens et de La Chaise-Dieu, 275. — (Henri Ier) abbé de Fontfroide, de Beauport et de La Chaise-Dieu, 275. — (Jean-Louis de), comte de Randon, gouverneur d'Auvergne, 208. — *Charente.*
La Rochelambert (Jeanne de), 254. — *Cne Saint-Paulien (H. L.).*
La Roche-Morgon (Jacques de), aumônier, vicaire général de l'abbé de La Chaise-Dieu, 213, 214, 262-267.
La Roue (Armand de), seigneur d'Aubrigoux, 254.
— (Guillaume de), prieur de la Chaulme, évêque du Puy, 80, 93, 131, 253, 254. Sceau, 93. Sépulture, 254. — *Cne Saint-Anthème (P. de D.).*
La Roussilhe (Guillaume de), moine, 91.
La Tour (Guy de), évêque de Clermont, 89. — *La Tour-du-Pin (Isère).* — (Robert de), évêque de Clermont, 73. — *(P. de D).* — (Robert de), prieur du Port-Dieu, 296.
Latran, 26, 49, 50, 56, 57, 70, 71, 74, 75, 81, 82. Concile, 63, 67, 74. — *A Rome (Italie).*
Laurent (saint). Reliques, 182.
La Valdieu. Abbaye, 94. — *Alsace.*
La Vaudieu. Monastère, 60-62, 130. Église, 6. — *H. L.*
Lavérune, 226. — *Hérault.*
La Villedieu. Église, 51. Prieur V. Matusson (Jean). Prieuré, 147, 187. — *L.*
Le Blanc (Horace), peintre lyonnais, 231.

Léodegard, archevêque de Bourges, 43.
Léon IX, pape, 5-7, 39, 58, 61. — X, pape, 195, 196, 198.
Limoges. Abbaye de Saint-Martial. Abbé, 137, 156. Diocèse, 43, 204, 255, 257. — *Haute-Vienne.*
Limosin, 162. — *Limousin, province.*
Lorette, 265, 266. — *Italie.*
Lorraine (Jean de), évêque d'Albi, 101. — (Louis de), 275. — *Province.*
Lorraine d'Armagnac (François-Louis-Anne de), abbé de Montier-en-Der et de La Chaise-Dieu, 275, 276.
Louis Ier, duc d'Anjou, 146. — VII, roi de France, 42, 63. — VIII, roi de France, 91. — IX, roi de France, 77, 91. — XI, roi de France, 182. — XII, roi de France, 189-192, 282. — XIII, roi de France, 226, 229. — XIV, roi de France, 274.
Luc. Évangile, 124.
Luce II, pape, 50.
Lucius III, pape, 55, 63-65.
Luçon. Évêque. V. Du Plessis de Richelieu (Alphonse-Louis). — *Vendée.*
Lucques. Église Saint-Quirice, 41. — *Italie.*

Lugeac (Raoul de), 6. — *Cne La Vaudieu (H. L.).*
Lunac. Prieuré, 296. — *Aveyron.*
Lure. Abbé. V. Rohan-Soubise (Armand de). — *Haute-Saône.*
Lusignan (Paul-Philippe de), évêque de Rodez, 287. — *Vienne.*
Lutætia. V. Paris.
Luzilhat. Église, 6. — *Luzillat (P. de D.).*
Lyon, 78, 79, 229. Archevêques, 34. V. Auvergne (Robert d'), Du Plessis de Richelieu (Alphonse-Louis), Hugues, Pierre, Tournon (François de). Concile général, 80. Diocèse, 24, 71, 80, 82, 159. Église de la Charité, 273. Official. V. Ville (Louis de). Peintre. V. Le Blanc (Horace). — *Rhône.*

Macé (Guillaume), ouvrier de La Chaise-Dieu, 189, 196.
Maguelone. Diocèse, 159. Évêques. V. Gautier, Godefroi, Vissec (Jean de). — *Cne Villeneuve-lez-Maguelone. (Hérault).*
Majorque. Roi. V. Jacques. — *Espagne.*

Malbuysson lès Ponthoise. V. Maubuisson.

Maldonat (Jean), théologien, 16, 213.

Malmont. V. Maumont.

Malzieu (Le), 138. — *L.*

Mande. V. Mende.

Mans (Le). Abbaye Saint-Pierre la Couture, 127. — *Sarthe.*

Marbodius, archidiacre d'Angers, évêque de Rennes, 48.

Marchet (Guido), prieur mage de La Chaise-Dieu, prieur de Parthenay, 182. — (Jean), prieur mage de La Chaise-Dieu, 195, 198.

Marcland (Sébastien), capitaine, 220, 221.

Maringues. Prieuré, 73. — *P. de D.*

Marliac. Église, 56. — *Mariac (Ardèche).*

Marminhac, 254. — *Cne Polignac (H. L.).*

Marmoutier. Abbaye, 12. — *Cne Sainte-Radegonde (Indre-et-Loire).*

Martin IV, pape, 91, 93, 96. — V, pape, 178, 180, 181. — (Saint). Fête, 155. Reliques, 210.

Mathilde, comtesse de Toscane, 41.

Matusson (Jean), prieur de La Ville-Dieu, 187.

Maubuisson, 77, 127. — *Cne Saint - Ouen - l'Aumone (Seine-et-Oise).*

Maumont. Château, 255. 257. — *Cne Rosiers-d'Égletons (Corrèze).*

Mauriac. Archiprêtré, 30. Église. Trésorier, 97. — *Cantal.*

Mausun. Bois, 159. — *Mauzun, Cne La Chapelle-Geneste (H. L.).*

Mauzac. V. Mozac.

Mayence. Archevêque. V. Conrad. — *Allemagne.*

Maymont. V. Mesmont.

Mazan. Abbé. V. Durand. — *A.*

Mazarin (Jules), cardinal, évêque de Metz, abbé de La Chaise-Dieu, 203, 273, 274.

Mazengon (Albert de), 159. — *Cne Laussonne (H. L.)*

Mazerat-Aurouze. Église, 23. — *H. L.*

Meilhaud. Baron. V. Allègre (Antoine d'). — *P. de D.*

Ménard, precempteur de l'église d'Angoulême, 43. — (Hugues), 255.

Menat. Abbaye, 39. Abbé. V. Chouvigny (Hugues

de). Église, 39. — *P. de D.*

Mende. Évêché, 50. Évêques, 140. V. Guillaume, Serroni (Hyacinthe). Officialité, 237. — *L.*

Mercœur (Béraud de), 91. (Étienne de), abbé de La Chaise-Dieu, 44-51, 56, 253. Tombeau, 51. — *Cne Ardes (P. de D.).*

Mercuel. V. Mercœur.

Mesmont. Église, 251. — *Côte-d'Or.*

Metz. Abbaye de Saint-Arnoul. Abbé. V. Valladier (Antoine). Évêques. V. Bertram, Mazarin (Jules). — *Lorraine.*

Michel (Saint). Fête, 182.

Million (Christophe), aumônier de La Chaise-Dieu, 216, 263, 264.

Modène. Diocèse, 78. — *Italie.*

Moissac. Abbé. V. Montaigu (Bertrand de). — *Tarn-et-Garonne.*

Monaco, 276. — (Antoine Grimaldi de), 276. — *Principauté.*

Monastier (Le). Abbé de St-Théofrède, 137. — *H. L.*

Monistrol-d'Allier. Église, 51. Prieuré, 178, 181. — *H. L.*

Monistrol de Bas. V. Monistrol-sur-Loire.

Monistrol-sur-Loire, 133, 254. — *H. L.*

Mons. Seigneur. V. Chandorat (Géraud de). — *Cne Ours-Mons (H. L.).*

Montaigu (Bertrand de), abbé de Moissac, 95. — *Montaigut-de-Quercy (Tarn-et-Garonne).*

Montauban. Abbaye de Saint-Théodard, 23, 26, 40, 134. Abbés, 82. V. Bernard. Statuts, 84. — Évêché, 40, 134. — *Tarn-et-Garonne.*

Montbeau. Monastère, 90.

Montberon. V. Montbron.

Montboissier (Jourdan de), abbé de La Chaise-Dieu, 51-56. Tombeau, 56. — (Louys de), 166. — (Pierre-Maurice de), 52. — *Cne Brousse (P. de D.).*

Montbron (Guillaume de), évêque de Périgueux, 267. — *Charente.*

Montchal (Hugo de), prieur de Saint-Robert, 102. — *Cne Burdigne (Loire).*

Montclar (Eblo de), abbé de La Chaise-Dieu, 94, 96-98. Tombeau, 98. — (Estienne de) prieur de Saint-Baudile de Nîmes,

102. — (Gérald de), abbé de La Chaise-Dieu, 75, 76. Sceau, 287. Tombeau, 75. — (Renaud de), abbé de La Chaise-Dieu, 135-139. Tombeau, 138. — Cne Anglards-de-Salers (C.).

Montefiore (Gentile de), cardinal, 99. Sceau, 99.

Monteil (Aymar de), évêque du Puy, 36. — *Montélimar (Drôme).*

Monte Maurilionis (Guarnerius de), 262. — *Montmorillon (Vienne).*

Montepeloso. Église Sainte-Marie-Neuve, 72. — *Italie.*

Montferrand. Abbaye, 50. Bailli, 191. Bailliage, 194. Collégiale, 289. Garde du sceau. V. Du Puy (Jacques). Lieutenant général. V. Pradel (Jean). Paroisse, 64. Prieur, 69, 73, 289. Prieuré, 70, 140. — Cne *Clermont-Ferrand (P. de D.).*

Montgacon. Église du château, 6. — Cne *Luzillat (P. de D.).*

Montgranat (Maurice de), prieur mage de La Chaise-Dieu, 174. — Cne *Chastel (H. L.).*

Montier-en-Der. Abbé. V. Lorraine d'Armagnac (François-Louis-Anne de). — *Haute-Marne.*

Montjaux. Prieuré, 295. — *Aveyron.*

Montluçon, 181. — *Allier.*

Montmajour. Abbé. V. Rohan-Guéméné (Louis-René-Édouard de). — Cne *Arles (Bouches-du-Rhône).*

Montmorency (Charlotte de), 222. — (Henri Ier de), connétable, 222. — (Henri II de), gouverneur du Languedoc, 226. — *Aube.*

Montmorin. Château, 177. Paroisse, 177. — (Antoinette de), femme d'Antoine de Saint-Nectaire, 188. — (Charles de), 177. — (Antoinette de), femme d'Antoine de Saint-Nectaire, 188. — (Charles de), 177. — (Godefroy de), 177. — *P. de D.*

Mont-Pélerin, 10. — *Syrie.*

Montpellier, 57, 58, 145, 146. Château du roi de Majorque, 144. Leude, 144. Poids, 144. Siège, 226, 229. — *Hérault.*

Mont-Peulgrin. V. Mont-Pélerin.

Montrecours. Château, 142.
— *Montrecoux, Cne Connangles (H. L.)*.
Montredon (Raymond de), archevêque d'Arles, 53.
— *Cne Salinelles (Gard)*.
Montreux-Vieux. Paroisse, 94. — *Alsace*.
Montverdun. Prieur, 159. Prieuré, 76, 229. — *Loire*.
Mouly (Jean-Baptiste), prieur de La Chaise-Dieu, 293.
Moyssac. V. Moissac.
Mozac. Abbaye, 13, 14. Abbé, 57. — *P. de D.*
Murbach. Abbé. V. Rohan-Soubise (Armand de). — *Alsace*.
Muret, 264, 265. Pénitents bleus, 265. — *Haute-Garonne*.
. Myet (Amable de), vicaire général de l'abbé de La Chaise-Dieu, 209. — (Antoine de), infirmier, vicaire général de l'abbé de La Chaise-Dieu. Armes, 296. Sceau, 296. — (Guillaume de), prieur de Sainte-Gemme, vicaire général de l'abbé de La Chaise-Dieu, 215.

Namace (Saint), évêque de Clermont, 1, 2.
Nanace (Saint). V. Namace (S.).
Narbonne. Archevêque. V. Folqueys (Guy). Diocèse, 275. — *Aude*.
Nargonne (François de), 222.
Narni, 266, 267. — *Italie*.
Navarre. Armes, 293. — *Province*.
Neufville (Marie de), 229. — (Nicolas de), abbé de La Chaise-Dieu, de Fontenelle, de Lagny et de Chezy, 221-225. — (Nicolas de), seigneur de Villeroy, ministre, 222. — *Seine-et-Oise*.
Nicée, 10. — *Bithynie*.
Nicolas, abbé de Brantôme, 95. — III, pape, 90, 94. — IV, pape, 94. — V, pape, 181, 182. — religieux, 266. — (Saint), 47. Fête, 149.
Nielle (Pierre), pitancier de La Chaise-Dieu, 104.
Nîmes, 53. Diocèse, 24, 79. Évêques, 53. V. Adalbert. Prieuré de Saint-Baudile, 23, 41, 53, 54. Prieurs. V. Montclar (Estienne de), Roger (Pierre), Verfeuil (B. de). — *Gard*.
Noël, 127, 155.
Noiret (Gilbert), seigneur de Ranois, 274.

Nonette, 261. Lieutenant général. V. Fabre (Jean). Prieur. V. Saint-Nectaire (Georges de). — *P. de D.*

Omale (Étienne d'), abbé de La Chaise-Dieu, évêque d'Elne et de Tortose, 139-146. Sceau, 142.

Orange. Évêque. V. Serroni (Hyacinthe). — *Vaucluse.*

Orcival. Prieuré de Notre-Dame, 140. — *P. de D.*

Ordericus (Vitalis), 252, 262.

Orléans, 202. — (Charles d'), comte d'Auvergne, duc d'Angoulême, abbé de La Chaise-Dieu, évêque d'Agde, 215-222, 224, 225, 228, 229. — *Loiret.*

Orme (Adémar de l'), prieur de Chaumont, 195. — (Guillaume IV de l'), abbé de La Chaise-Dieu, 155-167. Tombeau, 166. — C^{ne} La Chaise-Dieu (*H. L.*).

Orviéto, 91, 94, 96. — *Italie.*

Osca. V. Huesca.

Othon, évêque de Ratisbonne, 66.

Pablus, 184.

Pallais de Moings, 71. — *Moingt (Loire).*

Paltineri (Simon), cardinal, 90.

Pampelune. Évêque, 21. — *Espagne.*

Pampliega, 20. — *Espagne.*

Papes, 183, 234, 237. V. Adrien IV, Alexandre II, Alexandre III, Alexandre IV, Benoît XII, Calixte II, Célestin IV, Clément IV, Clément V, Clément VI, Clément VII, Clément IX, Eugène III, Eugenius IV, Grégoire VII, Grégoire IX, Grégoire XI, Grégoire XIII, Honorius II, Honorius III, Honorius IV, Innocent II, Innocent III, Innocent IV, Innocent VI, Jean XXII, Jules II, Léon X, Luce II, Lucius III, Martin IV, Nicolas III, Nicolas IV, Nicolas V, Pascal II, Paul II, Paul III, Paul IV, Sixte IV, Sixte V, Urbain II, Urbain IV, Urbain V, Urbain VI, Urbain VIII.

Pâques, 110, 181.

Paris, 5, 24, 93, 100, 131, 154, 161, 173, 192, 195, 209, 215, 218, 225, 226, 229, 230, 233, 235, 247, 258, 259, 273, 275. Châtelet, 146. Collège Mazarin, 274. Église des Jacobins, 275. Église Saint-Germain-des-Prés, 275. Évêque. V. Guillaume. Faubourg Saint-Germain, 275. Gouverneur. V. Poitiers (Guillaume de). Notaires. V. Parque (Pierre), Richer (Charles). Parlement, 227. Sorbonne, 255. — *Seine*.

Parme. Diocèse, 79. — *Italie*.

Parque (Pierre), notaire de Paris, 238, 247.

Parthenay-le-Vieux, 72. Prieur. V. Marchet (Guido.) — *Cne Parthenay (Deux-Sèvres)*.

Pascal II, pape, 39-41, 49, 58, 82.

Passeroux (Rodulphe), disciple de saint Robert, 42, 43.

Paul II, pape, 184. — III, pape, 101, 202. — IV, pape, 199. — (Saint), apôtre, 45, 61, 70, 74, 82, 83, 87, 88, 96, 152.

Paulhac. Prieur. V. Serpents (Michel des). — *H. L.*

Paulhat. V. Pauliat.

Paulhian (Estienne), moine, 130.

Pauliac. V. Pauliat.

Pauliat. Prieurs, 177. — (Bertrand de), abbé de La Chaise-Dieu, 76-84, 87. Tombeau, 84. Sceau, 282, 287. — *Cne Billom (P. de D.)*.

Pavie. Abbaye de Saint-Martin, 41, 64, 90, 91. Abbé, 82, 90, 96. V. Grisac (Guillaume de). Statuts, 90. — Évêque. V. Guido. — *Italie*.

Peintres. V. Lanfranc (Jean), Le Blanc (Horace), Saint-Chamond.

Pélisson (Jean), principal du collège de Tournon, 202.

Pentecôte, 259.

Périgueux. Diocèse, 95. Église de Saint-Front, 257. Évêque. V. Montbron (Guillaume de). — *Dordogne*.

Pérouse, 80, 89, 93. — *Italie*.

Péruse. V. Pérouse.

Pétrarque, 259.

Pézenas, 226. — *Hérault*.

Philibert, religieux, 266.

Philippe Ier, roi de France, 13, 14, 252. — III, roi de France, 93. — IV, roi de France, 99. — VI, roi de France, 127, 131, 139, 146, 154.

Pierre, abbé de Faverney, 95, 96. — archevêque de Bourges, 51. — archevêque de Rouen, 165. — évêque de Poitiers, 43. — évêque de Viviers, archevêque de Lyon, 44, 249, 250. — III, évêque du Puy, 58. — (Saint) 39, 49, 55, 58, 61, 69, 70, 74, 82, 83, 87, 88, 96, 152. — le Vénérable, abbé de Cluny, 44, 52-54, 249, 250, 255.

Pironon (Antoine), receveur de La Chaise-Dieu, 227, 228.

Pise, 50. — *Italie*.

Placentia. V. Plaisance.

Plaisance, 14. Diocèse, 90. Évêque, 75. Monastère de Saint-Sixte, 50, 63, 75. — *Italie*.

Poitiers. Abbaye de Saint-Cyprien. Abbé. V. Renaud. Comtes, 170. V. Alphonse. Diocèse, 72. Évêques. V. Guydo, Pierre. — (Guillaume de), seigneur de Clérieu, gouverneur de Paris, 189, 190. — *Vienne*.

Pons, évêque de Clermont, 68. — Maurice, évêque du Puy, 36.

Pontgibaud (Pierre de),

abbé de Saint-Alyre, 28, 44, 251. — *P. de D.*

Port-Dieu (Le). Prieuré, 43. Prieurs, 122. V. Botaud (Robert), Saint-Nectaire (Charles de), Tournon (Charles de). — *Corrèze*.

Porto. — Évêque, 72. — *Portugal*.

Pouille (La), 115. — *Italie, région*.

Poussant. Église Saint-Pierre, 126 Prieuré, 126, 128, 159. — *Hérault*.

Poyret (Hector), prieur mage de La Chaise-Dieu, 205, 206, 208, 209, 211.

Pradel (Jean), lieutenant général de Montferrand, 197.

Preneste. Évêque, 105. — *Italie*.

Prioré (Le). Prieuré, 168. — *Cne Granne (Drôme)*.

Privat (Claude), 216.

Privàzat. Prieur. V. Albert — *Privezac (Aveyron)*.

Provence, 263. Gouverneur. V. La Guiche (Philibert de). — *Province*.

Prunières. Église, 50. — *L*.

Ptolémaïde. Évêque. V. Rohan-Soubise (Armand de). — *Palestine*.

Pumisson (de), 143.

Purification (La), 127.

Puy (Le), 49. Abbaye Saint-Pierre-Latour ; abbé. V. Albert. Carmes, 149, 150. Cathédrale, 2. Chapitre, 91, 92. Concile, 36. Consulat, 131. Diocèse, 137, 159, 160. Église, 58 ; bréviaire, 9. Église Saint-Georges ; curé. V. Langogne (Durand). Église Saint-Vosy; curé. V. Langogne (Jean). Évêché, 133, 154. Évêques. V. Bourbon (Jean de), Folqueys (Guy), La Roue (Guillaume de), Monteil (Aymar de), Pierre III, Pons Maurice, Serres (Just de), Tournon (Pons de). — *H. L.*

Puymaurin (Pierre de), doyen de l'église de Barcelone, 166.

Pyrénées, 107.

Randan. Bois, 257, 259. Comte. V. La Rochefoucauld (Jean-Louis de). — *P. de D.*

Ratisbonne. Évêque. V. Othon. — *Bavière.*

Raymond, abbé de Cruas, 56. — comte de Toulouse, 9-11. — évêque de Viviers, 56.

Raynard (Pierre), moine, 46.

Reims, 24, 42. — *Marne.*

Reliques. V. Agricol (Saint), André (Saint), Benoît (Saint), Laurent (Saint), Martin (Saint), Robert (Saint), Sébastien (Saint), Ursule (Sainte), Vital (Saint).

Renaud, abbé de Saint-Cyprien de Poitiers, 254, 255.

Rencon, évêque de Clermont. V. Rodez (Rencon de).

Rennes. Évêque. V. Marbodius. — *Ille-et-Vilaine.*

Reymond, évêque d'Uzès, 68.

Ribadeneyra, 6, 16, 249.

Ribairoux (Gilbert), menuisier, 231.

Ribe (Jean de), prieur de Saint-Loup de Beauvais, 196, 197.

Richer (Charles), notaire de Paris, 238, 247.

Rigaud (Jean), bénédictin, 232.

Ringarde, femme de Pierre-Maurice de Montboissier, 52.

Riom, 206. Hôtel des Monnaies, 277. — *P. de D.*

Riotord. Église, 6. — *H. L.*

Robert, abbé de La Grasse, 254. — archevêque de Vienne, 66, 68. — II, comte d'Auvergne, 12, 13. — I*er*, duc de Bourgogne, 19. — prieur claustral de La Chaise-Dieu, 12. — prieur de Saint-Michel, 130. — (Saint), abbé de La Chaise-Dieu, 1-11, 13, 15, 17, 93, 107, 147, 180, 193, 248, 254, 269, 275, 279-283, 286, 289-291, 294. Bâton pastoral, 10, 11. Buste, 101. Fête, 9, 12, 91, 94, 233. Reliques, 148, 186, 201, 207, 235. Tombeau, 9, 11, 94, 149, 175. Translation, 132, 134, 147, 149. Vie, 11. — (Claude), prêtre, 1, 14, 15, 42, 61, 252. — Dauphin, comte de Clermont, 70.

Robertus, episcopus Diensis, 67.

Rocagel. Église Sainte-Marie, 60. — *Cne de La Guiole (Aveyron).*

Rocchetta, 126. Prieur, 79. — *Cne de Sestola (Italie).*

Rochebaron (Pons de), chanoine de Lyon, 71. — *Cne Bas (H. L.)*

Rochepaule. Prieuré, 37. — *A.*

Rochesavine. Prieur, 294. Seigneur, 294. — *Cne Le Monestier (P. de D.).*

Rochette. V. Rocchetta.

Rodez. Diocèse, 10, 23, 159, 296. Évêques. V. Albert, Lusignan (Paul-Philippe de), Rodez (Hugues de). — (Hugues de), évêque de Rodez, 60. — (Raingarde de), 4. — (Rencon de), évêque de Clermont, 3-5, 15. — *Aveyron.*

Roger (Astorge), prieur mage de La Chaise-Dieu, 179. — (Nicolas), abbé de La Grasse, 127. — (Pierre), moine de La Chaise-Dieu, prieur de Saint-Pantaléon et de Saint-Baudille de Nîmes, abbé de Fécamp, évêque d'Arras, archevêque de Sens et de Rouen, cardinal, 104, 127, 255-260. V. Clément VI, pape.

Rohan (Armand-Gaston de), abbé de Foigny, de Wast et de La Chaise-Dieu, 276. Armes, 293. — (François de), 276. — Guéméné (Louis-René-Édouard de), abbé de Montmajour et de La Chaise-Dieu, évêque de Canope et de Strasbourg, 276, 277. Sceau, 292, 293. — Soubise (Armand de), abbé de Saint-Epvre, de Murbach, de Lure et de

La Chaise-Dieu, évêque de Ptolémaïde et de Strasbourg, cardinal, 276. — *Morbihan.*

Rome, 6, 17, 24, 69, 80, 97, 127, 163, 164, 170-172, 181, 198, 250, 253, 265, 266, 274. — Abbaye Saint-Nicolas. Abbé. V. Serroni (Hyacinthe). — Arc de Tivoly, 266. — Capucins, 266. — Colonne Trajane, 266. — Église Saint-Bernard, 266 ; — Sainte-Marie-la-Neuve 171, 172 ; — Sainte-Marie-Majeure, 273 ; — Sainte-Sabine, 97 ; — Saint-Jean de Latran, 98 ; — Saint-Paul, 265 ; — Saint-Pierre, 171, 199, 200, 265. — Sainte-Cécile. Monastère, 266. — Voie Appienne, 171. — *Italie.*

Rongières. Prieur. V. Guillaume. — *Rongères, Cne Saint-Priest-en-Murat (Allier).*

Rossilion. Minimes, 37. — *Roussillon (Isère).*

Rostain, chanoine du Puy, 3.

Rouen. Archevêque. V. Roger (Pierre). — *Seine-Inférieure.*

Roux (Armand), bénédictin, 226, 234. — (Jean), bénédictin, 231.

Royrand (Adhémar), pitancier de La Chaise-Dieu, 165, 166.

Rusticucci, cardinal, 266.

Saint-Adrian près Sainte-Croix de Xuarros, 20. — *Espagne.*

Sainte-Alyre. Abbaye, 28. Abbés, 137. V. Aubert, Pontgibaud (Pierre de). Église, 258. — *P. de D.*

Saint-André (de), prieur d'Arlanc, 219.

Saint-Brieuc. Diocèse, 275. — *Côtes-du-Nord.*

Saint-Brisson. Baron. V. Seguier. — *Nièvre.*

Saint-Caprèse. Prieur, 156. — *Saint-Caprais, Cne Sénestis (Lot-et-Garonne).*

Saint-Chamond. Peintre, 231. — *Loire.*

Saint-Christophe-d'Allier. Église, 51. — *H. L.*

Saint-Cirgues. Prieuré, 181. — *H. L.*

Saint-Denis. Église, 68. — *Gard.* — Église, 50. — *L.*

Saint-Denis-Combarnazat. Église, 6. Prieuré, 168. *P. de D.*

Saint-Désirat. Prieuré. 151.

Saint-Didier. Prieuré, 178.
— *Saint-Didier-d'Allier*. (*H. L.*)

Saint-Didier-la-Séauve. Seigneur. V. Guigon. — *H. L.*

Saint-Dier. Église, 6. Prieuré, 168, 218. Sacristain. V. Frétat (Pierre de). — *P. de D.*

Sainte-Gemme. Église, 24. Prieuré, 83. Prieurs, 119, 122. V. Myet (Guillaume de), Saint-Nectaire (Jacques de). Statuts, 83. — (*Charente-Inférieure*).

Sainte-Liberate. V. Sainte-Livrade.

Sainte-Livrade. Église, 49, 56. — *Lot-et-Garonne*.

Sainte-Marie (Alvarez Garcia de), chroniqueur de Jean II, roi de Castille, 184. — (Paul de), évêque de Burgos, 183.

Saint-Epvre. Abbé. V. Rohan-Soubise (Armand de). — *Cne Toul* (*Meurthe-et-Moselle.*)

Saintes. Diocèse, 24. Évêque. V. Guillaume. — *Charente-Inférieure.*

Saint-Felices proche Maucillan, 20. — *Espagne.*

Saint-Flour, 130, 135, 136. Diocèse, 159. Évêché, 130. Évêques. V. Arcambal, Urfé (Antoine d'). — *C.*

Saint-Fortunat. Église, 50.

Saint-Genest-Malifaux. Église, 6. — *Loiret.*

Saint-Genex proche Burgos, 20. — *Espagne.*

Saint-Georges. Église. V. Puy (Le).

Saint-Germain-en-Laye, 204. — *Seine-et-Oise.*

Saint-Germain-l'Herm. Église, 6. Prieuré, 70. — *P. de D.*

Saint-Gervais, 151, 168, 175. — *Saint-Gervais-sous-Meymont* (*P. de D.*).

Saint-Gervaix. V. Saint-Gervais.

Saint-Gilles, 36. — *Gard.*

Saint-Illide. V. Saint-Alyre.

Saint-Jacques de Compostelle, 18, 262. — *Espagne.*

Saint-Jean-d'Acre, 250. — *Syrie.*

Saint-Jean de Jérusalem. Grand prieur. V. Angoulême (Henry d').

Saint-Jean de Ségur. Hospitaliers, 73. — *Cne Clermont-Ferrand* (*P. de D.*).

Saint-Jean-le-Centenier. Sacristie, 275. — *A.*

Saint-Julien de Samano.

20. Monastère, 22. — *Espagne.*
Saint-Just. Château, 201. V. Allègre (Antoine d'), — *Bellevue-la-Montagne (H. L.)*
Saint-Just-sur-Lyon, 199.
Saint-Léger-du-Malzieu. Église, 50. — *L.*
Saint-Maixent. Abbé. V. Gaufrède.— *Deux-Sèvres.*
Saint-Martin de Saport, 20. — *Espagne.*
Saint-Maur. Congrégation, 237-239. Supérieur général. V. Tarisse (Grégoire). — *Saint-Maur-des-Fossés (Seine).*
Saint-Maurice. Prieuré, 151. — *Cne Saint-Maurice-de-Lignon (H. L.)*
Saint-Maxime. V. Saint-Maixent.
Saint-Michel. Prieur. V. Robert. — *Cne Saint-Georges (C.).*
Saint-Nectaire. Barons, 188. Prieur, 144. Prieuré, 100. — (Antoine de), 188. — (Charles de), prieur du Port-Dieu, 204. — (Georges de), prieur de Nonette, 261. — (Jacques de), prieur de Sainte-Gemme, abbé de La Chaise-Dieu, 106, 188-195. Armes, 188, 290. Sceau, 283, 290, 291. Sépulture, 192. — *P. de D.*
Saint-Pantaléon. Prieur. V. Roger (Pierre). — *Corrèze.*
Saint-Pierre-Latour. Abbaye. V. Puy (Le).
Saint-Pierre-le-Moutier. Bailli, 191. — *Nièvre.*
Saint-Pierre-le-Vieux. Église, 50. Prieuré, 236, 237. — *L.*
Saint-Préjet-d'Allier. Église, 51. Prieur. V. Vigouroux (Jean). — *H. L.*
Saint-Privat. Prieuré, 38.— *St-Privat-d'Allier (H. L.).*
Saint-Rambert. Prieur, 80. — *Ain.*
Saint-Remy. Prieuré, 159. — *H. L.*
Saint-Robert. Prieuré, 159, 254. — *Au Puy (H. L.).* — de Cornillon. Prieurs, 119, 122. V. Montchal (Hugo de), Sassenage (Jean de).— *Saint-Robert, Cne Saint-Egrève (Isère).*
Saint-Romuald (Pierre de), 267.
Saint-Sauveur-en-Rue. Église, 6. — *Loire.*
Saint-Silvain. Église, 43.
Saint-Symphorien. Église, 15, 51. — *L.*

Saint-Théofrède. Abbaye. V. Monastier (Le).

Saint-Thomas de Saragero, 20. — *Espagne.*

Saint-Trivier. Église, 41. Prieuré, 82. — *Saint-Trivier-sur-Moignans (Ain).*

Saint-Victor. Église, 6. — *P. de D.*

Saint-Vosy. Église. V. Puy (Le).

Saint Zénon. V. Vérone.

Sanctus Jacobus. V. Saint-Jacques de Compostelle.

Sarlhac, 126. — *Lieu détr., Cne Dallet (P. de D).*

Sarra. Croix, 206. — *Sarrat, Cne Arlanc (P. de D.).*

Sassenage (Jean de), ancien prieur de Saint-Robert de Cornillon, évêque de Grenoble, 68, 253. — *Isère.*

Savaron, 139, 141, 260.

Savelli (Jacques), cardinal, 90. V. Honorius IV, pape.

Saverne. Château, 276. — *Alsace.*

Savigneux. Prieuré, 277. Prieurs. V. Cauriac (Barin de), Jouvenroux (Pierre). — *Loire.*

Sceaux, 279-296. V. Angoulême (Henry d'), Arc (Hugues de l'), Arcambal, Auvergne (Robert d'), Chaise-Dieu (La), Chandorat (Jean de), Chartreuse de Bonnefoi, Chouvigny (Claude de), Chouvigny (Hugues de), Eustache, La Mollette (Albert de), La Queille (Aymon de), La Roue (Guillaume de), Montclard (Gérald de), Montefiore (Gentile de), Myet (Antoine de), Omale (Étienne d'), Pauliat (Bertrand de), Rohan-Guéméné (Louis-René-Édouard de), Saint-Nectaire (Jacques de), Serpents (Michel des), Valois (Louis de).

Sébastien (Saint). Reliques, 177.

Segni, 74, 78. — *Italie.*

Seguier (Louis), baron de Saint-Brisson, garde de la prévôté de Paris, 237, 238.

Seguin, abbé de La Chaise-Dieu, 15, 23-30, 44, 251, 262.

Ségur. Prieur. V. Jouvenroux (Jean). — *C.*

Sembadel. Curé. V. Vachier. — *H. L.*

Semur (Hélie de), femme de Robert Ier, duc de Bourgogne, 19. — *Côte-d'Or.*

Sens. Archevêque. V. Roger (Pierre). — *Yonne.*
Septuagésime, 110.
Serpents (Michel des), prieur de Paulhac, vicaire général de l'abbé de La Chaise-Dieu. Sceau, 295. — *Isserpent (Allier).*
Serres (Just de), évêque du Puy, 231. — *Cne La Veyrune Ardèche).*
Serroni (Hyacinthe), abbé de Saint-Nicolas de Rome, évêque d'Orange et de Mende, archevêque d'Albi, abbé de La Chaise-Dieu, 274, 275.
Severt (Jacques), 250, 257.
Sicile, 115. Roi. V. Charles. — *Italie.*
Silvius (Guigo), 15.
Simon, sacristain de Saint-Michel de Gailhac, 101.
Sixte IV, pape, 187. — V, pape, 267.
Soissons. Abbaye de Saint-Médard, 154. Abbé. V. Gautier (Guillaume III). — *Aisne.*
Soucieux-en-Jarez. Église, 6. — *Rhône.*
Stephanus, abbas Cluniacensis, 268.
Strasbourg. Évêché, 292. Évêques. V. Rohan Guéméné (Louis-René-Édouard de), Rohan-Soubire (Armand de). — *Alsace.*
Sufredus, 15.
Surie. V. Syrie.
Surius, 25.
Syrie, 10. — *Turquie d'Asie.*

Tanche (Jean), procureur, 195.
Tarisse (Grégoire), supérieur général de la congation de Saint-Maur, 237, 239, 247.
Tauron. Église Saint-Sulpice, 126. — *Thoron, Cne Poussan (Hérault).*
Tauve. Terre, 60. — *P. de D.*
Teilhède, 126. — *P. de D.*
Terme. Église, 51. — *L.*
Terre Sainte, 10, 11, 59.
Thau. V. Thauve.
Théodore (Frère), 133.
Tholoze. V. Toulouse.
Thuret. Prieur. V. Aldebrand (Étienne). — *P. de D.*
Tillole (La), Terre, 72. — *Cne La Barberie (Vienne).*
Torrent (Guillaume de), abbé de La Chaise-Dieu, 59, 60. Tombeau, 60.
Tortose. Évêque. V. Omale (Étienne d'). — *Catalogne.*
Toscane, 115. Comtesse. V. Mathilde. — *Italie, région.*

Touchet (Marie), 218.
Toul. Comtesse. V. Agnès. — *Meurthe-et-Moselle.*
Toulouse, 49, 50, 226, 263. Abbaye de Saint-Sernin, 268. Archevêque. V. Audebrand (Étienne). Comté. 9. Comtes, 11, 207. V. Raymond. Fauxbourgs Saint-Michel, 264. Parlement, 203 ; premier président. V. Duranti (Jean-Étienne). — *Haute-Garonne.*
Tour-de-Sabran (La) Prieuré, 32. Prieurs, 31, 32. — *Cne Robions (Vaucluse).*
Tourette (Jean), prêtre, 296.
Tournon. Collège, 202-204, 241-243 ; principal. V. Pélisson (Jean). Famille, 31. — (Mr de), 37. — (Charles de), prieur du Port-Dieu, abbé de La Chaise-Dieu, évêque de Viviers, 204. — (Claude de), évêque de Viviers, 204. — (François de), abbé La Chaise-Dieu, archevêque d'Embrun, de Bourges, d'Auch et de Lyon, cardinal, 198-205, 224. Armes, 200. Tombeau, 204. — Just Ier de), évêque de Viviers, 204. — (Pons de), abbé de La Chaise-Dieu, évêque du Puy, 14, 31-37. Tombeau, 37. — *A.*
Tours. Concile, 59. — *Indre-et-Loire.*
Transtevère, 48. — *Quartier de Rome (Italie).*
Travers. Monastère, 41. — *Cant. de Neuchâtel (Suisse).*
Treulier (Barthélemy), 285.
Tripoli, 10. — *Syrie.*
Trithème, 260.
Troyes. Diocèse, 275. — *Aube.*
Tusculanum, Tusculum. V. Frascati.
Tusque. V. Toscane.

Urbain II, pape, 13, 21, 24, 25, 34, 35, 39, 58, 252. — IV, pape, 80, 89, 253. — V, pape, 152, 153. — VI, pape, 169. — VIII, pape, 237, 273.
Urdiales. Château, 20. — *Espagne.*
Urfé (Antoine d'), évêque de Saint-Flour, abbé de La Chaise-Dieu, 217, 219, 220. — (Jacques II d'), gouverneur du Forez, 219, 229. — *Cne Champoly (Loire).*
Ursinus (Neapoleo), 260.

Ursule (Sainte). Reliques, 186, 210, 211.
Uzès. Évêques, 139. V. Reymond. — *Gard*.

Vabres. Évêque, 140. — *Aveyron*.
Vachier, curé de Sembadel, 293.
Valence. Diocèse, 102. Évêques, 54. V. Bernard, Chaponay (Odon de), Lantelme. — *Drôme*.
Valladier (André), abbé de Saint-Arnoul de Metz, 292.
Valladolid. Abbaye, 183, 184. Abbé. V. Yepes (Antoine de). — *Espagne*.
Vallisolitus. V. Valladolid.
Valois (Charles de), 105, 289. — (François de), comte d'Alais, 226. — (Louis de), abbé de La Chaise-Dieu, 210, 222, 225-237. — *Contrée*.
Valon (Bernard de), abbé de La Chaise-Dieu, 69, 72. Tombeau, 72.
Vanneniac, 71.
Vanosc. Église, 6. — *A*.
Vecialdis. Église, 15.
Velay, 105, 180, 201. Bailli, 191. — *Province*.
Vercillac, 160. — *Versilhac, cne Yssingeaux (H. L.)*.

Verfeuil (B. de), prieur de Saint-Baudile de Nîmes, 68. — *Gard*.
Veroli, 64, 65. — *Italie*.
Vérone, 64, 66. Saint-Zénon, 66. — *Italie*.
Vianer (Pierre), infirmier et prieur mage de La Chaise-Dieu, 155, 165, 166, 173.
Vienne, 180. Abbaye de Saint-André, 41; abbé 89. Archevêques. V. Guido, Robert. Concile, 103, 111, 122, 123, 146. — *Isère*.
Vierge (Sainte), 186, 280, 281, 286, 289.
Vignonnet, 30. — *Cne Antignac (C.)*.
Vigouroux (Jean), prieur de Saint-Privat-d'Allier, 293.
Ville (Louis de), official de Lyon, 273.
Villedieu. V. La Villedieu.
Villeneufve - d'Avignon. V. Villeneuve- lez -Avignon.
Villeneuve - lez - Avignon, 132, 136, 137, 146. — *Gard*.
Villeroy. Seigneur. V. Neufville (Nicolas de). — *Cne Mennecy (Seine-et-Oise)*.
Vincennes. Bois, 146. — *Seine*.
Vinols (Jacques de), aumô-

nier de La Chaise-Dieu, 265.

Vissac (Jeanne de), femme de Just Ier de Tournon, 204. — *H L.*

Vissec (Jean de), évêque de Maguelone, 126. — *Gard.*

Vital (Saint), 1, 2, 275. Fête, 147. Reliques, 2.

Viterbe, 83, 87, 89, 157. — *Italie.*

Vitry, 5. — *Vitry-aux-Loges (Loiret).*

Vivarais, 57. — *Province.*

Vivariis (Robert de), clerc, 101.

Viviers. Église cathédrale, 36. Évêques, 53. V. Pierre, Raymond, Tournon (Charles de), Tournon (Claude de). — *A.*

Vivonne (Andrée de), 275. — *Vienne.*

Volvic. Pierre, 193. — *P. de D.*

Vosy (Benoît), 293.

Wast. Abbé. V. Rohan (Armand-Gaston de). — *Pas-de-Calais.*

Vyanerius. V. Vianer.

Ybois (Jean d'), 100. — *C{ne} Orbeil (P. de D.).*

Yepes (Antoine de), abbé de Valladolid, 7, 16, 21, 22.

ACHEVÉ D'IMPRIMER
Le 22 janvier 1912
POUR
LA SOCIÉTÉ SCIENTIFIQUE ET AGRICOLE
DE LA HAUTE-LOIRE
SUR LES PRESSES DE
MM. PEYRILLER, ROUCHON ET GAMON
23, Boulevard Carnot, 23
LE PUY-EN-VELAY

www.ingramcontent.com/pod-product-compliance
Lightning Source LLC
Chambersburg PA
CBHW050754170426
43202CB00013B/2417